湖北省社科基金一般项目（后期资助项目）成果（立项号：2018013）

乡村振兴战略背景下的村规民约建设路径研究

陈永蓉　李江红　著

WUHAN UNIVERSITY PRESS
武汉大学出版社

图书在版编目(CIP)数据

乡村振兴战略背景下的村规民约建设路径研究/陈永蓉,李江红著.—武汉:武汉大学出版社,2019.9

ISBN 978-7-307-21097-4

Ⅰ.乡… Ⅱ.①陈… ②李… Ⅲ.农村—群众自治—研究—中国
Ⅳ.D638

中国版本图书馆 CIP 数据核字(2019)第 169318 号

责任编辑:胡 荣　　责任校对:李孟潇　　整体设计:马 佳

出版发行:**武汉大学出版社** (430072 武昌 珞珈山)
(电子邮箱:cbs22@whu.edu.cn 网址:www.wdp.com.cn)
印刷:北京虎彩文化传播有限公司
开本:720×1000 1/16 印张:11.25 字数:224 千字 插页:2
版次:2019 年 9 月第 1 版 2019 年 9 月第 1 次印刷
ISBN 978-7-307-21097-4 定价:39.00 元

作者简介

陈永蓉，1974年生，男，法学博士，副教授，兼职律师。现任武昌首义学院新闻与法学学院文法系主任，民政部“第六届全国村官大讲堂”主讲专家。主要研究领域为城乡社会（民间）法。近年来在《理论与改革》《人民论坛》《湖北社会科学》等核心期刊发表学术论文20余篇，出版学术专著2部，主（参）编教材6部，主持湖北省社科基金项目1项、湖北省教育厅人文社科项目2项，参与国家和省部级课题研究4项，所撰写的研究报告多次被国家有关部委采纳。

李江红，1974年生，女，法学硕士，副教授，硕士生导师。现任国防科技大学信息通信学院教员，主要研究领域为马克思主义理论与思想政治教育。出版《党的创新理论与实践专题》《军队思想政治教育方法论》《简明国际法实用教程》等著作；主（参）编《党的创新理论研究》《军队思想政治教育理论与实践研究》《军队思想政治教育原理与方法》《军队思想政治教育学原理》《创新思维原理与方法教程》等教材；在《理论探讨》《军事通信学术》《指挥学报》等军内外刊物发表学术论文30余篇；参与省级课题3项。

前　言

实施乡村振兴战略，是新时代党和政府的重大方略。实现乡村振兴，难在制度创新。本书综合应用文献分析、实证调查、案例分析等研究方法，着力研究四个方面的问题：一是在乡村振兴战略宏观背景下对村规民约进行价值分析，探讨“为什么”要加强村规民约建设；二是以法治理念解析村规民约内在机理，阐述现代村规民约“是什么”；三是在乡村振兴视域中对村规民约进行现实观察，考察村规民约建设的现状“怎么样”；四是契合乡村振兴战略的总要求，着重研究现代村规民约建设路径具体“怎么做”。

倡导村规民约在实施乡村振兴战略的价值，因应乡村治理现实需要，具有深厚理论基础，顺应乡村历史传统。现实逻辑层面，它是村民自治的主要制度依托，通过基层治理经验制度化，提升乡村治理能力，实现治理方式现代化转型；理论逻辑层面，“国家—社会”关系理论阐释了乡村振兴战略中法治社会建设的重要性，村规民约是法治社会建设的基础规范；历史逻辑层面，它是习惯法资源的文本载体，延续民间优秀德治文化，凝结着乡村治理的传统制度精华。村规民约融合乡村振兴的顶层设计与基层群众民主意愿，促进权威理论与乡村实践衔接互动，为全面推进实施乡村振兴战略提供制度保障。

现代村规民约的内在机理是或者应该是什么？秉持“多元、互动、协同、整合”等治理现代化理念，对现代村规民约内在机理进行建构性阐释。具体而言，历时性民间认可的传统、族群性倡导践行的道德规范、详述后实施的法律、村民民主协商基础上的约定是其主要渊源；自治权力、村民权利与义务是其三个核心要素；内部生成与外部生成是其生成的渠道；本质属性是实践性的复合共同体契约。由此，以“权力—权利—义务”的现代法治要素建构现代村规民约的内在机理，四个渊源与三个构成要素的纵横交错点，就是建构其内在机理的基本支点。村民权力包括传统、道德、法律和约定的权力，规制村民权力旨在提供精准高效的自我管理与服务，增强村民幸福感；村民权利包括村民在村域中享有的传统、道德、法律和约定权利，规定权利旨在满足对美好生活向往，增强村民获得感；村民义务是村民在村域中承担的传统、道德、法律和约定义务，规定义务旨在治理乡村公共事务，共建共享美好家园，增强村民归属感。

村规民约建设的现状能否契合乡村振兴需要？现代意义的村规民约与改革开放后村民自治的实践相生相随。遗憾的是，当前村规民约建设存在运行机制不完善、效力与实效日渐式微、内容违法较常见等问题。出现这些问题的原因，在于市场化、城镇化、工业化、信息化对“三农”叠加影响，静态有序的乡民转变为混合流动的村民、封闭的村域转化为开放的空间、自足的小农经济转向市场浸润的经济，传统村规民约秩序维护的主要功用无法应对现今村民权益保障的强烈需求。因此，必须根据村规民约的内在机理，对村规民约的规范运行、效力强化和具体内容进行重塑。

建设路径之一：完善现代村规民约的高效运行机制。一是村规民约的民主制定机制。重点讨论如何避免村民制定变成村干部制定，如何协调村民会议制度效率不足与村民代表会议制定权威不够等问题。民主协商要实现村民平等参与和理性抉择，追求“多数人同意”下的实质公平。二是村规民约的有效实施机制。包括认可承诺式自律机制、评分评议式互律机制、执行奖惩式的公律机制等。三是村规民约违法的监督与纠正机制。本书研究未囿于行政权、立法权、司法权与村民自治权宏观架构变革之争，而是从“保障村民具体权益”的视角出发，对这一实践中的焦点问题提出可操作性对策，即通过政府的备案审查、责令改正、行政建议等完善行政监督，通过决议撤销与监督备案完善人大监督，通过无效证据裁定与司法建议完善司法监督。

建设路径之二：依法确立违约责任强化村规民约效力。村规民约是以社会强制力保障实施的自治规范，法律对村规民约的认可、村民对传统的信仰、道德舆论的心理强制，形成“有约必守”的外在社会强制力基础，村民合意约定违反村规民约的责任，是其内在强制力基础。村规民约不能建立罚款等违法的违约责任规则，但可以设立具有社会强制力的违约责任规则，经济性违约责任规则就是合法有效的社会强制规则。基于实践梳理，总结提炼出民事侵权赔偿或补偿的预期约定、集体利益或福利的激励性分配方案、传统习惯中互助性的抵偿“罚则”、刚性约束村官与柔性引导村民的规定等责任规则，循此可破解村规民约效力不足的难题。

建设路径之三：夯实德治、法治、自治相结合的内容。契合“产业兴旺、生态宜居、乡风文明、治理有效、生活富裕”的乡村振兴总要求，健全德治、法治和自治相结合的现代村规民约具体内容：一是倡导践行社会主义核心价值观，以德治实现乡风文明。核心价值观有机融入村规民约文本，依托村规民约以文化人、以规治家、以德治村，养成清风良俗；二是与法律有机衔接和良性互动，以法治实现产业兴旺和生活富裕。包括法律对村规民约的规制以及村规民约对法律的促进，具体探讨乡村振兴中急需解决的村民类别及其权利义务、土地权益及其实现两个重点领域的衔接互动；三是协同多元乡村组织章程，以自治实现治理有效和生态宜居。包括以民主为导向完善自治组织章程推动多元主体共治，以市场为导向完善经济组织章程增强村民获得感，以公平为导向完善社会组织章程共建共享幸福家园等。

综上所述，本书在阐述村规民约建设对实施乡村振兴战略的价值和分析当下村规民约建设存在的问题及其原因基础之上，主要有两个方面的创新：一是在理论层面，从外部渊源、核心要素、生成途径、本质特征等方面厘清现代村规民约的内在机理，揭示其科学内涵和合理外延；二是在实践层面，对加强村规民约建设助力乡村振兴提出可操作性对策，这些对策的正当性和可行性经过充分考证，可以有效解决实践之所需。具体包括：完善村规民约的运行机制；依法建立有效的违约责任规则；健全德治、法治和自治相结合的具体内容等。

目 录

导　论

第一节　研究背景与意义

传统村规民约源起于乡野，以宗法礼教为体，以广教化、厚风俗、劝善惩恶为用，由乡民有组织地共同制定与遵守，并在历代“君权官政”的倡导和士绅精英的推崇下，不断发展完善，是传统乡村治理文化的重要组成部分。① 作为村民自治的主要制度依托，现代村规民约承载着实现村民集体选择和合意表达的使命。重新认识和科学定位村规民约的现代价值，发挥其在乡村振兴中的正能量，正是当代中国乡村治理现代化的新命题。

一、发挥村规民约的重要作用是乡村振兴战略的具体部署

党中央的重要会议和文件多次强调村规民约建设的重要意义，习近平总书记在谈乡村振兴时也明确指出要发挥村规民约的重要作用。中共十八届三中全会把“推进国家治理体系和治理能力现代化”确立为全面深化改革的总目标，作为新时期的执政理念和治国方略。在此基础上，中共十八届四中全会进一步提出，推进多层次多领域依法治理，要发挥村规民约等社会规范在社会治理中的积极作用。② 随后，中纪委十八届四次全会再次提出，要发挥村规民约的教化作用，为全面推进依法治国提供文化营养。2014 年 5 月，习近平在北京大学参加师生座谈时指出：“中华文

① 在漫长的中国历史进程中，村规民约一直是乡村社会秩序建构的核心制度要素，通过伦理教化以及相关惩罚机制的约束，维系乡村社会的有序运转。在《周礼》中就有乡里敬老、睦邻的约定性习俗，北宋《吕氏乡约》倡导“德业相劝、过失相规、礼俗相交、患难相恤”，明清两朝在地方上推行“乡规”“社约”，民国初期的村规民约还反映出“自治”思想的萌芽。

② 《中共中央关于全面推进依法治国若干重大问题的决定》(2014 年 10 月 23 日)提出：“推进多层次多领域依法治理。坚持系统治理、依法治理、综合治理、源头治理，提高社会治理法治化水平。深入开展多层次多形式法治创建活动，深化基层组织和部门、行业依法治理，支持各类社会主体自我约束、自我管理。发挥市民公约、乡规民约、行业规章、团体章程等社会规范在社会治理中的积极作用。”

明绵延数千年，有其独特的价值体系。中华优秀传统文化已经成为中华民族的基因，植根在中国人内心，潜移默化影响着中国人的思想方式和行为方式”；2014年10月，习近平主持中央政治局第十八次集体学习时强调，牢记历史经验历史教训历史警示，为国家治理能力现代化提供有益借鉴；2014年11月，习近平在福建调研时指出，“社区在全面推进依法治国中具有不可或缺的地位和作用，要通过群众喜闻乐见的形式宣传普及宪法法律，发挥市民公约、乡规民约等基层规范在社会治理中的作用，培育社区居民遵守法律、依法办事的意识和习惯，使大家都成为社会主义法治的忠实崇尚者、自觉遵守者、坚定捍卫者。”2015年2月，中共中央、国务院《关于加大改革创新力度加快农业现代化建设的若干意见》指出：“善于发挥村规民约的积极作用，把法治建设和道德建设紧密结合起来。”

2017年10月，党的十九大报告中强调：农业农村农民问题是关系国计民生的根本性问题，必须始终把解决好“三农”问题作为全党工作重中之重，坚持农业农村优先发展，并正式提出“乡村振兴战略”。2018年1月，中央一号文件《关于实施乡村振兴战略的意见》明确指出：“发挥自治章程、村规民约的积极作用。”2018年7月6日，习近平主持召开中央全面深化改革委员会第三次会议并发表重要讲话，特别强调：“激发制度活力激活基层经验，激励干部作为，扎扎实实把全面深化改革推向深入。”这些都反映出村规民约对于培育农业经济发展动力，激发农村社会活力，凝聚农民创造合力，挖掘农村治理潜力，推动基层社会治理和法治建设的重要性，也体现了党中央因势而谋的战略决断。

二、夯实村规民约的治理功用是实现乡村振兴的现实需要

第一，新时代的中国农村正处于一个急剧变革的时期。首先，农村发展被新型城镇化所激荡，原先的乡村聚居地向小城镇方向发展，乡土社会日益萎缩，农民的生活方式从“熟人社会”向“半熟人社会”甚至“陌生人社会”转化，基于乡土之上的村规民约在推进城镇化过程中面临着严峻的挑战。其次，农民生活受市场化趋向左右，世代与土地打交道的农民进城务工，相当一部分已经融入城市生活中，城乡人口差距不断缩小。流动中的农民更多地受流动社会的统一规则支配，崇尚人脉亲情的村规民约受到市场经济的冲击，面临谨守传统还是变革图新的抉择。最后，农业生产受工业化和信息化的叠加冲击，村办经济、家庭承包经营户的反应和应对还不够灵敏。传统村规民约难以坚守固有领地，不得不随着社会变革而有所改变。伴随农村社会的急剧变迁和现代转型，出现大量新情况新问题，如农村发展不平衡，扶贫攻坚的任务还比较艰巨，农民价值观念多元化、行为方式多样化，社会关系的调整日益困难等。高速发展期和重大转型期的各类新问题就像自然界的碰头潮，若处理不当，就会造成长期伤害。根植于传统乡土社会的村规民约是否仍具价值？有何价值？现代村规民约如何应对现代化，实现在当代的转化？在当下我国“四个全

面”建设的关键时期，这些问题难以回避而且理应回答。

第二，村民自治实践需要村规民约强势“在场”。宪法规定，农村实行村民自治，为农村民主治理预留下发展空间。乡村治理水平是全面深化改革的基础性指标，面对国家权力在村级的“退场”、法律的“缺场”或无法有效“入场”，村级公共事务管理的依据何在？村集体的土地和资产如何经营和分配？村民的行为如何规范？公共秩序和安全如何维护？如何避免“村民自治”异化为“村官治村”？又如何有效监督和约束村官自利行为？村规民约是实现村民自治的重要制度保障，回答这些问题，需要村规民约的再兴。

第三，村规民约在村民自治实践中的实效差强人意。现有的村规民约在制定和实施过程中还不能满足时代发展的需要。如村规民约“上墙”有余而“入心”不足，没有得到有效贯彻执行；或是无限扩大村规民约的效力与作用，规避、抗拒甚至违背国家法律；村规民约的运行缺乏有效监督，一些违法的村规民约没有得到及时纠正。村规民约规范制定和具体运行的机制并非完美无缺，与乡村振兴的新要求尚有差距，必须不断加以完善。

三、探究村规民约的时代价值是研究乡村振兴的重要命题

第一，村规民约的传统价值发掘和当代价值实现尚待深入探讨。现代村规民约有历史渊源，传统村规民约的合理成分是现代村规民约的参照和借鉴。传统村规民约在中国历史上存在如此漫长的时间，基本的解释只能是其具有存在的合理性。当前，挖掘村规民约在当代中国乡村振兴中的时代价值很有必要。村规民约要适应现代社会转型期多元价值追求的需要，在国家法治框架下不断自我完善，与社会主义核心价值观的培育相结合，与国家法规和政策保持一致，既要用国家法治支撑起村规民约发展的新天地，又要用社会主义核心价值观引领村规民约发展新风尚。培养村民的主体意识、责任意识和参与意识，弘扬村落文化、凝聚村庄共识、建构农村社区共同体，是对村规民约现代价值的最好诠释。

第二，乡村振兴中村规民约的实践创新和经验总结还有待系统梳理和学理提升。费孝通说，“从基层看去，中国社会是乡土性的”。① 至今中国农村社会仍然具有“乡土社会”的特征，只要传统的制度能够解决问题，新的制度植入就是一个长期的痛苦的博弈过程。乡村政治生态逐渐向民主发展，需要相当长的时间才能完成，迫切需要了解村规民约在农村运行的真实情况，发现真正“接地气”的问题。村民自治制度建立30多年以来，全国各地在制定和实施村规民约过程中，有许多创新做法，需要加强对各地实践的总结、提炼，着力发现蕴含其中的规律和共性，用各种来自地方的经验解决基层治理实践中的问题。

---

① 费孝通：《乡土中国》，北京大学出版社2012年版，第1页。

第三，依托村规民约的多元乡村制度体系建构和乡村治理能力提升尚待深入研究。对乡村地方性知识的文化偏见和忽视，对西方法律制度和价值理念的简单移植，直接影响了乡村法治建设的进程。当代中国乡村法治建构的研究必须进一步进行范式转换，走一条科学理念与本土实践相结合的道路。村规民约等乡土治理规则蕴藏着正能量，研究如何依据村规民约治理可以为研究农村社会治理拓展新的重要路径。村规民约的内涵和外延、村规民约在治理现代化中具体内容的持续充盈、村规民约有效运行的因素等诸多问题，都亟待系统科学的学术证成。

第二节　文献综述与评析

一、既有研究的主要领域和观点

随着乡约、宗族等乡村组织研究的兴起，传统村规民约逐渐进入学界视野，林耀华、王宗培、吕思勉、杨开道、王兰荫、吕著清等学者进行了一些拓荒探索。中华人民共和国成立后，村规民约在合作社和人民公社化运动中沉寂。20 世纪 80 年代农村实行改革开放和推行村民自治，作为重要民间社会规范和本土法治资源，以及村民自治的主要制度载体，村规民约再度成为学界关注热点。“一个社会的形成其实就是在一个确定环境中人们诸多解说相互冲突、磨合、融合的过程”，① 学者们从政治学、社会学、法学、历史学、民俗学以及个人实际体验等多个视角进行了广泛深入的研究，呈现出多样化研究图景。学术研究过程中所碰撞出的思想火花，为村规民约在当下的生存调适和治理实践提供了一定的理论参考，并为进一步的学术研究打下基础。

第一，对村规民约基本概念的研究。关于村规民约的界定，谢晖认为，村规民约是乡民有序生活的规范凭据，不论这种规范来自家族、村落、自治体还是地方政府，都能够有效发挥调整乡民日常交往行为秩序的功能；张明新则认为，民间法视域的村规民约是一种民间自行设立处理地方性社区事务的较为完整的社会组织体系；董建辉甄别“村规民约”是基层社会组织成员共同制定与遵守的社会行为规范，而“乡约”是以乡村社会教化为目的的一种组织，两者是性质完全不同的社会文化现象；卞利则从制定主体、名称、内容、形式等方面对明清徽州村规民约的类型进行了划分。②

① 苏力：《什么是你的贡献》，载苏力：《法治及其本土资源》，中国政法大学出版社 2001 年版，第Ⅱ页。

② 谢晖：《当代中国的乡民社会、乡规民约及其遭遇》，载《东岳论丛》2004 年第 4 期；张明新：《村规民约存在形态刍论》，载《南京大学学报》2004 年第 5 期；董建辉：《“乡约”不等于“村规民约”》，载《厦门大学学报》2006 年第 2 期；卞利：《明清徽州乡(村)规民约论纲》，载《中国农史》2004 年第 4 期。

学者还重点思考了村规民约的属性、特征、地位以及作用等问题。较早时张文中认为，村规民约具有显著的人民性、宪法委任性，针对不特定的人和事，效力与其条文内容紧密联系。① 法律属性方面，学界多认为其既不同于民事性私约，又不同于国家法律，属于一种特殊的民间私约。② 从性质看是一种准法规范，从作用看是规范村民行为，从职能看是配置农村利益。③ 张中秋指出，传统乡约具有时空性、价值性和法律性特征。④ 陈振亮认为，村规民约是实施道德伦理教化的重要力量，体现在乡民自我教育、自我劝诫和自我约束。⑤ 赖先进、王浩、耿建扩、周家明等认为村规民约具备规制性、规范性、文化认知性要素，要素外化表现为惩戒监督、价值导向、传递内化三大机制相互影响、相互强化，共同推动着村规民约效力的发挥。⑥ 此外，常建华认为村规民约没有绝对的好坏之分，善于利用引导，发挥其正能量才是关键。

学者通过对村规民约权威来源的分析来理解和把握村规民约在乡村社会的地位。⑦ 王雅莉从伦理道德因素、经济资源因素、政治权力因素三个方面分析了村规民约约束力不足的原因。⑧ 邱竹从民间法的效力来源——乡土权威本身的合法性入手，将民间法分为权威道德、社团道德、原则道德三个发展阶段，不同阶段具有不同的效力来源。⑨ 吕廷君在《论村规民约的效力基础》一文中从形式和内容上研究了村规民约的效力基础，揭示了村规民约的社会权力和国家权力基础具有明显的差异性。高宁泽在《农村社会管理中村规民约效力探究》一文中通过传统与现代乡规内

---

① 张文中：《试论乡规民约的性质与效力》，载《甘肃政法学院学报》1994 年第 3 期。

② 刘笃才：《中国古代民间规约引论》，载《法学研究》2006 年第 1 期。

③ 韦少雄：《论村规民约的法律属性》，载《齐齐哈尔大学学报（哲学社会科学版）》2013 年第 3 期。

④ 张中秋：《乡约的诸属性及其文化原理认识》，载《南京大学学报（哲学人文社科版）》2004 年第 5 期。

⑤ 陈振亮：《村规民约与新农村伦理道德建设》，载《科学社会主义》2013 年第 1 期。

⑥ 赖先进：《发挥村规民约在社会治理中的耦合协同效应和作用》，载《科学社会主义》2017 年第 4 期；王浩：《村规民约“约”出好风气》，载《人民日报》2017 年 6 月 27 日；耿建扩：《移风易俗治陋习　村规民约树新风》，载《光明日报》2017 年 3 月 20 日；周家明、刘祖云：《村规民约的内在作用机制研究——基于要素—作用机制的分析框架》，载《农业经济问题》2014 年第 4 期。

⑦ 吴毅：《村治变迁中的权威与秩序——20 世纪川东双村的表达》，中国社会科学出版社 2002 年版。

⑧ 王雅莉：《我国农村村规民约的特征及其约束力分析》，载《黑龙江社会科学》2005 年第 6 期。

⑨ 邱竹：《权威、团体与原则——试析民间法的效力来源》，载谢晖、陈金钊：《民间法》（第 12 卷），厦门大学出版社 2013 年版。

源基础、制定主体和边界范围的对比，发现村规民约历史演进中国家权力与社会权力关系的微妙变化。王国勤、汪雪芬、李松玉提及村规民约的社会控制力来源于村民的整体利益，是一种内生的公共权力，熔法律、道德、礼仪等要素于一炉，其社会控制力不可替代。① 随着现代化和城镇化的发展，学者还分析了村规民约在当下的困境和出路，张良、朱燕刚、卫跃宁、王宏选认为，环境的开放、地方性的消失、乡土社会的经济结构和行政结构的变化，从上到下的行政权力干预，导致其约束力丧失，要重视乡约组织在村规民约实施方面的作用。②

第二，对村规民约历史传统的研究。作为中国特色的民间法律文化，学界对传统村规民约的研究已经连篇累牍。关于成文化村规民约的缘起和发展，早期有安广禄、梁治平、秦恩才，当下有牛铭实教授等的详尽研究。③ 学者倾向于认为北宋时期的《吕氏乡约》为最早的成文村规民约，党晓虹在对汉景帝初年《中舨共侍约》木牍文本分析基础上，认为成文村规民约在西汉就已经出现。④ 早期的村规民约是理想中的道德规范，到明代则成为乡村自治的规范。清代的村规民约沦为基层控制的工具，其后村规民约虽然在民国经历了短暂的复兴，但总体趋势是由基层组织演变成官方控制机构。⑤ 有学者对清代民间法与国家法的互动进行研究，认为清代特殊的社会环境使得村规民约与国法在多领域互动并进。⑥ 田成有认为，乡村社会直至中华人民共和国成立前夕总体上仍处于蜕变中，礼治、德治、人治、宗法秩序交错并存，国法是疏松的，而民间法还很管用。⑦

比较而言，学者对村规民约传统价值的思考更有现实借鉴意义。王帅一认为，

① 王国勤、汪雪芬：《村规民约的权威塑造》，载《江苏大学学报》2016 年第 2 期；李松玉：《乡村治理中的制度权威建设》，载《中国行政管理》2015 年第 3 期。

② 张良：《乡村公共规则的解体与重建》，载《浙江社会科学》2016 年第 6 期；朱燕刚、江世聪：《对村规民约体系重构的思考》，载《人民论坛》2016 年第 30 期；卫跃宁、廉睿：《中国民间法的当代价值及其应用路径》，载《烟台大学学报》2016 年第 3 期；王宏选：《现代村规民约的组织创新与治理重心》，载《甘肃社会科学》2016 年第 2 期。

③ 参见安广禄：《我国最早的乡规民约》，载《农村发展论丛》1998 年第 4 期；梁治平：《清代习惯法：社会与国家》，中国政法大学出版社 1999 年版；秦恩才：《河南省村规民约研究》，载《河南社会科学》1999 年第 6 期；牛铭实：《中国历代乡约》，中国社会出版社 2005 年版。

④ 党晓虹：《村规民约何时出现——一个关于乡村治理的分析框架》，载《南京工业大学学报》(社会科学版)2012 年第 1 期。

⑤ 吴晓玲、张杨：《论乡规民约的发展及其演变》，载《广西社会科学》2012 年第 8 期。

⑥ 马珺：《清代习惯法与国家法的互动》，载《河南社会科学》2013 年第 5 期。

⑦ 田成有：《乡土社会中的民间法》，法律出版社 2005 年版。

作为传统法文化或法观念的代表，村规民约具有协调关系、弥合冲突、稳定秩序价值。① 杨程认为，村规民约作为一种活着的传统，现代制度价值主要是协调国家法与习惯法二者的关系。② 韩艳认为，传统村规民约以“礼”为核心价值、以村民共同利益为立约宗旨、以半官方性质调解组织化解纠纷等，对当代村规民约制定与实施依然具有积极的借鉴意义。当下应当遵循以尊重村民文化意识和同质诉求为价值取向；以服务为宗旨、推进乡村和谐为目标；以弥补法律调整不足为出发点，健全乡村治理的规范体系。③ 金根以《南赣乡约》为分析对象，从文本内容、组织特征、权威来源及作用机制等总结村规民约的价值经验及其对村民自治的启示。④ 另外，赵旭东从社会结合性角度、张士闪从社区中个人生活角度、张从军从舆论监督角度、韩平德从传统家族角度、李松从纠纷处理角度，分别论述传统村规民约对现今农村秩序维护、互助发展、社会问题解决的借鉴意义。

第三，对少数民族村规民约的研究。在国法不入的少数民族地区，村规民约作用无可替代，其研究成果亦是汗牛充栋，几乎涉及每一个少数民族，遍及各少数民族聚居区，典型的成果有：罗昶发现瑶族固有习惯法通过村规民约形式在当代瑶族地区发挥作用，瑶族村规民约的实施机制与固有习惯法一脉相承；⑤ 徐晓光等对黔东南苗族祭祖活动中“送礼”与“回赠”仪式与规则进行了研究；黄璟考察黔东南苗族侗族自治州的苗族村寨，发现维护村寨稳定和和谐依靠的不是法律而是村民自己制定的村规民约；杨军对清代回族地区国家法与民间法的互动关系进行了探讨。⑥ 还有李鸣、龙大轩等人对羌族习惯法的系列调查研究，赵天宝关于景颇族的调查研究，方慧、苏钦、张冠梓以及胡兴东等人则对历史上少数民族的习惯法进行了系统的研究等；⑦ 范宏贵等人从理论上研究了少数民族习惯法的产生、定义、特点、功

---

① 王帅一：《法律多元视角下村规民约的嬗变》，载《云南大学学报(法学版)》2011 年第 1 期。

② 杨程：《村规民约溯源及当代价值》，载《武汉纺织大学学报》2013 年第 1 期。

③ 周铁涛：《村规民约的历史嬗变与现代转型》，载《求实》2017 年第 5 期；韩艳：《创新社会治理体制下现代村规民约之价值取向》，载《杭州电子科技大学学报(社会科学版)》2014 年第 3 期。

④ 金根：《传统乡规民约的价值、经验与启示》，载《中国农业大学学报(社会科学版)》2014 年第 4 期。

⑤ 罗昶：《村规民约的实施与固有习惯法》，载《现代法学》2008 年第 6 期。

⑥ 徐晓光：《牯藏节的礼物——黔东南苗族祭祖活动中“礼物往来”仪规研究》，载谢晖、陈金钊：《民间法》(第 12 卷)，厦门大学出版社 2013 年版；黄璟：《苗族村规民约的有效性分析》，载《凯里学院学报》2012 年第 5 期；杨军：《清代回疆地区国家法与民间法的互动关系探析》，载《人民论坛》2013 年第 2 期。

⑦ 张剑源：《近二十年来中国少数民族习惯法研究综述》，载高其才：《当代中国少数民族习惯法》，法律出版社 2011 年版。

能等。

专题方面，刘军君基于个案，诠释藏族婚姻古制俗规在维护藏区婚嫁有序与家庭稳定方面的作用，社会转型期，学者逐渐转向研究藏族传统解纷方式与现代司法之间微妙复杂的关系；① 还有周相卿对布依族民间婚姻法的研究，吴桃关于彝族“家支”制度文化的研究，郭婧、吴大华对侗寨民间防火规范进行的研究等。② 李向玉分析苗族议榔、侗族款约以及条款化体系化的林业民间法，认为优秀民族法文化在林业保护中起着重要作用。③ 学者还关注到民族习惯法的当代意义，李兴旺、王建国提出，少数民族村寨村规作为民族习惯法的传承遗留，在现代社会发挥着重要作用。冉瑞燕、陈森霖认为，国法与习惯法彼此应从“制度认同”到“文化认同”，国法应确认民族习惯法的基本正义，承认民族习惯法必要的生存空间与司法适用效力，实现与习惯法对接和互动，习惯法应借助国法实现规范化。④

第四，民间习惯法视野中的村规民约研究。谢晖、陈金钊主编的《民间法》系列著作对民间法的研究给予了长期持续的关注。⑤ 谢晖、吕廷君、马升、李学兰等分别论述了民间法的社会权力基础、客观基础、规则结构等。冼志勇、徐洁基于1998年至2012年学术期刊网收录的民间法文献，揭示近年“民间法”的研究态势。⑥ 巫洪才对中国少数民族民间法近10年研究情况进行了评述和反思，认为研究的内容、范式和方法等方面也存在一定的问题。⑦ 有学者还反思了现代乡村社会纠纷解决中的民间法研究，认为需由重复性经验解释向创造性经验解释转变。⑧ 还

① 熊征：《20世纪以来藏族部落纠纷解决方式研究述论》，载《青海民族研究》2013年第1期。

② 周相卿：《当代关口寨布依族民间法传承与变迁问题民族志》，载《贵州民族大学学报（哲学社会科学版）》2013年第1期；吴桃：《论凉山彝族“家支”制度文化》，载《人民论坛》2013年第2期。

③ 李向玉：《传承与发展：苗侗民族法文化在林业保护中作用与意义》，载《林业经济问题》2013年第1期。

④ 陈森霖：《法治建设背景下习惯法适用研究》，载《山东农业大学学报》2017年第3期；李兴旺、王建国：《政治与习俗：少数民族地区村规民约与村庄治理》，载《黔南民族师范学院学报》2014年第3期；冉瑞燕：《国家法在民族地区实施的实效性分析》，载《湖北民族学院学报（哲学社会科学版）》2014年第1期。

⑤ 谢晖、陈金钊：《民间法》（1~18卷），厦门大学出版社。

⑥ 冼志勇、徐洁：《“民间法”近15年以来研究态势——基于CNK1中961篇期刊论文的文献计量学分析》，载谢晖、陈金钊：《民间法》（第12卷），厦门大学出版社2013年版。

⑦ 巫洪才：《中国少数民族民间法10年研究之述评与反思》，载《黑龙江民族丛刊》2013年第3期。

⑧ 陈斌：《现代乡村社会纠纷解决视阈中民间法研究的反思性叙述——基于民间法创刊十年的分析考察》，载谢晖、陈金钊：《民间法》（第12卷），厦门大学出版社2013年版。

有学者专门从民间法视野分析了村规民约的特殊构成、性质和作用。① 早期中国学者论著中，习惯法与民间法往往不加区分，或把习惯法看作民间法的主体部分，田成有先生认为两者有不同之处，梁治平在后来的《民间法、习惯和习惯法》中也重新辨析了习惯法与民间法的不同，高其才先生在《中国习惯法论》一书中把当代中国习惯法分为七类。20 世纪 90 年代以后，有关习惯法的研究逐步摆脱意识形态的束缚和市场经济的冲击，立基于文化和社会背景。梁治平认为，习惯法是长期形成，调整利益冲突，分配权利与义务，并在关系网络中实施；高其才认为，习惯法是依据社会组织和权威，具有强制性的行为规范；俞荣根认为，习惯法是习惯约束力量的总和，适用于一定区域并带有强制性；厉尽国从法治视野论述了习惯法的理论与实践。②

第五，村规民约与国家法律的关系研究。在我国传统社会中，村规民约与国家法律在各自领域依据不同的规则调整着社会秩序。姜裕富进一步分析认为，革命和改革改变了村规民约的社会基础，国家权力的渗透制约了村规民约运行的空间。在现代社会发展中，民间规约与国家法律此消彼长，在互动过程中渐次提升村民的现代法律意识，进而推动法治中国缓慢发展。③ 苏力提出，法律不单纯是国家意志和主权者命令的产物，法律来源于日常生活和社会秩序的需要，并以社会公认作为规范的基础，法治秩序不可能单纯依靠国家法而建构起来，民间法等国家制定法之外的规范才是社会秩序的真正基础。④ 田成有、陈文琼先后提及，传统的回归、国家法神话的破灭、法律多元认识的推动、村民自治为民间法提供了生存空间，是国家法与民间法在社会转型期的制度性契合保障。⑤

关于村规民约与国家法律的冲突与调适。冒蓓蓓认为，历史上国家法与村规民约两相抗衡的情形一直存在。实现良性互动要定位好基层自治组织功能，给予广泛自治权限，同时对地方自治构筑有效的立体监督机制；吴冬梅提出，应该对村规民

---

① 于语和、安宁：《民间法视野中的村规民约——以河北省某村的民间调查为个案》，载《甘肃政法学院学报》2005 年第 5 期。

② 梁治平：《清代习惯法：社会与国家》，中国政法大学出版社 1996 年版；高其才：《中国习惯法论》(修订版)，中国法制出版社 2010 年版；俞荣根：《习惯法与羌族习惯法》，载《中外法学》1999 年第 5 期；厉尽国：《法治视野中的习惯法——理论与实践》，中国政法大学出版社 2010 年版。

③ 姜裕富：《村规民约的效力：道德压制抑或法律威慑》，载《青岛农业大学学报(社会科学版)》2010 年第 1 期。

④ 苏力：《道路通向城市——转型中国的法治》，法律出版社 2004 年版。

⑤ 田成有：《乡土社会中的国家法与民间法》，载谢晖、陈金钊：《民间法》(第 1 卷)，山东人民出版社 2002 年版；陈文琼：《村民自治语境中国家法与民间法的制度性契合》，载《理论月刊》2012 年第 1 期。

约进行整合、引导与制约，促进其在法律框架内自我完善；丁炜炜从法理学角度指出冲突表现在村规民约对国家法律的规避、排斥和不当的利用，根源在于村规民约和国家法律所追求的价值目标不同。① 有学者还提出，在村民约“法”的实施过程中，存在传统与创新、任意与规则、德治与法治冲突等问题，需要站在法治的视角，采取合乎现代法治精神的措施，实现村民约“法”与国家法的良性互动，发展和完善村民约“法”的乡村治理模式。另外，随着农村改革的逐步深入，村规民约对国家法的规避现象越来越多，其消极影响日益显现。依法办事还是依情处理成为村民自治的两难选择。还有学者认为，基于保护公民权利和维护法制统一，有必要也有条件通过司法审查等方式来监督村规民约的合法性。②

村规民约的司法运用研究一直以来都是重难点问题。范愉、侯猛等认为，村规民约的司法运用涉及在正式司法中引入村规民约，还涉及村规民约向司法领域的转化。③ 刘志刚提出，承载着村民自治宪法使命的基本权利与村规民约在民事审判中不能直接适用，而作为解决乡村纠纷的民事“私法”，适用的渠道是公序良俗原则。④ 王熠珏认为，村规民约适用于审判是国家司法对民间法的认可，也是民间法的再生与再造，需结合价值合理性、内容革新性以及公众认可度等方面进行综合的鉴别取舍。⑤

第六，村民自治中村规民约的研究。丁东红通过在河南、安徽两省的实地考察，发现村规民约在实际运行中还存在不少问题，其背后反映出来的传统观念的影响和制度建设的滞后是值得深思的。⑥ 袁海平分析了全国第一部村民自治特别法——浙江省绍兴市新昌县儒岙镇石磁村 2004 年制定的“乡村典章”。认为“乡村典章”制度创新是村治实践需求、政府治理需要、村民和村官利益博弈需要共同作

---

① 冒蓓蓓：《村规民约与国家法的互动》，载《江苏警官学院学报》2007 年第 1 期；吴冬梅：《村规民约的合理性及其与国家法律的协调》，载《湖南农业大学学报(社会科学版)》2012 年第 2 期；丁炜炜：《村规民约与国家法律的冲突与协调》，载《理论月刊》2006 年第 4 期。

② 向攀竹、唐娜：《论国家政策、村规民约与法律秩序的冲突及融合》，载《湖南警察学院学报》2015 年第 3 期；廖志诚、雷晶晶：《松溪县村民约“法”的实践与思考》，载《福建农林大学学报》2014 年第 6 期；贾秀莲：《村规民约对国家法的规避及其解决途径》，载《山东社会科学》2010 年第 4 期；孟刚、阮啸：《村规民约的司法审查研究》，载《国家行政学院学报》2011 年第 3 期。

③ 范愉：《民间社会规范在基层司法中的应用》，载《山东大学学报》2008 年第 1 期；侯猛：《村规民约的司法适用》，载《法律适用》2010 年第 6 期。

④ 刘志刚：《民事审判中的村规民约与基本权利》，载《中国人民大学学报》2010 年第 5 期。

⑤ 王熠珏：《村规民约在地区司法审判中参照适用的研究——以云南为例》，载《昆明学院学报》2014 年第 1 期。

⑥ 丁东红：《村规民约与乡村善治》，载《2008 年北京国际善治学术研讨会论文集》2008 年版。

用的结果，具有重要的意义和广泛的样本价值。① 周家明研究认为，国家权力上浮、法律缺位、优秀传统资源的积淀以及村规民约内含民主契约精神必定催生村规民约的发展、促进村民自治制度的不断完善。②

学者还从妇女权益保障角度分析了村规民约的作用。研究发现，传统农村的宗法制度、婚姻制度、继承制度在村规民约中有所体现，一些地方村规民约成了农村实现男女平权的障碍。③ 耿卓、饶彩霞研究了村民通过制定村规民约，直接参与村务决策、管理和监督，保障农村妇女权益的情况，认为村规民约起到了弥补法律空白、延伸政府职能、加强基层民主管理的作用。④ 由于涉及村民利益和农村社会稳定，学者特别关注农村集体经济组织成员的资格认定。邓雅芬针对成员界定中村民生存利益与村民自治权的冲突，研究如何在二者中寻找一个平衡点；管洪彦发现，利益驱动、立法缺失、传统影响等因素交汇作用，通过村规民约认定是不得已之选。⑤

村规民约实践中较为普遍地存在规定和实施处罚的情形，这一直是许多学者争论较大的问题。朱延秋认为，国家有义务以充分保障人权为出发点，消解村规民约惩戒性条款对人权保障的负面影响，完善国家法在规范村民自治权的运行和监控村规民约惩戒条款的设置、执行和权利救济等方面的相关制度；徐宗立认为，就村民自治的内在逻辑而言，村规民约规定和实施处罚具有法理上的正当性，尽管这并不意味着其可以任意地规定或实施处罚；孙棨从法理上剖析村规民约的性质，并论证村规民约设置惩罚条款的合法性。⑥ 徐晓光、文新宇实地调查了黔东南苗族延续已久的处罚传统"罚 3 个 120"，分析了"供全村吃一餐"这一传统苗族习惯法文化的积极作用，并提出了如何避免其消极负面作用的建议。⑦

---

① 袁海平：《村规民约创新及价值分析——以"乡村典章"为样本》，载《长白学刊》2010 年第 1 期。

② 周家明：《村民自治制度中村规民约的地位研究》，载《安徽农业科学》2013 年第 23 期。

③ 孙宇：《村规民约与农村妇女土地权益保护》，载《经济研究导刊》2007 年第 10 期。

④ 耿卓：《家户视角下的妇女土地权利保护》，载《法学》2016 年第 1 期；饶彩霞：《村规民约视角下的农村妇女权益保护问题》，载《中共云南省委党校学报》2013 年第 6 期。

⑤ 邓雅芬：《农村集体经济组织成员权初探》，载《广州广播电视大学学报》2014 年第 2 期；管洪彦：《村规民约认定农民集体成员资格的成因、局限与司法审查》，载《政法论丛》2012 年第 5 期。

⑥ 朱延秋：《村规民约惩戒性条款的静态分析》，载《黑龙江省政法管理干部学院学报》2007 年第 4 期；徐宗立：《论村规民约规定与实施处罚的法理正当性》，载《法治研究》2010 年第 11 期；孙棨：《试析村规民约设置惩罚条款的合法性》，载《贵州民族大学学报（哲学社会科学版）》2012 年第 5 期。

⑦ 徐晓光：《罚"3 个 120"的适用地域及适应性变化》，载《甘肃政法学院学报》2010 年第 1 期；文新宇：《"供全村吃一餐"的处罚规定所反映的苗族习惯法文化》，载《甘肃政法学院学报》2010 年第 6 期。

第七，村规民约与乡村治理的研究。软法治理已成为社会公共治理的重要路径，罗豪才、宋功德、陶学荣等学者提出，软法治理可以提升民主参与意识，弥补硬法不足，规范农村社会治理体系，有效推动农村法治化进程。① 理论研究方面，陈寒非、高其才认为，农村社会的阶层结构分化给农村社会带来生机和活力，同时也为社会整合带来挑战。在农村多元契约整合机制的构建中，村规民约当是其中受到重视的一种整合机制。卞辉通过从法经济学视角和法社会学视角对村规民约进行考察，认为村规民约在农村社会治理中发挥着重要作用。周家明、刘祖云以马克斯·韦伯权威来源理论为分析框架，解析了村规民约的权威来源及治理条件。②

王德强、周豪和钱海梅等学者运用实证研究方法，分别考察了浙江省金华市W村四大类农村软法的治理实践、城郊T村治理过程中制度性社会资本的生成基础与运作逻辑。③ 胡燕则针对成都某村土地确权中用村规民约调节"流转收益分配"的做法引发的争论，对产权制度改革中村规民约效力的认定应当考虑的因素作了分析。④ 骆东平、高其才、王振标等学者表达对村规民约参与治理的忧虑并提出了相应建议，认为缓和国家法与村规民约之间的张力，进行国家法指导下的适应性变革，才能最终通过村规民约实现自治型乡村治理。⑤

第八，汉学文化和西方理论范式影响下的国外相关研究。实证调查方面，早期有美国西德尼·甘博(Sidney D. Gamble)对中国北方农村的调查，⑥ 新近有美国葛维汉(David Crockett Graham)、日本加藤美穗子等对少数民族习惯法的考察；英国

---

① 罗豪才、宋功德：《软法亦法——公共治理呼唤软法之治》，法律出版社2009年版；罗豪才：《软法的理论与实践》，北京大学出版社2010年版；陶学荣等：《走向乡村善治——乡村治理中的博弈分析》，中国社会科学出版社2011年版。

② 陈寒非、高其才：《乡规民约在乡村治理中的积极作用》，载《清华法学》2018年第1期；卞辉：《农村社会治理的本土资源初探——从乡规民约的法经济学和法社会学价值出发》，载《社会科学家》2012年第3期；周家明、刘祖云：《传统村规民约何以可能——兼论村规民约治理的条件》，载《民俗研究》2013年第5期。

③ 王德强，周豪：《农村软法与软法治理——基于对浙江省金华市W村的个案调查》，载《华中农业大学学报(社会科学版)》2014年第5期；钱海梅：《村规民约与制度性社会资本》，载《中国农村观察》2009年第2期。

④ 胡燕：《农村产权制度改革中村规民约的效力与适用——以成都某村土地确权中的"流转收益分配"约定为例》，载《农村经济》2009年第5期。

⑤ 骆东平：《从村规民约的嬗变看乡村社会治理的困境及路径选择》，载《湖北民族学院学报》2016年第2期；高其才：《通过村规民约的乡村治理——从地方法规规章角度的观察》，载《政法论丛》2016年第2期；王振标：《论村规民约的法治化治理》，载《行政与法》2016年第2期。

⑥ Sidney D. Gamble, *North China Villages: Social, Political and Economic Activities before 1933*, University of California Press, 1963.

学者王斯福和王铭铭对福建和我国台湾地区运用乡约解决纠纷的考察等。外国学者实地调查发现，广袤的乡村没有法律仍有秩序，在于民间规范(村规民约)的重要作用；理论探讨方面，黄宗智(Philip C. Huang)讨论清代地方乡绅通过乡规民约进行调解的“第三条道路”，裴宜理(Elizabeth J. Perry)讨论革命进程中乡规民约的文化操控，千叶正士、寺田浩明、滋贺秀三从汉学文化角度讨论明清家族法源及“约”的性质，[①] 弗里德曼(Lawrence M. Friedman)从法律多元角度讨论非正式规范调整秩序的作用，Orly Lobel 从依法治理角度对中国村规民约进行了一些研究，拓展了研究视野。[②] 这些探讨为研究乡村振兴中的制度供给，提供了宝贵的参考。另外，西方学界从社会政策层面提出的“新公共管理”理论、“善治”理论等，特别是“公共选择”理论运用公地悲剧、囚徒困境和集体行动逻辑模型进行的分析设计，为制度供给提供了新思路，可供研究中国村规民约参考。[③]

二、现有研究的主要成效和意义

在“国家—社会”理论、“法律多元理论”和“地方性知识理论”指引下，学者对村规民约进行的研究，回到政治学、社会学和民间法立场，对诸多问题从多层面进行分析并向纵深发展。

第一，对传统村规民约的文化解读为现代村规民约的价值建构找到了历史归依。学者们在连续性的观察视角下延展传统村规民约的历史文化内涵，还原其多维度、多层次、多功能的面向，为拓展其制度空间奠定了基础。对传统村规民约的解读，主要体现在三个方面：村落自觉方面，系统研究了涵盖家庭、家族、宗族的村规民约在漫长历史时期秩序维护功能；儒家教化方面，研究了在儒家齐家治国的化乡运动中村规民约如何发挥着以道德教化为手段维护村社秩序的作用；国家治权方面，结合秦汉的乡里制度和唐宋后出现的保甲制度，研究了乡约族律的推行和宗族乡约化等。传统村规民约中的某些内容和形式可以为当下村规民约提供本土文化资源，现代村规民约要注重文化承接中的扬弃，尊重传统村规民约仍然具有巨大社会功效的精华。

第二，对民间法或习惯法的细致梳理为现代村规民约内容完善夯实了理论基础。国内学者运用现代法社会学的观点和方法，从民间法理论衍生和成长视角分析

---

① [日]千叶正士：《法律多元——从日本法律文化迈向一般理论》，中国政法大学出版社1997年版；[日]寺田浩明：《明清时期法秩序中“约”的性质》，载滋贺秀三：《明清时期的民事审判与民间契约》，法律出版社1998年版。

② Orly Lobel, “The Renew Deal: The Fall of Regulation and the Rise of Governance in Contemporary Legal Thoughts”, 89 *Minnesota Law Review*.

③ [美]埃莉诺·奥斯特罗姆：《公共事务的治理之道》，余逊达、陈旭东译，上海译文出版社2012年版。

了村规民约的法理依据和社会基础，对我国少数民族地区、汉族地方习惯法和民间解纷机制的实践状况进行考察，研究成果蔚然可观。现有研究的理论突破点主要体现在社会权力和习惯权利两个方面。任何规范都需要相应权力来保证实施，否则难以对实践形成有力和有效的引导和制约。社会权力之于民间法犹如国家强制力之于国家法，学者认为重新认识社会权力及其意义是民间法救亡图存的生命线，并进一步明确地界定了社会权力及其规定性。学者从内生视角，探讨习惯权利与村规民约的一般关系，以一种发展的眼光来审视和体察习惯法的真正意义和内涵，并在习惯权利中拓展了村规民约的内容。

第三，对村规民约与国家法律冲突的现状考察为两者协调统一做好了实践铺垫。作为"小传统"的村规民约从来都不是完全自主自足的，而是在与包括国家法在内的其他知识和社会制度的长期相互作用中逐渐形成的。在正视村规民约与国家法冲突的基础上，主张以融合方式逐步扩大村规民约的适用空间。学者的研究表明，实践中村规民约与国家治权的问题是相当复杂的，学者的研究呈现了两者博弈的情形，村规民约既不是简单自发生成，也不是机械地与国家法高度统一，尚需要从具体时空出发，更加清晰准确地进行实践分析。

第四，对村规民约文本分析和社会实证调查方法的运用示范了今后研究的路径。学界对村规民约的社会实证研究青睐有加，兼顾理论研究和社会研究，研究格局和进路是值得肯定的。学者的实证调查和研究囊括了中国农村的广阔地域，仅村庄个案调查研究，就有山东章丘、广州白云、四川白石村、黑龙江偏远地区、湖南秀村等。实证往往长期而艰苦，如李学兰、柴小华通过对浙江沿海经济较发达的滕头村 20 年中 17 件村规民约的解读，以个案实证研究的方式展现我国法治实践在村庄自治中的发展轨迹，进而探究国家法律与村规民约在村庄治理中的互动关系。① 而对同一地域，又有多位学者从不同角度进行深入的实证研究。如浙江省诸暨市枫桥镇是著名的"枫桥经验"诞生地，范忠信根据诸暨市枫桥镇陈家村村规民约建设的实践经验，对《陈家村村民自治章程》和涉及政治事务、经济事务、治安事务、文明建设的 13 个规约进行了实证分析；② 李敏研究了诸暨市利用村规民约定纷止争的情况；③ 余钊飞则调查了结合地方习惯制定村规民约对于乡村管理的诸多积极

---

① 李学兰：《当代法治实践中的村规民约——滕头村村规民约的文本解读》，载《甘肃政法学院学报》2010 年第 5 期。

② 范忠信：《民主法治视野下的村规民约建设研究》，载《浙江警察学院学报》2013 年第 3 期。

③ 李敏：《"枫桥经验"发新芽——浙江省诸暨市利用村规民约与人民调解定纷止争见闻》，载《中国审判》2007 年第 6 期。

作用。[1] 这种以某个或某些村庄为样本所进行的微观研究，为中国乡村治理作出有益探索，广泛的实证研究是一个可以继续拓展的研究路径。

三、现有研究的不足和完善的进路

村规民约并非一个静止的、永恒不变的规范，其自身在不断改进与完善。村规民约的研究更多关注传统民族地区、乡土社会，而对现代社会的村规民约，特别是全面推进实施乡村振兴战略背景下村规民约的功能探讨和外延发展关注有限，应将现代村规民约建设的路径纳入研究视野，较好挖掘其理论内涵和实践意蕴。

首先，村民自治条件下依托村规民约推进农村民主法治建设的研究还有待深入。村民自治制度发端于 20 世纪 80 年代初期，并在 80 年代中后期迅速普及，村规民约作为村民自治的主要制度形式，随之恢复和发展。20 世纪 90 年代，作为村规民约高级形式的村民自治章程，首先在山东章丘出现。当代村规民约无论内容或形式都发生重大变化，对村民自治和村庄治理产生了重要作用。学界对以村民自治为背景的村规民约的研究起步于 90 年代初，中国农村存在较大地域差异，村规民约的实践样态和实施实效也千差万别，需要对更多地区村规民约进行考察研究，才能有效推动农村社会转型中的村民自治进程。

其次，村规民约与国家法律有效衔接和良性互动的机制创新和具体领域的研究尚显不足。村规民约与国家法之间如何良性互动，并进行体系构建，已成为全面依法治国视域下的重要问题。学者深入探讨传统法制资源与现代法治的互动与互补，为实现二者良性互动寻找适宜的路径进行了开拓性研究。学界总结出民间规范转化为法律规范的“立法的选择”“立法的授权”“司法的选择”三种路径。[2] 今后，村规民约与国家法律的契通研究，不能仅囿于理论自足，更应研究符合乡村振兴实际的体制机制，从规则运作层面探索更为有效的契通渠道和具体领域。

最后，如何发挥村规民约推进实施乡村振兴战略的功用，相关研究才刚刚起步。[3] 实施乡村振兴战略，推进和谐社会建设、基层民主建设等，需要克服大量困难。村规民约如何继续发挥作用？深入研究村规民约在实施乡村振兴战略的各个方面、各个层次和各个领域的地位、功能和作用，是对新时代新课题的积极回应。实现村规民约研究在新时代的与时俱进和突破，村规民约的内在机理剖析尚需进一步提升，对策性思考尚需进一步加强。

---

① 余钊飞：《村规民约与基层社会的法治建设——以浙江省诸暨市枫桥镇实证调查为例》，载《云南大学学报(法学版)》2009 年第 6 期。

② 姜福东、张晓萍：《论民间规范转化为法律规范的路径》，载《中州学刊》2013 年第 3 期。

③ 刘志松：《乡规民约与乡村振兴》，载《光明日报》2018 年 5 月 2 日；蒋永穆：《基于社会主要矛盾变化的乡村振兴战略：内涵及路径》，载《社会科学辑刊》2018 年第 2 期。

第三节 研究思路与方法

一、研究思路

以习近平新时代中国特色社会主义思想，中共十九大、十九届二中、三中全会关于乡村振兴战略的部署和新时代“三农”政策为指导，运用马克思主义中国化的最新成果，对村规民约建设的理论基础、现实状况、实践探索、运行机制与内容拓展等进行政治学、法学和社会学的全面探究。

第一，分析实施乡村振兴战略中“为什么”要倡导村规民约建设。在实施乡村振兴战略的宏观背景下对村规民约建设进行价值分析。通过对村规民约科学价值的发掘来探讨构建完备的乡村治理规则体系，通过对村规民约治理实效的分析来探讨提升多元主体的治理能力。

第二，解析现代村规民约的内在机理“是什么”。在“多元”“互动”“协同”“整合”等治理现代化理念下对现代村规民约进行机理解析。在回答村规民约的科学内涵和合理外延基础上，为完善村规民约建设的对策研究提供规范性指引。

第三，剖析村规民约建设的历史与现状“怎么样”。在实施乡村振兴战略视域中对村规民约进行历史与现实观照，找准现今村规民约存在的问题和及其深层原因。

第四，着重研究全面推进实施乡村振兴战略中村规民约建设的具体路径“怎么做”。乡村振兴是新时代乡村社会正在发生的伟大实践，村规民约参与这一进程，其自身发展的路径怎么走？从如何完善村规民约的运行机制、如何建立村规民约的责任规则、如何夯实村规民约内容等方面加以探究。

二、研究方法

秉持理论阐释与实践总结兼顾、静态文本分析与动态运行观察并重，实现理论研究、实证分析及经验提炼融合：

（一）文献分析法

依托期刊图书资料以及网络资源，检索涉及村规民约的法律法规和政策，梳理国内外相关文献，分析相关研究成果及主要观点，把握研究现状与前沿动态，主要用于对村规民约理论层面的综合研究。

（二）实证调查法

通过问卷、访谈、观察等调查研究的各种方法“深描”村规民约实践运行情况，精准聚焦存在的问题及其原因，在实证基础上对推进村规民约建设提出建议。

(三)案例分析法

广泛收集不同地域典型做法和创新案例，并进行多层面、多维度的比较分析，提炼村规民约治理质效的个性特色与共性经验，探究可供借鉴推广的机制范式。

第四节 研究框架与内容

本书的研究框架与内容详见下表：

研究思路、研究内容和研究方法详解

<table>
<tr><th colspan="2">研究思路</th><th colspan="2">研究内容</th><th>研究方法</th></tr>
<tr><td rowspan="24">乡村振兴战略背景下的村规民约建设路径研究</td><td rowspan="3">村规民约在乡村振兴中的价值［为什么］</td><td rowspan="3">倡导村规民约建设的逻辑</td><td>理论逻辑：村规民约是法治社会建设的制度保障</td><td rowspan="24">文献分析法
实证调查法
案例分析法</td></tr>
<tr><td>现实逻辑：村规民约是现代乡村治理的重要依据</td></tr>
<tr><td>历史逻辑：乡约文化是中华民族的传统制度优势</td></tr>
<tr><td rowspan="4">现代村规民约的内在机理解析［是什么］</td><td rowspan="4">现代村规民约的内在机理</td><td>四个渊源：传统、道德、法律、约定等</td></tr>
<tr><td>三个要素：自治权力、村民权利与义务</td></tr>
<tr><td>两个生成维度：内生与外生</td></tr>
<tr><td>一个核心本质：复合性的共同体契约</td></tr>
<tr><td rowspan="8">乡村振兴战略视域中的历史与现实观照［怎么样］</td><td rowspan="2">传统村规民约的演进及启示</td><td>传统村规民约的演进历程</td></tr>
<tr><td>传统村规民约治理的启示</td></tr>
<tr><td rowspan="3">当前村规民约建设存在的问题</td><td>运行机制不完善</td></tr>
<tr><td>拘束力日渐式微</td></tr>
<tr><td>内容违法较普遍</td></tr>
<tr><td rowspan="3">村规民约建设存在问题的原因</td><td>静态有序的乡民转变为混合流动的村民</td></tr>
<tr><td>封闭的村域空间转化为开放多元的地域</td></tr>
<tr><td>自足的小农经济转向为市场浸润的经济</td></tr>
<tr><td rowspan="9">加强村规民约建设助力乡村振兴战略的具体路径［怎么做］</td><td rowspan="3">完善村规民约的运行机制</td><td>民主制定机制</td></tr>
<tr><td>有效实施机制</td></tr>
<tr><td>监督纠正机制</td></tr>
<tr><td rowspan="3">依法确立违约责任强化效力</td><td>“有约必守”依托多元社会强制力保障</td></tr>
<tr><td>可设立具有社会强制性的违约责任规则</td></tr>
<tr><td>融合多元社会强制的经济责任规则类型</td></tr>
<tr><td rowspan="3">健全德治、法治和自治相结合的内容</td><td>德治：倡导和践行核心价值观实现乡风文明</td></tr>
<tr><td>法治：与法律衔接互动实现产业兴旺和生活富裕</td></tr>
<tr><td>自治：协同多元乡村组织章程实现治理有效和生态宜居</td></tr>
</table>

第一章 乡村振兴战略倡导村规民约建设的逻辑

中国特色社会主义进入新时代，要让农业成为有奔头的产业，要让农民成为有吸引力的职业，要让农村成为安居乐业的美丽家园。中国农村地域广阔、人口众多、经济社会发展不平衡，文化、传统、风俗千差万别，实施乡村振兴战略，是解决人民日益增长的美好生活需要和不平衡不充分的发展之间矛盾的必然要求，是实现“两个一百年”奋斗目标的必然要求，是实现全体人民共同富裕的必然要求。① 乡村振兴战略提出，到2020年乡村振兴的制度框架和政策体系基本形成。所以，倡导村规民约的重要功用，契合乡村振兴的现实需要，因应历史传统演进规律，具有充分的理论与实践基础。从实现乡村振兴视角出发，审视加强村规民约建设的正当逻辑，既可加深对乡村振兴战略制度资源的理解，更可以审慎展望新时代乡村振兴的未来路径。

第一节 乡村振兴战略与村规民约的界定

界定研究对象的概念和类型，是学术研究的前提，也是学术观点的基点。从不同的视角出发，对“乡村振兴战略”与“村规民约”的概念，做如下辨析和界定。

一、乡村振兴战略的内涵

（一）乡村振兴战略的提出

2016年4月25日，习近平总书记在中国农村改革的发源地——安徽省凤阳县小岗村考察时指出：“中国要强农业必须强，中国要美农村必须美，中国要富农民必须富”，强调加大推进新形势下农村改革力度，加强城乡统筹，全面落实强农惠农富农政策，促进农业基础稳固、农村和谐稳定、农民安居乐业，顺应亿万农民新期盼和农业农村发展新需求，2017年10月18日，习近平总书记在党的十九大报

---

① 参见中共中央、国务院：《关于实施乡村振兴战略的意见》，2018年1月2日。

告中指出，农业农村农民问题是关系国计民生的根本性问题，必须始终把解决好“三农”问题作为全党工作重中之重，坚持农业农村优先发展，并正式提出“实施乡村振兴战略”。

2017年12月28日，中央农村工作会议全面分析“三农”工作面临的形势和任务，研究实施乡村振兴战略的政策，对实施乡村振兴战略作出全面部署。明确实施乡村振兴战略的目标任务是：到2020年，乡村振兴取得重要进展，制度框架和政策体系基本形成；到2035年，乡村振兴取得决定性进展，农业农村现代化基本实现；到2050年，乡村全面振兴，农业强、农村美、农民富全面实现。会议明确实施乡村振兴战略的基本原则是：坚持党管农村工作；坚持农业农村优先发展；坚持农民主体地位；坚持乡村全面振兴；坚持城乡融合发展；坚持人与自然和谐共生；坚持因地制宜、循序渐进。

2017年12月29至30日，全国农业工作会议在北京召开。会议总结2017年及过去5年工作，研究实施乡村振兴战略措施，部署2018年重点工作。2018年2月4日，备受各界关注的2018年中央一号文件《中共中央国务院关于实施乡村振兴战略的意见》正式对外发布，对统筹推进农村经济建设、政治建设、文化建设、社会建设、生态文明建设和党的建设作出全面部署，是推进新时代农业农村现代化的行动纲领。在实施乡村振兴战略的大背景下，农业农村发展迎来了重大战略机遇。

（二）乡村振兴战略的总要求

实现乡村振兴，要以习近平新时代中国特色社会主义思想为指导，从推进农业现代化转向推进农业农村现代化，按照“产业兴旺、生态宜居、乡风文明、治理有效、生活富裕”的总要求，开创新时代“三农”工作新局面。

一是把生产发展提升为“产业兴旺”。产业兴旺是乡村振兴的重点，由生产到产业，范围进一步扩大，突出了产业发展的重要性，强调一二三产业的全面发展。要以推进农业供给侧结构性改革为主线，以优化农业产能和增加农民收入为目标，大力构建现代农业产业体系、生产体系、经营体系，大力发展新主体、新产业、新业态。① 农业要由增产导向转向提质导向，做大做强高效绿色种养业、农产品加工流通业、休闲农业和乡村旅游业、乡村服务业、乡土特色产业、乡村信息产业，培育农业农村发展新动能。由发展到兴旺，目标要求更高，不仅强调发展过程，更强

---

① 党的十九大报告提出：“构建现代农业产业体系、生产体系、经营体系，完善农业支持保护制度，发展多种形式适度规模经营，培育新型农业经营主体，健全农业社会化服务体系，实现小农户和现代农业发展有机衔接。促进农村一二三产业融合发展，支持和鼓励农民就业创业，拓宽增收渠道。”这是对如何发展中国特色现代农业的深入阐述，也是乡村振兴战略的重要组成部分。

调达到兴旺的结果。要紧紧围绕促进产业发展，引导和推动更多资本、技术、人才等要素向农业农村流动，调动广大农民的积极性、创造性，保持农业农村经济发展旺盛活力。

二是把村容整洁提升为“生态宜居”。“生态宜居”蕴含了人与自然之间和谐共生的关系，是“绿水青山就是金山银山”理念在乡村建设中的具体体现，是乡村建设理念质的升华。① 把生态文明建设摆在乡村建设极其重要的位置，强调乡村生态环境建设的内容更丰富，目标要求更高，不仅要美丽，还要适宜居住，要保护清新美丽的田园风光、洁净良好的生态环境。要加大对农村基础设施和公共服务的投入，大力改善水电路气房讯等基础设施，统筹山水林田湖草保护建设，保护好绿水青山和清新清净的田园风光。要更新观念，注重乡村的可持续发展，把农耕文明的精华和现代文明的精华有机结合起来，使传统村落、自然风貌、文化保护和生态宜居诸多因素有机结合，建成一批基础设施便利、生态环境优美、宜居宜游宜业的美丽乡村。工业化、城镇化进程中，一部分村庄的消亡不可避免，但一部分村庄仍要长期存在，生态宜居的美丽乡村建设意味着农村不能再延续农业兼业化、农民老龄化、农村空心化的状况。生态宜居的乡村需要城乡资源和要素的良性互动，城乡融合发展，不仅仅是农村的要素流向城市，城市的要素(资本、技术、管理)和资源(经济、社会、文化等资源)也要流向农村。②

三是坚持和完善“乡风文明”建设。乡村振兴，乡风文明是保障。要有可操作性的制度创新，促进农村文化教育、医疗卫生等事业发展，坚持物质文明和精神文明一起抓，推动移风易俗、文明进步，弘扬农耕文明和优良传统，提升农民综合素质。培育文明乡风、良好家风、淳朴民风，不断提高农村社会文明程度。

四是把管理民主提升为“治理有效”。乡村治理由政府、自治组织、社会组织、村民个人等多元主体协同共治，更注重结果导向，强调治理行为的合理性和有效性。加强基层民主和法治建设，弘扬社会正气、惩治违法行为，使农村更加和谐安定有序。改革与完善治理体制与机制，强调民主治理的效率和基层群众的主动参

---

① 党的十九大报告提出：“建设生态文明是中华民族永续发展的千年大计”。

② 2016年11月，国务院办公厅印发《关于支持返乡下乡人员创业创新促进农村一二三产业融合发展的意见》；2017年中央一号文件提出：“支持进城农民工返乡创业，带动现代农业和农村新产业新业态发展。鼓励高校毕业生、企业主、农业科技人员、留学归国人员等各类人才回乡下乡创业创新，将现代科技、生产方式和经营模式引入农村”；2017年4月，住房和城乡建设部、国土资源部联合发布《关于加强近期住房及用地供应管理和调控有关工作的通知》，提出“在租赁住房供需矛盾突出的超大和特大城市，开展集体建设用地上建设租赁住房试点”。通过这些政策措施的逐步落实，城乡的良性互动也为生态宜居的美丽乡村建设提供物质资源和人力资源保障。

与，加强和创新农村社会治理，健全自治、法治、德治相结合的乡村治理体系。①

五是把生活宽裕提升为“生活富裕”。乡村振兴的突出矛盾，就是农民的就业和增收问题，要在农民收入更快增长的基础上显著提高农民的生活水平，让农民的生活更加富裕。要让农民有持续稳定的收入来源，经济宽裕，生活便利，最终实现共同富裕，必须把大力发展农村生产力放在首位，支持和鼓励农民就业创业，拓宽增收渠道。要从农业内外、城乡两头共同发力，探索促进资本、技术、人才等要素向农业农村流动的有效政策措施，进一步调动城乡两个积极性，大力培育乡村生产经营管理人才，激发农村创业创新活力，增强农民就业增收能力，提高农业质量效益竞争力，为实现乡村繁荣、农民富裕提供物质条件，并在产业发展进程中促进其他方面发展。

落实乡村振兴战略的这五大要求，必须不断深化农村改革，保障举措主要有四点：一是推进体制机制创新，强化乡村振兴制度性供给。巩固和完善农村基本经营制度、深化农村土地制度改革、深入推进农村集体产权制度改革、完善农业支持保护制度。二是汇聚全社会力量，强化乡村振兴人才支撑。大力培育新型职业农民、加强农村专业人才队伍建设、发挥科技人才支撑作用、鼓励社会各界投身乡村建设、创新乡村人才培育引进使用机制。三是开拓投融资渠道，强化乡村振兴投入保障。四是坚持和完善党对“三农”工作的领导。②

(三)实施乡村振兴战略的重要意义

实施乡村振兴战略，是新时代党中央从党和国家事业全局出发、着眼于实现“两个一百年”奋斗目标、顺应亿万名农民对美好生活向往作出的重大决策。实施乡村振兴战略，是新时代“三农”工作的总抓手，是促进农业发展、农村繁荣、农民增收的治本之策。通过一系列顶层设计和制度创新，要素配置上优先满足、资源条件上优先保障、公共服务上优先安排，有助于从根本上解决我国的“三农”问题。

实施乡村振兴战略，是解决新时代我国社会主要矛盾的迫切要求。城乡发展不平衡、农村发展不充分，是新时代我国社会主要矛盾的突出表现。实施乡村振兴战略，就是要加快补齐农业农村发展的短板，在决胜全面小康阶段，要消除绝对贫困；在全面建设现代化强国阶段，要缩小城乡差别，实现城乡融合，在实现农业农村现代化基础上全面建设社会主义现代化国家。只有这样，才能促进发展更平衡、更充分，更好地满足人民日益增长的美好生活需要。

实施乡村振兴战略，是“五位一体”总体布局在农村的具体落实。乡村振兴战

① 党的十九大报告提出，“加强农村基层基础工作，健全自治、法治、德治相结合的乡村治理体系”，这为乡村治理体系的改革与完善指明了方向。

② 参见中共中央、国务院：《关于实施乡村振兴战略的意见》，2018年1月2日。

略体现了经济建设、社会建设、文化建设、政治建设、生态文明建设全面提升的内在要求。把农业与农村发展摆在更加重要的位置，明确农业农村优先发展；把农村现代化纳入国家现代化建设体系，加快推进农业农村现代化；建立新型工农城乡关系，推动城乡融合发展；破解农业现代化瓶颈制约因素，实现小农户和现代农业有机衔接；为实现有效治理，提出自治、法治、德治相结合的乡村治理新理念等。①

总之，有党的领导的政治优势、有社会主义的制度优势、有亿万名农民的创造精神、有强大的经济实力支撑、有历史悠久的农耕文明、有旺盛的市场需求，实施乡村振兴战略必将迎来光明的前景。

二、村规民约的概念辨析

首先，从辞源上看，“村”指村子、村落，乡下聚居场所，在漫长历史长河中，一般指自然村、中华人民共和国成立后的行政村、现今的建制村；② 现代乡村社会中的建制村，应该是一个治理单元、经济单元、社会生活单元以及道德践行单元。“规”指画圆形的工具，引申为指规矩、规定、法则、章程等共同制定、共同遵守的规则，不仅包括在历史演进中逐渐形成、积习成俗，得到检验和村民普遍认同的乡村治理经验，还包括现代乡村治理中的一系列管理规定；“民”指乡村社会成员、农民、农村居民等，既包括长期居住在本村的“原住民”，也包括人口流动过程中迁入的“归化民”，还包括与本村地域、经济和公共事务有法定或约定关联的契约性“村民”；③ “约”，指限制、约束、约定、共同议定须遵守的条文等，既指乡村传统中村民公认的价值观，也指现代民主法治基础上协商一致的合意，共同点都是一种群体或共同体的契约安排。④

其次，从名称和语义上看，“村规民约”或“乡规民约”是汉语中约定俗成的概

① 郭翔宇：《新时代乡村振兴的指导思想和战略部署》，载《第一财经日报》2018年1月1日。

② 村民自治中的建制村，不是指自然形成聚居群落的自然村，也不是指中华人民共和国成立后的行政村，而是指设有村民组织——村民委员会建制的区域。当然，就自治的地域范围而言，在许多地方，自然村与建制村重叠；在另外一些地方，一个建制村包括多个自然村；个别地方，一个自然村又划分为几个建制村。参见唐鸣：《草根民主的法律规制》，中国社会科学出版社2013年版，第73页。

③ 周家明：《村民自治制度中村规民约的地位研究——兼叙村民自治章程的功能》，载《安徽农业科学》2013年第23期。

④ 日本学者寺田浩明教授对中国明清时期法秩序中的“约”进行了详尽而精辟的考察，其方法与结论可以在整体上用来考察和说明中国的传统村规民约。详见寺田浩明著、王亚新译：《明清时期法秩序中“约”的性质》，载滋贺秀三：《明清时期的民事审判与民间契约》，法律出版社1998年版，第139页。

念，历史上又称规约、寨规、公约、禁约、族规、议款、款约、乡规、村民守则、村民公约、村民约章等。《中国大百科全书》对其定义为："中国基层社会组织中社会成员共同制定的一种社会行为规范。"①"村规"强调其地域性、积习成俗的正当性，"民约"强调其民间性、民主性和契约性。

最后，从实践中的表现形式看，传统村规民约以自发肇始于民间的家规、族规、乡规、乡约为主要表现形式，以宗法礼教为指导，以协调乡村关系、稳固乡村秩序为目的，通过伦理教化以及相应惩罚机制的约束，劝善惩恶，维系着传统乡村社会有序运转，成为国家正式制度以外民间法的重要组成部分；现代村规民约是指在我国农村的村民自治实践中，广大村民根据法律法规和政策、道德伦理和传统习惯，结合本村实际，在民主协商基础上，采用民主多数决的方式，制定的涉及村级共同体民主治理、集体经济发展、村级公共事务和公益事业管理、村风良俗培育和公共道德建设等内容的综合性自治契约。

综上，按照"产业兴旺、生态宜居、乡风文明、治理有效、生活富裕"的总要求，建立健全自治、法治、德治相结合的现代村规民约，统筹推进农村经济建设、政治建设、文化建设、社会建设、生态文明建设和党的建设。据此，加快推进农业农村现代化，加快推进乡村治理体系和治理能力现代化，走中国特色社会主义乡村振兴道路，才能努力让农业成为有奔头的产业，让农民成为有吸引力的职业，让农村成为安居乐业的美丽家园。②

第二节 村规民约是现代乡村治理的重要依据

随着我国市场化、工业化、信息化、城镇化的加速发展，农村改革的不断深入，乡村社会正经历巨大的社会结构变迁，广阔的农村地域和占总人口半数以上的农业人口决定了乡村治理水平仍然是国家治理现代化的基础指标。"小康不小康，关键看老乡"，农业仍是我国"四化同步"的短腿，农村还是全面建成小康社会的短板。改革开放以来，国家基层政权设置在乡镇一级，国家权力总体有限上浮，乡村关系由领导关系转变为指导关系，国家对乡村的管理由全面、直接、刚性的管理转向局部、间接、适当的协调。在村一级实行村民自治，乡村社会逐步取得一定程度的自主权，农村的自治空间、农业的活力、农民的积极性再次激活。当代中国农村基层治理，不仅要注重国家对基层的治理，也要激发社会自身自治，推动社会自治和国家法治局面的形成。按照民主、科学与法治原则，积极推进农村基层治理体系

---

① 中国大百科全书总编辑委员会《社会学》编辑委员会：《中国大百科全书(社会学)》，中国大百科全书出版社 1991 年版，第 434 页。

② 韩长赋：《大力实施乡村振兴战略》，载《人民日报》2017 年 12 月 11 日。

的现代化建设，既要依靠政府发挥指导作用，也要增强社会多元主体的治理力量。

农村治理是国家治理的"神经末梢"，农村的和谐稳定需要法治的强力保障，法治的精神必须渗透到农村生产生活的方方面面，构建更加完善的制度体系，并有效发挥作用，才是治本之道。国家权力在村级"退场"、法律"缺场"或无法有效渗入，为中国农村多元治理预留下空间。乡村治理从"自治"走向"善治"，制度建设还远没有跟上，存在不少空白。村规民约是实现村民自治的重要制度载体，在一定地域、一定群体、一定事项中发挥着与国家法律一样的秩序构建作用，现代乡村治理需要村规民约的再兴。村规民约对加强乡村振兴中的民主法治建设，深化土地、户籍、产权以及集体经营体制、公共服务和社会管理体制等改革，增添经济社会发展新动力，维护社会公平正义，给村民带来更多获得感，都具有重要意义。

一、促进村民自治的持续健康发展

村民自治是村民行使民主权利，管理公共事务最重要的表现形式。自治的本意就是自治主体自己处理自己的事务，自己处分自己的权利。① 村民自治是农村基层人民群众自治，作为一种民主化的村级治理制度，在国家不能为村庄提供足够秩序的情况下，通过改善村庄治理来提供自足村庄秩序。② 村民自治旨在解决在国家与社会分离过程中出现的紧迫性公共问题，国家向基层社会让渡和下放部分治权，重构社会治理体系。村民自治也是当代中国民主政治和基层治理的新发展，是涉及乡村政治、经济、文化和社会生活多方面的复合型实践。随着中国特色新型工业化、信息化、城镇化、农业现代化进程加快，农村社会正在发生深刻变化，农村的复杂人群结构，多元的社会结构，不同的群众诉求，农民以个体为单元的主体意识强化，农民工在农村与城市"两地社会"之间流动，农业与市场经济体系的依存日益紧密，网络科技与社会全媒体爆发性增长，农村基层社会治理面临许多新情况新问题。

要管理好这些社会事务，村规民约所具有的民主契约性，契合村民自治的本质需要，是实现村民自治的重要保障。村民自治是现代村规民约的生长点，村规民约是村民自治制度化、规范化的表现形式。村民自治与村规民约紧密相联，村级治理主要以国家法律《村民委员会组织法》、村民会议制定的村民自治章程和各类村规民约作为依据。村民自治中民主管理的核心就是依法建制、依制治村，各地均将制定村民自治章程和村规民约作为推行村民自治的重要举措。③ 如山东省章丘市埠村

① 孙韡：《试析村规民约设置惩罚条款的合法性》，载《贵州民族大学学报》2012 年第 5 期。

② 贺雪峰：《乡村治理的社会基础》，中国社会科学出版社 2003 年版，第 233 页。

③ 于建嵘：《岳村政治》，商务印书馆 2001 年版，第 78 页。

镇埠西村按照合法、及时、互信的原则制定村规民约，把实践中创造的民主公开、群众监督等方面的新做法制度化，创造出值得借鉴的“章丘经验”。村规民约规范是村民自治的基本规范，也是村民认同的制度规范。村规民约源于村民自身的创造，反映村民的意愿，是农村社会各阶层表达自身诉求的良好渠道，是基层社会民主治理的一条重要途径，为村民的公共参与提供了一个制度化载体，在促进社会整合、活跃乡村经济、提供公共服务和精神支持、增进社会福利等方面都发挥着重要的作用。

二、推进基层治理实践经验制度化

我国农村治理还处于探索阶段，需要不断提炼各地实践探索的经验，形成一些理论共识，完善和创新现有的乡村治理规则。塞缪尔·亨廷顿在《变化社会中的政治秩序》中专门论及政治活动制度化与政治稳定的关系，他认为，政治制度是规范政治行为的机制，也是组织政治共同体、实现社会政治稳定的力量，政治制度化程度越高，政治稳定程度就越高。① 加强对村规民约运作实践的总结，实现党的领导、政府指导、自治组织主导、社会组织协调、村民参与的互动和共赢，建构和谐视域下多元共治的乡村理想图景。在探索乡村治理规范时，要遵循实证主义，一方面要在实地调查的基础上对乡村的具体情况有全面客观的把握，认识到本村的风土人情、市场价值及民主法治意识等；另一方面，不能盲目照搬外来理论和城市建设经验，要在结合本乡本土特点、特色的基础上，切入现代化治理要素。诚如民间俚语，“鞋子合不合脚，只有自己知道”，乡村治理规范要以本土为主，具有针对性，符合全体村民的共同意志，越是民族的、本土的，越是世界的、现代的。如江苏省永联村“三位一体、共融分治”的治理模式、浙江省诸暨市枫桥镇着重于社会综合治理的“枫桥经验”、山东省诸城市农村社区化管理、广东省佛冈县“三个中心下移”的农村综合改革探索等，都体现了乡村治理的不同探索与实践创新，对改善乡村治理、促进城乡社会和谐发展有重要意义。② 村规民约建设是一项实践性很强的活动，没有放之四海而皆准的模式，应当遵循实事求是、一切从实际出发的原则，选择适合的发展路径，不断充实村规民约在农村基层民主政治建设、社会建设、经济建设、文化建设、生态建设等承载的新内容，深化其治理实效。

① ［美］塞缪尔·亨廷顿：《变化社会中的政治秩序》，王冠华、刘为译，人民出版社 2008 年版，第 10 页。

② 余向东、施维、张伟宾：《积极推动乡村治理的理论创新与实践探索》，载《农民日报》2014 年 5 月 13 日。

三、推动乡村治理方式现代化转型

当代中国乡村社会正处于急剧、深刻、全面的转型时期，需要复合而非单一的治理。“善治”是政府与公民为了促进公共利益最大化，对公共事务进行合作管理的过程与结果，也是中国治理现代化的本土化表述和必然追求。① 合理放权、有序赋权、切实维权是实现基层善治的根本途径。② 在基层民主治理的治理主体、治理依据、治理方式现代化转型过程中，村规民约是一种融乡土性与现代性于一体的治理规范，通过村规民约保障和实现村民各项政治权益、人身权益和经济权益，提升农民的自组织程度和集体行动能力，其道德教化、秩序维系、利益调整、民主治理的作用，回应了转型社会需求，丰富了治理的规则形态。社会治理应该是硬性治理与柔性治理相结合，村规民约正是硬性与柔性相结合的协同治理方式。在当前农村基层治理中，一些政府管理部门和基层自治组织行为偏好简单化，无节制动用公权力。面对社会矛盾和社会问题，治理现代化要求多沟通协商，达成共识，少动用甚至不动用国家公权力。根据各种社会关系调整的难易程度，选择强弱有别的规范，实现法治的正当性，村规民约以其重协商、促沟通、非国家强制性等特点，契合现代乡村社会治理需求。

乡村社会正从传统控制型管理向现代民主型治理转变，乡村治理不只是农村的内部管理和发展问题，也是整个国家治理现代化的基础。③ 村规民约同现代乡村社会多元主体的合作共治紧密相联。政权与治权实现良性互动，乡村多元主体合作共治是共识。乡村社会的治理现代化转型，要摒弃简单的以现代制度的输入和行政力量的嵌入来强化管理的惯性思维，综合考虑乡村的具体实际，着力推进治理体制机制的创新，实现治理的民主化、科学化、程序化和制度化，推动治理能力质的飞跃。基层治理能力提升，要从强调基层政府的执行能力和以及对基层社会的整合能力，转向重视农村基层多元主体的合作共治能力。新时期实现乡村治理现代化，应注重运用村规民约，弘扬契约精神、贯彻契约理念、采用契约方式，通过基层政府指导、乡村党组织领导、自治组织主导，大力培育市场与社会组织协同参与，充分调动村民参与自治的积极性，充分发挥各种民间组织的功能，注重与国家行政力量良性互动，形成党委领导、政府负责、社会协同、公众参与、法治保障的社会管理体制，形成基层政府管理和村民自治有效衔接和良性互动的机制。将村规民约的完善与多元主体依规而治的能力联系起来，乡村社会治理就会更民主、法治、科学和

① 俞可平：《治理与善治》，社会科学文献出版社 2000 年版，第 8 页。

② 肖唐镖：《基层治理亟待走向系统性改革》，载《国家行政学院学报》2015 年第 4 期。

③ 高其才：《通过村规民约的乡村治理——从地方法规规章角度的观察》，载《政法论丛》2016 年第 2 期。

高效。

第三节　村规民约是法治社会建设的制度保障

在全能主义政治时期，国家与社会是同一个硬币的两个方面。① 随着生产力的不断提高，国家权力慢慢下放，国家与社会有了明显区别。从国家与社会的关系来看，有四种类型：一是强社会—强国家关系，二是强社会—弱国家关系，三是弱社会—强国家关系，四是弱社会—弱国家关系。处于不同的国家—社会关系下，乡村治理的依据也会不同(见下图)：

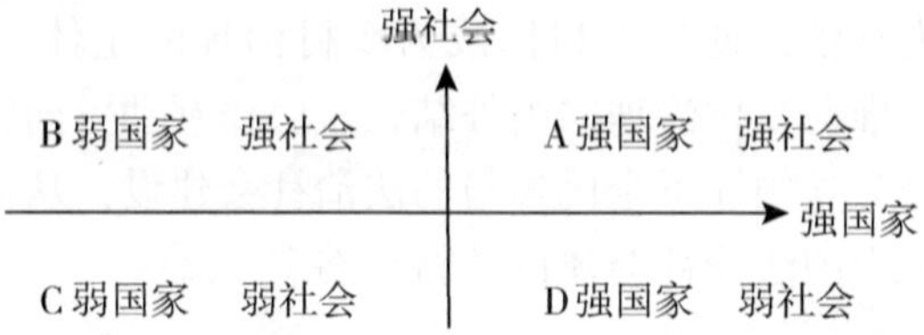

B区：在中国漫长的封建时期，"皇权不下乡、绅权不上朝"，农村族权、绅权等是维系乡村秩序的主要社会力量，此时国家与社会的关系是弱国家—强社会状态，乡村治理依据的规范是体现封建伦理纲常和儒家礼教的家法族规和村规民约。早在周代，随着里正、乡老的出现，村落中已有涉及防洪、灌溉、防御外侮的民约，《周礼》记载的礼仪规范中还有乡里敬老、睦邻的约定性习俗。如北宋的《吕氏乡约》，明代的《南赣乡约》，明太祖朱元璋为推行乡约提出的《圣渝六君》，清帝康熙仿效朱元璋提出的《上谕十六条》，乡约即以"圣谕"为核心，附之以家法或禁约而成为人们共同遵守的行为规范。

C区：在中华人民共和国成立之前，内忧外患导致中国缺乏有效的权威，社会也缺乏相应的自主，城市萧条，农村更是衰败。在这种弱国家—弱社会状态下，不管国家还是社会都不足以对乡村治理起到主导作用。清末民初以康有为、梁启超为代表的维新志士也把革新图治的希望寄托于地方自治。民国初年山西等地军阀开展的"村政建设"，成为当时乡村改革和建设运动的典型，这些地方自治很大程度上是依靠村规民约。梁漱溟等人在二十世纪二三十年代乡村建设运动时期，仿照《吕氏乡约》在山东邹平等17县大力推行"乡农教育"，使得村规民约短暂复兴。

D区：中华人民共和国成立到改革开放之前，国家实行计划经济，国家权力深

① 景跃进：《党、国家与社会：三者维度的关系——从基层实践看中国政治的特点》，载《华中师范大学学报(人文社会科学版)》2005年第2期。

度介入乡村社会，导致乡村社会对国家也有强烈的依赖，缺乏自主，没有活力，此时处于强国家—弱社会的状态，国家主导农村的一切事务，农村管理主要以政府行政管理为主，依据的主要是党和政府的政策。

A区：理想的国家与社会关系应该是强国家—强社会，国家与社会实现良性互动。就乡村治理而言，国家外部力量与乡村社会内部力量之间也应该形成良性的互动关系。城乡二元结构决定乡村社会对国家具有较大的依赖性，必须取得国家的大力支持，这就要求加大国家法的支持和规制力度。同时，社会治理呈现出多层次、多场域、多任务、多目标的复合治理态势，当代乡村公共事务和公共问题更加复杂，需要国家向社会分权，为社会组织和村民让出足够空间，建立起各类主体相互协商、相互合作的协同治理格局。特别是让基层组织发挥自我治理的功能，调动广大村民的积极性、主动性，使广大村民成为乡村治理的主体，按照村民共同的意志，制定村规民约，推动乡村治理向内外结合、协作互动方向转变。从党政推进的法治社会建设，转变为党领导下全民参与的法治社会建设，从而凝聚法治社会建设的强大合力，这也是中国法治社会建设的新常态。

一、建构多元的社会规范体系

全面依法治国，必须坚持“法治国家、法治政府、法治社会一体建设”。① 法治国家建设、法治政府建设、法治社会建设，都需要法的规范。② 国家法治、政府法治、社会法治，都要实现规则之治。法治社会是与法治国家相并列的概念，法治国家要求国家执政权和行政权运行的法治化，法治社会要求社会自治组织和自治体系运转的法治化。法治社会建设，必须正确处理政府与社会、自治与共治、自由与秩序、法律与其他社会规范的关系，构建一个多层次多领域社会治理体系。建立良好的法治社会，必先有规范，而规范体系是由正式规范（法律）和非正式规范（民间遵循的规则）共同构成，多元化的制度体系是法治社会建设的重要基础。

正式规范（法律）可以为国家治理确立善治目标、确定治理范围、确定治理主体及其行为模式，设定治理责任及其追究机制。③ “国家的法律由于其作为人类社会唯一真正的法这一被人们确信不疑的本质，被正统法学简单地不加任何修饰词加以限制地称作‘法’。当人们发现另外的法律体系与‘法’一起起作用，无论它们是

① 习近平：《在中央全面依法治国委员会第一次会议上的讲话》，载光明网：http://politics.gmw.cn/，2018年8月24日访问。

② 韩春晖：《社会主义法治体系中的软法之治》，载《国家行政学院学报》2015年第1期。

③ 罗豪才：《关于法治的混合治理模式》，载《北京日报》2015年1月19日。

相互和谐还是相互冲突，这时，法律多元的概念就出现了。”①在实现法治社会进程中，应从“立法主导主义”走向“法律多元主义”，理清民间法与国家法各自的作用领域与作用范畴。② “法律多元主义”是法社会学中的重要观念，主张除了国家法以外，社会组织的行为规则也属于法的范畴。社会生活的多样性要求法的渊源多元化。社会规范是广泛存在于社会生活的各个领域，规范人与人之间的社会关系和社会行为的准则。依调整内容和方式不同，可分为政治规范、法律规范、道德规范和宗教规范等；依效力的不同，可分为强制性规范和任意性规范；依产生的方式不同，可分为制定性规范、约定性规范和习惯性规范等。社会规范不以国家权力作为实施的保障，而是以各自所具有的社会力量直接相关联，在某些领域发挥着比法律更强的规范人们行为的实效。

多元规范在乡村地区表现得更加明显，乡村地区不仅有宪法、法律、地方性法规、规章、党规等狭义的国家法律，还有政策规范、道德规范、习惯和宗法族规、村规民约等广义之法作为制度支撑。涉农法律是由国家立法机关制定的适合中国农村、农业和农民的农法规范体系，着力推动城乡一体化发展、农业现代化和农村实现全面小康；涉农政策规范是中共中央针对形势发展需要，制定发布的在农村得到最好落实的规范，每年中央的“一号文件”都是涉农战略部署，有效推动了农村的改革与发展；道德规范是乡土社会得以维系的隐形支柱性规范，当前却有失范之虞，要以社会主义核心价值观的倡导与践行为主线，发挥社会主义道德规范的感召力；习惯规范是乡土文化的表现，既有长期文化积淀的结果，也有适应社会发展而产生的新习惯，总结升华适应社会需求的习惯，上升为村规民约，可以有效促进农村发展；家法族规规范，是以维护家庭内部秩序为目的，以血缘为纽带的自律规范。对于符合法律和社会主义道德的宗法族规，外部权力不宜介入，对于违法或有悖于社会主义道德的宗法族规，要予以否定；宗教规范是部分信教村民自身的信仰问题，应予以尊重。

民间俗语：国有国法、民有民约、家有家规。在国家法之外的本土资源其实就是民间法。民间法生成于民间社会，与其生成的社会区域群体的民间生活息息相关，通过风俗、人情、礼法、习惯、道德等对该区域群体的全体成员产生拘束力。作为我国乡村的一种民间规范，村规民约吸收了各种规范的积极因素，架起了各种规范良性互动的桥梁，是农村多元规范体系的重点。村规民约具有某些类法律性，

---

① ［日］千叶正士：《法律多元：从日本法律文化迈向一般理论》，强世功等译，中国政法大学出版社 1997 年版，第 2 页。

② 卫跃宁、廉睿：《中国民间法的当代价值及其应用路径》，载《烟台大学学报》2016 年第 3 期。

被称为“准法规范”，它模仿法的符号、比照法的构成而制定成文。① 现代村规民约对于促进法治社会发育，传承乡土文化、调控乡村秩序，改善和创新社会治理等意义重大。

二、有效弥补“法律下乡”不足

在全面推进依法治国的今天，多元规范或多元秩序是客观存在的事实，不仅要关注国家法的权威性，在对法学领域的国家中心主义和形式主义法律观批判、反思基础上，还要给予村规民约必要的发展空间：首先，法律本身具有一定的局限性。法只是众多社会调整方法的一种，法的作用范围不是无限的，也并非在任何问题上都是适当的，并不能有效地干预和解决所有社会问题；法具有保守性、僵化性和限制性，法对千姿百态、不断变化的社会生活不可避免地出现规则真空，呈现出一定的滞后性；法的运作成本巨大，在实施法律所需的物质资源和法律意识不具备的情况下，法也不可能充分发挥作用。送法下乡旨在增强村民法治意识，由于缺乏组织、经费、人员的长效保障机制，宣教效果并不明显。其次，国家法具有普遍性、统一性和强制性，但在中国这样一个地域辽阔、人口众多、各地区各民族经济发展不平衡的复杂多元社会中，由于多种因素制约，法律体系虽然完备，但是不可能涵盖农村生产生活的方方面面，国家法对乡村社会的调整尚有不足，“三农”领域还有很多方面存在立法的盲区。法律作为普遍性规则，追求的是普适的共性而难于兼顾特殊的个性，普适的法律要在乡村得到有效实施，需要发挥村规民约的长处或互补作用，把法律转化为村民可以理解和实施的规范，共同承担起构建社会秩序的责任。最后，现代法律建构在个体主义理念及财产独立之上，人与社会具有很强的分离性。村规民约是建构于社会自发秩序之上，使得村民与社会具有很强的结合性。② 某些社会问题完全依靠法律难以有效解决，而村规民约的这种结合性，使得其在处理地方公共事务、调解矛盾纠纷、维护治安等方面，有超越法律的实效。

国家权力的上浮、法律的缺位，为村规民约兴起提供了场域。美国人类学家罗伯特·雷德菲尔德在 1956 年出版的《农民社会与文化》中首次提出“大传统”与“小传统”的观点。所谓“大传统”是指知识分子、社会上层绅士所代表的精英文化，集中于城市；“小传统”是指一般社会大众，特别是乡民所代表的生活文化，散布在村落。③ 村规民约与国家法的关系就是“大传统”与“小传统”的关系。国家法体现

① 汪俊英：《略论“准法规范”——村规民约建设及其重大意义》，载《学习论坛》2000 年第 6 期。

② 龙圣：《“乡规民约与乡土社区建设论坛”综述》，载《民俗研究》2014 年第 4 期。

③ 黄兴华：《新型农村社区道德建设中主体自觉的张扬》，载《山西师大学报（社会科学版）》2013 年第 4 期。

国家的利益和要求，是“大传统”文化；而村规民约反映村民的利益、需求和感受，是非正式的传统规范，是“小传统”文化。村规民约扮演着农村基层“准法律”的角色，它能够弥补国家立法之不足，使国家立法涵盖不到的乡村基层实行规范化管理，使村务管理工作真正实现有“法”可依。村规民约接地气，有较长的历史传统，有深厚的社会基础，有较强的生命力，在生产和生活实践中，村民从情感上更加倾向村规民约，乡村生活也更多地适用村规民约。

村规民约符合乡土社会的生活实际，相对于道德、习惯等规范而言，具有明确性、规范性、稳定性和一定的强制性；相对于国家法而言，有针对性、实用性和适应性，更容易被村民认同。“知屋漏者在宇下，知政失者在草野”(汉代·王充·《论衡》)，法律法规针对普遍性问题，而村规民约针对地域性特殊问题，与村民们日常生活息息相关，对乡村社会治理具有更好的适应性。作为社会治理的途径之一，村规民约往往能够填补法律的不足，法律“照顾不到的方面”，往往就需要依靠村规民约等社会规范的支持。在乡村，为了人人安分守已，使生产安定、生活不受干扰，经村里群众讨论，意见一致，就制定出一些合乎实际的村规民约，这对于维护农村社区的生产发展和社会秩序都有积极意义。村规民约虽不是官方颁布的具有强制性的法律，但都符合当地的民俗和乡情。国家法在乡村社会的缺位或错位，是村规民约存在的重要基础。①

三、探索本土化乡村法治道路

法治是人类社会的共同理想和共同追求，是治国理政和社会治理的主要方式。放眼百余年中国近代史，为抵御外侮并自强自立，中国人将学习西方，变法图强作为不二之选，法治也因此由西方舶来。然而，法治的发展并不像人们预期的那样顺利。中国传统法文化中不存在西方意义上的“法治”，今天的“法治建设”也不是西方意义的“法治”。如果离开中国的习惯、道德和传统，仅仅以追随西方制度制定的成文法为蓝本的法治，其实是一种“法治”的专政。② 中国传统社会人治色彩浓厚，要成为现代化国家，必须实现由人治向法治的全面转变。由于国情、社会和传统的迥异，全面依法治国要走出一条中国的道路，既不能照搬西方那一套法律制度和法律体系，更不能移植西方的法治模式和法治体系，而要探寻一条民族的法治化道路。法治现代化没有标准的模式，主要看是否适合国情，与国情最适合就是最现代化的。其评价的标准主要是看是否有利于促进人民的福祉、是否有利于国家的发

---

① 曹锦清：《黄河边的中国——一个学者对乡村社会的观察与思考》，上海文艺出版社2000年版，第175页。

② 王帅一：《法律多元视角下乡规民约的嬗变》，载《云南大学学报(法学版)》2011年第1期。

展和整个社会的和谐。

农村因其复杂的现实，法治理念的培育和实践不会一蹴而就。在法治建设过程中，要尊重、认可、采纳其有利于乡村社会治理的内容，使其成为法治建设的有益补充。法治现代化不是一味地应用法律进行一体化或“格式化”变革，而是要与乡村本土制度资源相互借鉴，各取所长，孕育出中国本土化法治之路。法治在农村的实现途径和方式需要考虑农村社会的“乡土性”，早期费孝通先生和梁漱溟先生分别指出农村的“差序格局”“伦理本位”特征，血缘与地缘文化构造了我国乡村社会，浓厚的乡土气息与伦理传统使农村与城市处于迥然不同的乡民社会与市民社会，而村规民约就是特定乡村环境中生成的法律秩序与伦理生活。作为农村的准法规范，以及与国家法秩序对应的社会法秩序，村规民约是东方视野下的法治范式。法治理念需要经历一个本土化的过程，村规民约恰好是一个理想的中介。村规民约具有资源整合、道德教化、制度规范的价值，重视村规民约在传统与现代接替和转型中的重要作用，可以丰富法治理念，拓宽法治视野，更好地在基层社会推行法治，实践法治，达到村规民约、法律等多种方式各归其位、各行其道、良性互动，从而综合运用多种方式实现农村社会的有序运行和有效治理。

第四节　乡约文化是中华民族的传统制度优势

习近平指出：“一个国家选择什么样的治理体系，是由这个国家的历史传承、文化传统、经济社会发展水平决定的，是由这个国家的人民决定的。”中国乡村是多民族、多文明群体共存的地区，法律文化具有多元性品格，传统法律文化保留较多，对本土法律文化需要有尊重、包容的态度。斩断传统与现代的关联，容易造成乡贤文化式微，传统权威陨落，致使农村出现价值真空、道德失范、信仰紊乱，所以，国家治理现代化需要传统村规民约的文化滋养。

一、承载着民间习惯法的治理资源

法人类学观点认为，地方性知识潜移默化引领和规制人们的行为，是特定民族文化的有机组成部分。① 美国学者克利福德·吉尔兹认为：法律即是地方性知识。埃利希在法律多元论基础上进一步提出“活法”概念，认为“活法不是在法条中确定的法，而是支配生活本身的法”，“是人类社会法律秩序的基础。”②中国乡村社会

---

① 王熠珏：《乡规民约在地区司法审判中参照适用的研究——以云南为例》，载《昆明学院学报》2014 年第 1 期。

② 卞辉：《农村社会治理中的现代乡规民约研究》，西北农林科技大学 2014 年博士学位论文。

作为“活法”的民间社会规范，大致包括：一是传统非成文风俗习惯。风俗习惯既包括旧的风俗习惯，也包括随着社会变迁产生的新习惯。二是民族习惯，指少数民族的特殊风俗习惯。三是公序良俗或公共道德。四是自治性规范，主要指村规民约及行业惯例和章程等。五是其他社会规范，是指在社会发展中不断形成的新的惯例等。作为广义“法”的一支，村规民约是“活法”的形式之一，是在历史积淀中发展起来的一种乡村社会治理资源。

传统村规民约蕴含着丰富的地方性知识，乡村生活的历史延续性，决定了传统村规民约中与当地生产生活紧密相适应的内容在当下依然具有现实影响，传统村规民约为现代的村规民约发展提供了文化支撑。在当下乡村社会，“隐伏”在村规民约中的传统习惯和民间秩序并未消失，根深蒂固地规范和约束着村民的行为，如在婚丧嫁娶、财产继承、盖房修墓、从夫居，以及生儿育女等方面都保留旧的习惯和风俗。① 现代村规民约以公开或隐蔽的方式，承接传统村规民约带有浓厚乡土色彩的内容，其内容和形式都不能与传统资源相割裂。②

农村地区幅员辽阔、人口众多，气候、地理与人文条件差异大，构成巨大的公共治理挑战。中国乡村社会的治理现代化，既要借鉴吸收世界上先进的治理成果，又要注重传统文化价值承接中的扬弃，走出一条具有中国特色的治理道路。村规民约是中国传统文化的重要组成部分，传统社会的悠久历史、灿烂文化、优良习俗等孕育出以世俗的宗法人伦为基础的村规民约，这些带有乡土社会文化色彩的民间规则在现代化的进程中发生转变，或者消亡，或者淡化，或者潜伏，或者缓慢的博兴，伦理、礼治、习惯、血缘、地缘等因素或多或少地仍在影响着现代的乡村社会，村规民约这种传统的自治手段依然发挥着不可替代的作用。

二、沉淀延续着传统优秀德治文化

中华传统优秀文化中蕴含着丰富的道德理念、人文精神、教化思想等，可以为治国理政提供有益借鉴。以谦卑的态度对待优秀传统文化，尽可能传承一些属于自己民族的东西，才更有归属感、认同感、自豪感，才能形成强烈的感召力、凝聚力和向心力。村规民约植根于民间社会并与村民生活密不可分，凝聚着村民共同的价值、情感及道德观念，具有较强的规范性，对村民的价值观具有广泛而深刻的影响。历史上的许多村规民约，是邻里乡人互相劝勉、共同遵守的一种制度，蕴含着见贤思齐、崇德向善的力量，弘扬“德业相劝、过失相规、礼俗相交、患难相恤”

① 李朝晖：《民间秩序的重建——从村规民约的变迁中透视民间秩序与国家秩序的协同趋势》，载《学术研究》2001 年第 12 期。

② 曹长秋、刘宏艳：《论村规民约在和谐社会建设中的独特功能》，载《怀化学院学报》2012 年第 8 期。

的传统美德，以“劝善惩恶、广教化而厚风俗”为宗旨，在一定程度上反映了村民的共同利益，在道德领域有效地规范着村民的日常行为，成为植根于村民心中的文化道德基因。

村规民约所体现的共同价值、情感及道德观念，符合村民的实际需要，长期的教化和习得，使得价值、情感及道德观念，一直沉淀在乡村社会之中，这些价值观中的合理因素，成为现代村规民约的源头活水。“我们要尊重自己的历史文化，把握文化根脉，取其精华、去其糟粕，坚守和弘扬优秀传统，发挥礼序家规、村规民约的教化作用，为全面推进依法治国提供文化营养。”①传统优秀价值观是社会主义核心价值观固有的文化根基和历久弥新的精神源泉，通过村规民约的制度化形式，将其融进村民日常行为规范中，使其成为村民自觉自愿遵循的价值准则。

三、凝结着传统乡村治理制度精华

村规民约蕴含对传统农耕社会制度遗产的扬弃和继承，是成本低、效率高的乡村制度安排。传统村规民约之所以能够在历史上发挥教化乡民、维护乡村秩序的作用，在于其适乡村社会而生，应国家统治之需，以封建礼教的德治思想为基础，制定和执行由乡村精英而为，适应了传统农业社会熟人社会生活和交往的实际需要。在漫长的历史时期，传统乡村一直处于自给自足的自然经济状态，虽然有不断强化的封建专制主义的中央集权统治，但是由于“天高皇帝远”，许多地方社会事务只能由地方势力自断自理。传统乡村由此存在着两种规则：一是由国家确认的法律规则，二是由礼、习惯、道德、宗族等构成的礼俗规则或称“民间法”。自断自理的村规民约依靠宗法亲情的伦理道德来维系人与人之间的社会关系，实现一种先赋性、伦理性、稳定性的秩序整合。以村规民约为代表的民间法与国家法在各自领域中根据不同的规则、运行方式维护着社会秩序，共同规范着乡民的行为，调节着乡民之间以及乡民和基层组织之间关系。② 村规民约不断地同当时当地的家法族规和伦理道德等非正式制度，乃至正式制度的国家法律产生融合与剥离，为其发展创造出更加适宜的空间。

唯物史观认为，法律属于政治上层建筑，道德属于思想上层建筑；法治强调他律，道德强调人的自律，法治建设与道德建设对立统一、相辅相成。“四个全面”建设的新时期，弘扬社会主义法治精神，积极培育和践行社会主义核心价值观，需要增强法治的道德底蕴，强化规则意识，倡导契约精神，弘扬公序良俗。现代村规

---

① 王岐山：《在中国共产党第十八届中央纪律检查委员会第四次全体会议上的讲话》，载中央纪委监察部网：http：//www. ccdi. gov. cn，2014 年 10 月 29 日访问。

② 周家明、刘祖云：《传统乡规民约何以可能——兼论乡规民约治理的条件》，载《民俗研究》2013 年第 5 期。

民约要进一步弘扬中华优秀德治文化，并赋予新的时代内涵，推动农村乡风文明，弘扬乡村社区文化、凝聚共识、培养村民主体意识、参与意识和责任意识，整合村民之间的活动与交往，培养团结协作、互助互信的公共精神，特别是强化陌生人社会中的价值认同，重塑归属感，为乡村振兴提供助力。

综上，面对现代乡村社会政治、经济、社会力量的新变化，实施乡村振兴战略，不能简单沿袭传统的国家统治、政府管理模式，要处理好国家公权力、社会公权力和个人私权利的关系，强调政府、市场和社会等多重力量的协同治理。① 推进政府在内的各方主体平等参与、协商互动、共同发挥作用，实现政府与社会、个人的良性互动。现代乡村治理必须达到民主化、法治化、制度化、多元化，包含法治、德治、共治、自治。要更加注重激发社会活力、汲取社会资源，促进社会发展，实现国家建构和社会建构的协调统一。要在承认利益和价值观个性化、多元化的基础上，通过互动与协调，整合起各阶层、各群体都能接受的共同利益，形成各方都能接受并能自觉遵循的社会契约，即建立健全自治、法治、德治相结合的现代村规民约。

① 联合国全球治理委员会界定“治理”为：“各种公共的或私人的个人与机构管理其共同事务的诸多方式的总和。”——See Commission on Global Governance, *Our Global Neighborhood: The Report of the Commission on Global Governance*, Oxford University Press, 1995.

第二章　现代村规民约的内在机理建构

宏观理念是抽象性的指引，微观机理才是村规民约建设有所作为的地方。由此，需要根据“多元”“互动”“协调”“融合”等治理现代化科学理念，认真审视并厘清现代村规民约的外部渊源、内部核心要素、生成路径和本质特征。只有把握其科学内涵和合理外延，才能为现代村规民约的建设提供规范指引，充分发挥其在乡村振兴中的价值和作用(见表2-1)。

表2-1　　　　现代村规民约的内在机理

要素分类 / 村规民约渊源	权　力	权　利	义　务	要素分类 / 运行方式
1. 法律政策	法定权力	法定权利	法定义务	重述详述——实施
2. 传统习惯	习惯权力	习惯权利	习惯义务	积习成俗——认同
3. 协商约定	约定权力	约定权利	约定义务	民主协商——信守
4. 道　　德	道德权力	道德权利	道德义务	村域倡导——践行
村规民约核心要素	自治权力(职责)	村民权利(利益)	村民义务(责任)	共同体契约(本质)

第一节　现代村规民约的渊源

社会转型时期，乡村社会存在着多元治理制度体系，大致包括国家法律规范、政策规范、公共道德规范、传统习惯规范、各类基层组织规范和家规、祖训、族规规范等，宗教规范也存在于宗教影响较大的地区。这些规范在深层文化上同村民日常生产生活紧密相联，现代村规民约是在与这些形式多样、内涵繁杂的多元规范借鉴、吸收和融合中逐渐形成的一种社会规范。

一、传统习惯——历时性的民间认同

村规民约首先是一定地域的村民从日常生活经验出发，积习成俗，共同遵守的

公共行为规范。村规民约源于乡村社会的现实需要，从村民日常生活逻辑中生长，是村民对已有知识和经验的总结中激发民智，凝聚民力形成的秩序。在有限交往的熟人社会中，宗法礼仪、习俗规约成为村民约定俗成、代代相传的规矩，内化于心的习惯规范引导村民不逾矩，依靠村民自我约束即可以发挥实效。传统习惯历经数百上千年的实践检验和宗族磨合，其中的应然合理性和相对合法性已经构成了相对固化恒定的内核。如祭祖习俗，已经成为一种重视慎终追远的中华文化，中华儿女会在世界各地遥祭黄帝，在忠烈祠缅怀义士，在清明节扫墓祭祖，或在家中祖宗牌位前点一炷香。考虑到村规民约生成于民间传统习惯的特点，以梁治平为代表的一批学者，将村规民约同习惯法等同起来。① “它是在乡民长期的生活与劳作过程中逐渐形成；它被用来分配乡民之间的权利、义务，调整和解决了他们之间的利益冲突，并且主要在一套关系网络中被予以实施。”②曹艳芝将习惯法界定为：“由一定的民间社会组织或群体在长期的生产、生活中自然形成的或明文约定的，体现民间社会组织或群体成员意志和利益的，由获得民间社会组织或群体认可的社会物质力量保障其实施的普遍性行为规范的总和。”③高其才主张习惯法是“独立于国家制定法之外，依据某种社会权威和社会组织，具有一定的强制性的行为规范的总和”。④博汉南认为习惯法具有法的属性。习惯以互惠为基础，彼此互为权利义务，而法律是“一组约束力的义务，被一方认为是权利，另一方视作是责任”⑤。高其才进一步把习惯法分为七种类型，并指出少数民族习惯法是影响最大的习惯法。⑥ 村落习惯法在长期实践中自发生成，对村寨成员均有约束力，是村规民约最直接的一种渊源。习惯法被人类学家称为“地方性知识”或“小传统”，并随着社会变迁而自然改变，习惯法的这种灵活性使其得以持续存在，加上乡村精英不断进行新的文化阐释，习惯法被村民逐渐认可并反复实践，形成一种历时性族群记忆。

民间的习惯规范既有长期历史积淀的结晶，也有制度转型中适应社会发展重新塑造和改变的结果，是村民交流的情理基础和文化基础，对村民是最实用、最有效率的行为规则。传统乡村社会，基于血缘联系的大家庭或小家族是自治的基本单元，自然村落则是在家族不断扩大、弥散的基础上，多个家族基于地缘联系而形成的自治单元。异姓家族之间同居一村，彼此之间社会关系日益复杂，要求有超越家

---

① 梁治平：《清代习惯法：社会与国家》，中国政法大学出版社 1996 年版，第 38 页。

② 梁治平：《清代习惯法：社会与国家》，中国政法大学出版社 1996 年版，第 1 页。

③ 曹艳芝：《论习惯法的概念与特征》，载谢晖、陈金钊：《民间法》(第 1 卷)，山东人民出版社 2002 年版，第 51~52 页。

④ 高其才：《中国习惯法论》(修订版)，中国法制出版社 2008 年版，第 3 页。

⑤ [美]保罗·博汉南：《法律和法律制度》，载[英]马林诺夫斯基：《原始社会的犯罪与风俗》(附录二)，原江译，云南人民出版社 2002 年版，第 125 页。

⑥ 高其才：《中国习惯法论》(修订版)，中国法制出版社 2008 年版，第 5 页。

族规范的公共规范来协调各家族之间乃至村民之间的社会关系，以弥补以血缘关系为基础的家法族规对家族之间社会关系调整之不足。村落相比于家族，内聚力相对较低，施行于村落的村规民约比之于家法族规，规制性也相对较弱。然而，村规民约作为一种自治规则，是“习”出来的礼俗，具有内生性和自发性。适用规则的村民相熟相适、砥砺共勉，维持着村落共同体的稳定。近代已降，急剧的社会变革迫使我们或被动或主动丢掉了部分传统。中国传统法文化在国家制度层面的表征逐渐消弭，但在乡村社会，传统并不会机械消隐，是乡村社会秩序建构的重要资源。“立法者可以大笔一挥，取消某种制度，但不可能在短时间内改变人们千百年来形成的，同宗教信仰相连的习惯和看法。”①传统习惯规范起源于民间，与村民日常生活密切联系，可谓是世世代代的总结，也是根植于内心的合理的制度，讲究礼法，追求诚信友善互助，规范村民行为，依靠潜在的或自发的社会舆论的惯性力量推动实施，提供秩序保障。

在农村适用的民间习惯多为不系统的法谚、日常生活中的做法、禁忌等，尊重村民的行为模式和生活方式，需要展开本土民事行为习惯调查，对适应社会需求的、健康进步的习惯规范进行总结，提炼为村规民约，使得进步的风俗习惯制度化为村规民约，用千村千面的农村习惯，支撑起传统村规民约的筋骨。政协、司法、文化部门，以及自治组织等要积极收集整理散于民间的民规、村规、族规，抢救乡村习俗文化，把调查所得加于甄别，汲取优秀的规则，同时审慎地摒弃不合时宜的内容。民事习惯作为乡村治理的“活化石”，可以让村规民约起草者对村民的生活有直观把握，掌握民情、民风、民气。这些或许用语言难以清晰表达的东西，但弥漫于村规民约构思之全过程，其内容具有民间公知公认的公正，而对村规民约的规则有导引示范作用。经过这样的过程，嫁接乡土文化和现代文明，把握住历史人文的根脉，留住乡愁文化特色，村民对于村规民约会有亲和之感，当作自身行动的理由和动机，内化为自身行为的规则。

二、道德规范——群体性倡导与践行

道德首先是一种实践，善良不能仅存于内心。社会公德是全民的公共生活准则，村规民约根据当地实际情况，把各类道德规范用文字形式加以重申，使之由社会舆论的、观念性的、潜在意识形态变为条文化的、稳固的村民行为规范：第一类是家规，家规是中华民族传统道德的重要载体，也是治家教子和修身处世的重要文化血脉。如浙江省金华市浦江县郑宅镇又称“江南第一家”的郑义门，自北宋崇和元年(1118 年)传承至明天顺三年(1459 年)，以孝义治家闻名于世，子孙中无一人

① ［法］勒内·达维德：《当代主要法律体系》，漆竹生译，上海译文出版社 1984 年版，第 467 页。

因贪墨被罢官。郑义门延续了十五世，宋元明三代正史为其列传，关键在于一部可操作性强的家规《郑氏规范》。① 忠厚持家远，诗书继世长，治村从治家开始，村规民约要汲取当地体现正能量的家规祖训，加于倡导践行，训以修齐，风能润德。第二类是宗族法规。宗族规范是历史上以血缘为纽带的，以调整或维护宗族内秩序为目的的自律规范，对家族教育、伦理等问题也作出了规定。许多村规民约是由过去的宗族法规演化而来，尤其是同姓的自然村寨，时至今日仍然与宗族法规部分重合。现今，对于符合法律和契合社会主义道德的宗法族规，外部权力一般不宜介入。当然，对于违法的或有悖于社会主义道德的内容要予以否定。如福建长泰县的叶氏族祠中的叶氏祖训为："知书晓理，坦诚达理，殚心笃志，建功立业；敬老爱幼，尊贤惜才，廉明勤朴，积德行善。"多年来，全村上下秉承祖训教导，修身齐家蔚然成风。村中族人每年推选"孝子""孝媳""五好家庭"。名单揭晓后张榜公布，并制成牌匾，敲锣打鼓送上门，获得牌匾的家庭，感到无上荣光。

三、国家法律——详述后的具体实施

首先，村民自治是依法而治，要符合国家现行法律法规和政策精神的要求，依照宪法和法律规定，在不违背国家法律的前提下，根据本村实际情况制定的村规民约，才是真正体现法治精神的村民自治活动。改革开放以来，国家宪法和法律不断融入村规民约，使得遵纪守法、男女平等、反封建迷信等观念深入乡村。② 其次，村规民约是"化法为规"。村规民约是法律法规政策的地方化表达，是结合本村实际制定的法律实施细则。把国家法律转化为村民可以理解和适用的民间法规范，培养村民的法治习惯和信念。而村民对村规民约的遵循，会外化为对法律的遵守。③ 最后，在国家法和村规民约之间存在均可到达的领域，一方面可以运用任意性或授权性法律规范调整，另一方面也可以由村规民约调整，实现国家法与村规民约的良性互动。另外，村规民约还应该是国家法律的有益补充，规定现行法律法规、政策难以调整或者尚未调整的社会关系。村规民约通过契约化的约束机制，把国家法律、政策规定的相关内容乡土化、具体化，可以起到法律无法企及的作用，因而更

① 《郑氏规范》将儒家的"孝义"理念，如数学公式般转换成操作性极强的行为规范，涉及家政管理、子孙教育、冠婚丧祭、生活学习、为人处世等方方面面，堪称史上最齐全的家庭管理规范。

② 《宪法》第 24 条规定："国家通过普及理想教育、道德教育、文化教育、纪律和法制教育，通过在城乡不同范围的群众中制定和执行各种守则、公约，加强社会主义精神文明的建设。"

③ 田成有、王鑫：《转型期农村法治资源的发现、重组与良性互动》，载《现代法学》1999 年第 4 期。

具操作性。①

四、协商约定——共识基础上的信守

村民委员会依法组织召开村民会议进行集体协商，通过“民主多数决”制定村规民约，实现村集体公共事务和公益事项的民主参与和民主治理，是村民协商约定的法定方式之一。村规民约还应该注重吸收借鉴村民在实践中自发生成的多样化的协商约定。这类村民自发生成的多样化协商约定，是指一些特定的村民针对特定的事项，进行充分协商制定的公共约定。这类公共约定在现代乡村治理的具体事务中，有效指引着相关村民共信共行：一是特定村民的约定。如村内多户联合的约定、村民小组的约定，还涉及跨村的约定。如贵州省黔西县洪水镇源水村党支部，为打赢精准扶贫攻坚战，与村农民种植专业合作社入股群众约定“以合作社盈利资金为担保，3 年内走上富裕”。29 户精准扶贫户以土地和“特惠贷”资金入股合作社，仅一年时间，800 亩大葱实现丰收，29 户贫困户全部实现脱贫。② 二是村民对特定事项的约定。如海南省万宁市万城镇月塘村，1945 年 5 月 2 日(农历三月廿一)遭到侵华日军大屠杀，为了铭记这段惨痛历史，村民自发约定每年农历三月廿一为该村公祭日。该村每年逢公祭日，都停止所有娱乐活动，举行祭祀活动，以示对遇害者的哀思。③ 要充分发挥这种村民与基层组织之间、村民之间的多样化公共约定灵活易操作的优势，通过先行先试，条件成熟后可以进一步升格为村规民约。

第二节　现代村规民约的核心要素

村规民约核心要素的设定，重在理念选择与策略考量。村民自治和村规民约建设中一个关键问题，就是工具(实用)理性与价值理性的关系问题。将村规民约建设仅仅作为强化国家权力和村级自治组织控制或者管理村民的措施和手段，体现的是工具(实用)理性，是一种命令——服从的理念；而把村规民约建设作为规范国家权力和村级自治组织权力的运行、充分保障村民权利、合理规定村民义务以获得公益回馈，体现的是村规民约的价值理性，是一种互动—合作的理念。毫无疑问，科学合理的核心要素设定，应追求价值理性。

村规民约作为非国家法或者民间法，是一种社会规范。国家法律规范、传统习

① 周铁涛：《村规民约的当代形态及其乡村治理功能》，载《湖南农业大学学报(社会科学版)》2017 年第 1 期。

② 陈俎宇：《一个党支部和 456 户村民的约定》，载《贵州日报》2017 年 6 月 1 日。

③ 符王润、陈循静：《村民约定公祭日　永远铭记惨痛史》，载《海南日报》2014 年 4 月 21 日。

惯规范、道德规范，以及村集体组织成员约定的规范，作为一种广义的社会规范，权利和义务是构成规范的基本要素，村规民约概莫能外。村规民约以权利义务为机制，影响村民的行为动机，指引村民的行为，调整社会关系。另外，任何公共权力都有私有化的潜在风险，村民自治权力作为村级治理的一种公共权力，村干部有专断和擅权的本能冲动，对村级公共权力的规范运行和有效监督当然也应该成为村规民约的核心内容。由此，自治权力、村民权利与义务，三个要素构成村规民约的核心要素，而权力、权利、义务与传统、道德、法律、村民约定产生一种交互复合的关系。村民制定村规民约的过程，就是对这种交互复合的权力、权利和义务融合的结果加于确认的过程，最终在民主协商基础上，通过民主“多数决”方式达成集体合意，上升为村规民约，规范自治权力的运行，确认、保障和实现村民权利与承担村民义务。制度本质是一种均衡，制度的演进往往是博弈的一种结果，村规民约对自治权力、村民权利与义务的规定，是各要素与各渊源博弈、权衡、互动合作的最优化结果。

一、村民自治权力

村民自治权力是一种社会权力，是经过一定群体同意或认可的权力，与国家权力的国家强制性相比，社会权力的主要特征是其社会强制性。这种强制性源于一定地域内村民通过一定程序的合意约定，也可能源于该地域某种传统的宗法族权，还可能源于中国乡村社会有道德威望的尊长拥有的权威。当代中国农村的村规民约延续了传统村规民约中体现社会权力的部分内容，不过经过现代民主法治的洗礼，法定的村民自治组织权力确立起来。自治组织在行使村民自治权时，对每一位村民来说，是一种具有内部管理色彩的社会公共权力。①

（一）法定的自治权力

国家为乡村治理提供了法权资源，乡镇政府、基层党组织、村民自治组织是乡村治理的法定力量，村民自治权力首先是一种法定的权力，在国家法中获得权力来源的正当性。《宪法》规定，国家在农村实行基层民主自治制度，《村民委员会组织法》是确立和保障村民自治的基本法律，是国家意志在农村的具体体现。② 经过《宪法》和法律的明确授权，农村实行村民自治制度，国家通过立法推进基层自治组织的建立，村级自治组织行使村民自治权力，主要内容是民主选举、民主决策、民主

① 吕廷君：《论村规民约的效力基础》，载谢晖：《民间法》（第 7 卷），山东人民出版社 2008 年版，第 25 页。

② 周家明：《村民自治制度中村规民约的地位研究——兼叙村民自治章程的功能》，载《安徽农业科学》2013 年第 23 期。

管理和民主监督，以实现村民的自我管理、自我服务、自我教育和自我监督。

(二)传统(习惯)的自治权力

村民自治权力还是一种传统(习惯)权力，乡村社会有着长期的自治传统，并形成了具有时空合理性的乡村权力结构、权威体系和价值形态。[①] “真正的知识，主要来自经验”，传统中孕育着当代政治正当性的一些内容，对具备正当性的乡村传统权力要有一个尊重包容的态度。民族村落里村寨长老，家族结构完整或联系紧密的大家族或小宗族的家族组织、族长等，无形中在当下乡村还有相当的隐性影响力，在村级大型活动如村委会选举中同姓或同族的村民在宗族“房头”的影响下呈现出空前的“团结”，对活动的效果和选举的结果还有实质上的影响力。传统(习惯)自治权力是一种中性的治理力量，在选举和决策中的自利倾向，往往呈现出一种封建的“恶”的作用。乡村治理不能完全无视这种力量，期许国家法治对其进行格式化，也不能轻视这种力量，任由其走向自私性的逐利。要用法律和正确价值观进行导引，让其成为现代乡村治理的一股不可或缺的正能量。

(三)道德性的自治权力

中国素有选贤任能的政治传统，注重政治精英高尚的道德品行要求，“政者，正也。子帅以正，孰敢不正”。[②] “尚贤”政治要求上行下效，以身作则。拥有较高道德口碑的乡贤，甚至有一呼百应的号召力。所以，不仅要培育与选拔有才德，能干事、会干事、干成事的村民担任村官，还要重视拥有较高社会道德舆论评价的民间道德性权力资源。有许多较高道德品行和较强协调能力的“新乡贤”，在做好群众工作、化解社会矛盾方面具有独特优势，由他们出面处理问题、化解矛盾，往往迎刃而解：一是发挥“两代表一委员”(即党代表、人大代表、政协委员)作用。广泛收集群众的意见建议，畅通民意渠道，及时发现薄弱环节和具体问题，有针对性地提出改进的意见建议。二是充分发挥驻村历届村干部的作用。充分发挥老干部群众基础深厚、社会影响广泛的优势和特点，劝导不文明行为、协调邻里关系、化解邻里纠纷。三是发挥“五老”的作用，即老党员、老干部、老复员军人、老教师、老模范的主体作用。这些“新乡贤”通过建成不同的志愿者组织，协助村委会办理农村纠纷调处和治安维稳、低保户补助申请评选、村级工程监管等事务，可以起到事半功倍的效果。

---

① 周荣德：《中国社会的阶层与流动》，学林出版社 2000 年版，第 93 页。

② 《论语·颜渊》。

(四)约定的自治权力

根据契约理论，人们让渡出一部分自然权利转化成国家公权力，而保留的自然权利则转化为公民的私权利，让渡自然权利的目的在于确保私权利的行使和实现。因而，私权利既是公权力产生的基础，也是公权力运行的边界，更是公权力行使的目的。同理，社会权力源于公民个体权利，而村民自治中的公共权力源于全体村民的权利让渡。全体村民为了追求集体的共同利益，一致约定让渡出一部分个人权利，集合成一种村庄的公共权力，村庄公共权力的形成和运行，不仅能够保障集体共同利益的最大化，反过来又可以增益个人权利实现的广度和深度，倍增村民从集体获得的经济利益和社会福利。当然，村民也要为自己权利让渡的选择负责，自觉接受这种让渡产生的自治权力对自己权利的必要约束。村民既是约束规则民主协商的参与者和制定者，也是约束规则的服从者，遵从村规民约中的规定，是每个村民的义务。村民通过村规民约的形式将自己的部分权利让渡出来，赋予自治组织来行使，自治组织享有管理村内公共事务的权力，村民有服从管理的义务。这种村民自治权力是一种村民在民主协商基础上约定的自治权力，有了全体村民通过村规民约的授权，自治组织行使权力自然就有了民意基础。在实践中创造出的社区议事会、民主恳谈会、听证会等，符合中国的基本国情，显示出蓬勃生机。

综上，我国乡村治理的权力格局已日趋多元化。乡镇政府、基层党组织、村民自治组织行使的是乡村治理的法定权力，家族组织、村寨长老等拥有的是或消弭或博兴的传统权力，新乡贤是基于道德要求出现的新兴权力，而村民在民主协商基础上约定的自治权力则是一种多元的善治权力。村民自治章程和村规民约的制定和完善，就是要在村民合意基础上，规范村级法定自治组织权力、引导传统习惯性权力、激发道德权力、协同约定自治权力，厘清各自权力边界并有机融合成为村民自治权力，推动权力高效运行和有效监督，特别是监督和约束“两委”村干部依规履行自治职责，在关涉村民切身利益的诸多公共事务中，实现“村官治村”向“制度治村”的嬗变。

二、村民权利与村民义务

人与人交往中的首要问题是彼此之间的权利与义务，拥有权利是尊严得以确立的基本条件，遵守义务是秩序得以维护的主要保障。“没有无义务的权利，也没有无权利的义务”①，权利义务的辩证关系不言而喻，但实践中的具体关联形式却是复杂的。② 现代乡村生活方式呈现出纵横交错的立体网络结构，村规民约要呈现出

① 《马克思恩格斯选集》(第2卷)，人民出版社1995年版，第610页。

② 陈锋：《连带式制衡：基层组织权力的运作机制》，载《社会》2012年第1期。

内嵌在网络结构中的村民权利义务本源和文化义理，塑造村民的现代生活方式，除了强调村民依法享有国家宪法法律赋予公民的基本权利、履行法定义务外，还要规定村民享有本村的具体权利、履行本村的具体义务(见表2-2)。①

表2-2　　**村规民约规定的权利与义务类别详解**

来源	权利与义务类型	村规民约规定的权利与义务	示例
法律	一般公民的权利与义务	公民的权利与义务	服兵役
	必然性的村民身份权利与义务	法定的村民权利与义务	土地承包经营权
	或然性的村民身份权利与义务	本村村民的权利与义务	村集体收益分配
传统	习惯权利与义务	本地认可的传统习惯	从夫居
道德	道德权利与义务	本地倡导践行的道德权利与义务	父慈子孝
约定	约定的权利与义务	组织成员身份权利与义务	“一事一议”筹资筹劳

(一)法定的权利与义务

法定权利与义务是在法律法规规章和政策中明确规定并加于公布，以规范和观念形态存在于村规民约中的一种权利与义务。村规民约对这类权利与义务，一般是通过重述或详述实现具体化，强化对村民法定权利的保障。村民首先是国家的公民，享有国家通过法律赋予公民的一切平等权利。相比于城市的居民，农村的村民还享有一些专有的权利，如直接选举村委会成员的政治权利、无偿获得宅基地和土地承包经营地等经济权利，这些权利与全民皆享有的法定权利相比，就是其实施的场域以及实现的供给方是村，而不是国家。类似国家通过《公司法》赋予公司员工的社会保障权利(如缴存“五险一金”)，但是供给方分别是公司员工个人、公司和国家。具体而言，包括：

一是公民的权利与义务。村民也是国家的公民，国家以国家法律的方式赋予所有的公民法定的权利和义务。权利方面，如生命权、身体健康权等人身权利，选举权与被选举权等政治权利，财产所有权和平等交易权等经济权利；义务方面，如落实义务教育、珍惜土地、不侵占耕地，自觉服兵役；严禁偷盗、寻衅滋事、赌博，不毁损他人财物等。

二是考虑到我国国情，对具有村民身份的公民，国家赋予村民特别的权利与义务。如集体土地的承包经营权，只有具有村民身份的公民才有资格享有。现在，国

① 杨建华、李传喜：《乡规民约与基层社会治理》，载《学习时报》2014年12月29日。

家立法推动土地集体所有权、农户土地承包权、村民土地经营流转权的分立，村域以外的人也可以由于土地的流转成为在村中耕种土地的“新村民”。村规民约对这项法定权利是进行衔接，进一步制定土地的承包经营方案和流转方案，实质上是法律的细化和实施方案。

三是法律规定村民可以在村集体中享有的权利和承担的义务，这类权利的实现具有或然性和差异性。由于各村自然禀赋和市场化程度不同，这类权利能否实现，取决于各村的集体经济状况和组织化程度，不同的村，集体福利和承担的义务不一样。如法律规定村民享有村集体收入、集体福利分配权，但是，有没有集体收入可分是基本前提，没有，则不分；有，拿出多少总额来分，各家各户分多少，则需要村规民约明确规定分配的范围、标准等。

(二)传统(习惯)的权利与义务

传统(习惯)权利与义务，是指村民在长期的社会生活过程中形成的，或者从先前的社会传承下来的，表现为群体的、重复性行动的一种权利与义务。[①] 谢晖教授认为，相较于国家的法定权利与义务，习惯权利与义务是指村民根据包括社会习俗在内的民间规范而享有的自己为或不为、或者对抗请求他人为或不为一定行为的社会资格。[②] 关于习惯权利与义务，本质还是村民的一种历时性的自由甄别和选择，习惯权利与义务的正当性源于村民的普遍承认与长期信守。如在山区的少数民族村寨，敬拜山神，既是族群习惯权利，又是族群习惯义务，而对于冒犯山神的行为，在一些少数民族习惯法规范中被认为是比较严重的犯罪行为。另外，在传统逻辑中，传统(习惯)权利总是语焉不详，而传统(习惯)义务总是连篇累牍，“私”(现代话语可解读为权利)往往是一个不体面的字眼，“公”(现代话语可解读为义务)从来不缺乏正当性。当下，以村规民约为代表的民间秩序和传统习惯规范并没有消失殆尽，而是一直蛰伏或隐匿在国家权力的背后，静谧地规范和约束着村民的行为，如在生儿育女、婚丧嫁娶、盖房修墓以及财产继承、从夫居等方面都保留了旧的习惯和风俗。[③]

(三)道德性的权利与义务

道德权利与义务是基于一定的物质生活条件，政治传统和文化而产生出来的需要和要求，是主体认为或承认应当享有的权利与应当承担的义务。道德权利与义务

① 张文显:《法哲学范畴研究》，中国政法大学出版社 2001 年版，第 313 页。

② 谢晖:《民间规范与习惯权利》，载《现代法学》2005 年第 2 期。

③ 李朝晖:《民间秩序的重建——从村规民约的变迁中透视民间秩序与国家秩序的协同趋势》，载《学术研究》2001 年第 12 期。

虽然未被法律明确规定，但是村规民约从维护乡村集体整体稳定的角度考虑，根据社会关系的本质和法律精神，规定应当由村民享有或承担，是一种需要在村域空间践行的行为规范。如提倡邻里团结、生产生活互助、惩恶扬善、教化风俗，以及自觉搞好家庭卫生、公共卫生，美化生活环境等，既是权利，也是义务。最典型的如"父慈子孝"，慈孝没有具体的标准，只可意会，不可言传。人一出生，就在家庭和家族这种自然组织之中，享受着父母舐犊之情的这种天然权利，当然在父母年老体衰之时，也要承担回报父母抚育之恩的义务。子女对父母不能仅仅尽犬马之养，还必须以顺为孝。村规民约规定的道德义务不仅仅是停留在倡导层面，而是明确要求在村域践行并强化硬性约束。如倡导家庭和睦、孝敬老人、爱护儿童，村规民约还对村民的抚养义务、赡养义务、家庭责任等进行细化，甚至制定对留守儿童、留守妇女、留守老人的关爱服务规则，突出服务和约束功能。

（四）约定的权利与义务

约定的权利与义务体现的是群体的共同意志和利益，并往往与一定的强制措施保障运行。一是维护村域内生产生活秩序的约定权利和义务，如保护水利设施、保护集体设施等；村级事务的支出和公共物品提供上，通过民主方式征得村民的同意方可实施，有较多集体收入的村可以直接用集体收入，但是集体收入不足的村，必须通过"一事一议"分摊成每个村民的义务解决支出；二是具有地域和民族特殊性的权利与义务约定，如贵州报京大寨因地处环境是四面环山，村中房屋九成以上为木所作，村规民约因而对于放火及滥伐森林的规定最为详细，以严格的村民约定义务来保障村庄防火安全。①

综上，村规民约所规定的村民权利与义务，不仅包括涉及"三农"的法律内容，同时结合本地实际进行适度延伸。村民除依法享有国家法律赋予公民的基本权利外，还享有本村传统的、道德的和合意约定的权利；除履行法律规定的义务外，还必须履行本村传统的、道德的和合意约定的义务。当下，一些村规民约未以"权利"表达作为重点，只规定禁止性、义务性规范，授权性规范少之又少，村规民约成了"管约"。② 随着村民法治意识和权利意识高涨，自身利益不仅要有体现还必须要充分实现，村规民约应该从"义务本位"转向"权利本位"，确立和保障村民权利，增加授权性规范，真正成为村民当家作主，依法行使自治权的自治规范。

---

① 罗乐、高崇慧：《论村规民约在我国法治进程中的作用》，载《法制与社会》2012 年第 6 期。

② 王杰、吕盼：《新时期我国村规民约的完善》，载《山西农业大学学报（社会科学版）》2014 年第 3 期。

第三节 现代村规民约的生成维度

体现村落特点的部分传统礼俗习惯，无形指引着村民的行为，调整着社会关系，具有一定的“内生”性；现行国家法律法规和政策对村民行为的引导和社会关系的调整，对农村社会关系具有一定的形塑作用，体现民主法治精神，逐步获得村民价值认同，具有一定的“外生”性。村规民约既非传统礼治规范，也非完全的现代公共规范，是一种兼具“内生”性与“外生”性特征的多元化社会规范，在村域维护着国家的法治秩序与民间的礼治秩序，成为一种传统与现代、普遍与特殊、“内生”与“外生”相结合的社会规范。

一、民间生成与官方生成

传统上，“民间”与“官方”相对应，“民间法”也就是一种同“官方”的国家法相对应的规范，对民间法的剖析总是涉及与国家法或者“官方法”的关系。国家法一般理解为由特定国家机关制定并由国家强制力保障实施的规范。20 世纪 90 年代，在梁治平、苏力等学者倡导下，“民间法”逐渐成为法社会学和政治学研究的热点。[①] 梁治平先生认为，“在国家法之外，还有其他类型的法律，它们填补国家法的空隙，也构成国家法的基础，这类型的法律就是民间法”，[②] “其效力可能限于一村一地，也可能及于一省数省”。[③] 国内较早使用“民间法”概念的苏力指出，民间法不仅是“生于民间，出于习惯，由乡民长时间生活、劳作、交往和利益冲突中显现，因而具有自发性和丰富的地方色彩”的一种知识传统；还是“当代人的社会实践中已经形成或者正在萌芽发展的各种非正式制度”。[④] 民间法主要包括村规民约、习惯法、行会法、家法族规和宗教法等民间社会规范。村规民约植根于民间社会，凝聚着村民共同的情感、道德观念及价值追求，具有较强的内生性。

而作为村规民约高级形态的村民自治章程很少产生于村庄内部，而是国家政权机关在村民自治示范活动中自上而下引入，反映的是地方政府重建村庄秩序的一种努力，并非完全出于村民生活的自然需求，文本和观念意义大于制度变革意义，而制度变革的意义又大于实践意义。[⑤] 谢晖教授认为，乡规民约的概念可以从广义和

① 梁治平：《清代习惯法：社会与国家》，中国政法大学出版社 1996 年版；苏力：《法治及其本土资源》，中国政法大学出版社 1996 年版。

② 梁治平：《清代习惯法：社会与国家》，中国政法大学出版社 1996 年版，第 1 页。

③ 梁治平：《中国法律史上的民间法》，法律出版社 2003 年版，第 3 页。

④ 苏力：《法治及其本土资源》，中国政法大学出版社 1996 年版，第 15 页。

⑤ 张明新：《从村规民约到村民自治章程——村规民约的嬗变》，载张中秋：《中国与以色列法律文化国际学术研讨会文集》，中国政法大学出版社 2005 年版，第 112 页。

狭义两个角度来理解，“前者泛指一切乡土社会所具有的国家法之外的公共性规则，而后者则仅指在国家政权力量的‘帮助、指导’下，由乡民们‘自觉地’建立的相互交往行为的规则”，具有较强的外生性。乡村社会的治理包括内在的自我调适和外在的强制控制。当代中国村规民约是由“官方”和民间互动制定的规则，“既具有某种意义上的‘官方’性质，也具有某种意义上的‘民间’性质，并由此确立某种‘新传统’。它是官方与民间、国家与社会合作和互动的产物，因而既不是官方单向度的命令，也不是民间纯粹自治地决定的结果”①。一部分村规民约的确是在国家权力的帮助和指导下建立起来的，但是还有相当一部分是在人们的日常生活中逐渐自发产生的。

二、传统生成与现代生成

村规民约是村民在长期生活交往中逐步形成的，依托道德伦理和地域文化，围绕日常事务，凝聚乡村智慧，由村民协商制定的群体性交往规则。具有乡土气息，符合乡土生活实际，也契合儒家礼教熏陶下的村民希望生活安定、社会有序的心理需求，在国法之外柔和地规范着村民行为，合理地调整乡土社会秩序。“吾国治乡之法，一业有一业之规约，一族有一族之规约，一乡有一乡之规约。规约明则事无不举，规约不明则事无由行。”②村民们可以不熟悉政府的“法度”，但绝对知晓“乡规”“村规”。村规民约的传统生成表现为具体场域的具体惯习。“场域”和“惯习”是法国著名学者布迪厄提出的两个核心社会学概念，③ 布迪厄认为，场域是一个相对独立的社会空间、一个客观关系构成的系统、一个充满争斗的空间，场域的边界是经验的，场域间的关联是复杂的。④ 布迪厄指出：“我所说的是惯习，而不是习惯，就是说，是深刻地存在性情倾向系统中的、作为一种技艺存在的生成性能力。”惯习具有能动性、开放性和历史性等特征，是每个场域的行动者所拥有的倾向性，不同场域有不同的惯习。布迪厄的“场域—惯习”理论对于村规民约建设有着非常重要的实践意义。当前村规民约建设，存在着“千村一面”的现象，结合“场域—惯习”理论，今后的村规民约建设，需要关注农村不同场域、不同村落存在着不同的惯习，必须结合自身的场域和习惯来充盈村规民约内涵。

---

① 谢晖：《当代中国的乡民社会、村规民约及其遭遇》，载谢晖、陈金钊：《民间法》(第3卷)，山东人民出版社2004年版，第278页。

② 张广修：《村规民约的历史演变》，载《洛阳工学院学报(社会科学版)》2000年第6期。

③ 布迪厄认为：“在高度分化的社会里，社会世界是由具有相对自主性的社会小世界构成的，这些社会小世界就是具有自身逻辑和必然性的客观关系的空间，而这些小世界自身特有的逻辑和必然性也不可化约成支配其他场域运作的那些逻辑和必然性。”参见[法]布迪厄、[美]华康德：《实践与反思：反思社会学导论》，中央编译出版社1997年版，第134页。

④ 毕天云：《布迪厄的“场域—惯习”论》，载《学术探索》2004年第1期。

在现代法治与传统思维的冲突下，带有时代特征的村规民约应运而生，1990年全国第一部村民自治章程诞生于山东省章丘村。改革开放以来，特别是《村民委员会组织法》颁布实施以后，越来越多的乡村制定出台了村规民约。现代村规民约是按照民主法治原则，由村民共同约定、共信共行的规范。现代村规民约以公开或隐蔽的方式承接传统村规民约带有乡土色彩的内容，又融入现代制度元素，而日益彰显出现代性。社会基础变化，现代村规民约也要随着变化进行新的建构，以便适应和规制社会关系。现代村规民约是群众自我管理、自我教育、自我约束的行为规范。近年来，随着村委会制度和村民自治的完善，出现了越来越多的村规民约，是实现现代基层民主自治的重要制度形式。村规民约根据社会基础条件的变迁，既有对传统乡土规则的利用，也有对现代公共规则的吸收，是融合乡土规则与现代公共规则的治理规范。

第四节　现代村规民约的本质属性

社会契约理论是古典自然法学家关于国家形成的著名理论，霍布斯认为，国家是一大群人相互订立信约，人人进行授权，让渡自己的权利，并接受约束，按有利于全体的目的和平运用全体力量的一个人格，国家法律，也是人人授权的结果。从这一角度，村规民约与法律有着相似之处，前者为社会契约，人人对国家授权，后者为村民契约，人人对村集体授权。所不同的是，人人对国家授权制定法律，是一种社会契约理论解说，以证明国家建立和国家法律的正当性；村规民约是一村村民基于个人和集体的利益实现与村庄秩序的构建所形成的具体制度，是实践中真实存在的契约。

梅因《古代法》中久为人知的名言是“从身份到契约”，已经成为一个著名的社会进步公式。梅因笔下的契约，是自由社会民法意义的表述，“身份”是人的先赋条件，“契约”是人与人依据理性原则谋取具体利益和社会地位的社会约定。契约取代身份的过程也是人解放的过程，解除人与人之间的身份约束，造就平等自由的独立个体，后天奋斗精神取代先赋特权崇拜。从传统到现代、从人治到法治，从管理到服务，不仅构成社会进步与发展的标识，而且成为人们共创共享社会和谐的价值支撑。“身份”与“契约”是传统社会与现代社会的根本差别之一，费孝通在《乡土中国》中指出传统社会是“熟人社会”，也可以理解为身份社会，而要想成为真正的现代国家就必须实现从身份社会到契约社会的转变。从一定意义上说，乡村改革开放的历程，也是一个不断寻求新的社会治理机制的过程，而这种新的社会治理机制的基本特点就是身份粘结逐步转向契约粘结，村民从原始的身份(血缘、地缘、业源)走向一种契约式合作；区别于传统的伦理性治理与人民公社时期的行政性管理，现代农村社会需要以契约性治理为主的多元治理格局，村规民约就是全体村民在权力、权利和义务整合过程中形成的一种公共性契约。

一、现代村规民约是一种公共性的契约

村规民约是一定地域范围内的社会规范，体现本村的地方特点，往往以村为效力范围，在相应地域对相应成员产生拘束力；以村民为规制对象，协调村域内村民之间的各种关系、规范村民行为，满足村民的实际需求；以本村相关生产生活为规制内容，治理村域公共事务。由于农村各地的差异，国家法律没有关于村级内部公共事务和公益事业的具体规定。村集体自治权力运行、集体经济发展、公共管理与公共服务，以及培育公共精神、塑造具有归属感和幸福感的共同体、实现人的自由全面发展，属于村民自治范畴。“公共性”是村规民约区别一般民事契约的典型特征，村规民约作为村民的合意和共识，可以在村域范围内普遍适用、反复适用，而一般民事契约只有具体性，针对特定对象一次适用；作为自治组织的自治章程，也区别于市场经济组织(公司或企业)的章程，公司或企业章程只在公司或企业内部按照“资合”或“人合”的市场原则，具备内部效力，不具有普遍适用的“公共性”特征。① 村规民约作为公共性契约的正当性，源于长期历史实践中的传统、村民公知公认的道德伦理准则、法律的授权和保障，更来自于凝聚全体村民智慧的合意约定。作为村落整体或合作群体内部的“群规”“规矩”“约定”，其本质属性，是一种村级共同体合意基础上的公共性契约。

第一，缔约的基础是村民自治。村民自治是在社会与国家分离进程中产生的，是为了应对社会与国家分离中出现的紧迫性公共治理问题而对治理体系进行的变革。核心是向基层社会和公民下放和让渡部分治权，构造社会多元治理体系。现代意义的村规民约依托村民自治的土壤，融乡土性与现代性于一体，是一种符合现代社会整合需求的契约性规范。② 通过契约方式调整村集体内村民之间的各种社会关系，确保村民生活的各个方面，特别是村级公共事务依法依规办理，村规民约的契约特性是村民自治的重要体现和制度性结果。

第二，缔约主体是平等的村民。村规民约的缔约主体是特定人群的集合，即本村全体村民。村民参与是衡量村治民主化程度的重要指标。村规民约的制定者是一个群体，同村村民通过自由平等的协商，合意产生村规民约。中国传统社会人际关系分出亲疏远近，构成费孝通所指的“差序格局”，遵循“特殊主义伦理”。传统村规民约建立在具有小农经济和宗法特征的农村熟人社会之上，虽然在村规民约的订立过程中，存在首倡和唱和的结构关系，但是其主要的内容在于参加者相互之间的

① 当然，为了建立现代企业制度而制定的《公司法》，是从国家层面普遍性地解决各种公司问题，具有公共性。

② 赵佳维、杨建华：《村规民约与社会整合》，载《中国党政干部论坛》2009 年第 5 期。

合意是没有疑问的。① 现代村规民约的缔约主体，不仅要求本村村民的平等参与，还涉及具体事务中对村外人的开放问题。

第三，缔约权受到法律保障。订立村规民约的权利，不仅仅是一种抽象的政治权利，还是一种受到法律保障的社会权利。国家法律对自然人缔结民事协议不予干涉，只是设立必要的限度。如果民事协议基于重大误解或显失公平而缔结，可以依法申请撤销；如果是受胁迫或者受欺诈而缔结，则是自始无效。民事协议缔结最核心的要素是意思自治、等价有偿、诚实信用。同样，村民在乡村生活中拥有缔结合意的社会权利，具体到村民自治中，村民有缔结村规民约的权利，这既是一种自然的社会权利，也是被国家法律所认可和保障的权利。② 契约自由是契约的灵魂，村规民约作为实践性的公共契约，契约自由也是其应有之义，法律允许村民在自治范围之内自由规定，当然，内容不可违反国家法律禁止性的规定。③

第四，缔约的过程是对村级公共事务的民主协商。村规民约是订立生效而非签订生效，村规民约的订立过程，是村民对村级公共事务民主参与的过程，体现全体村民的意志。各地以民主协商的方式共同约定，达成合意，确保村规民约是村民意愿的集中体现，是现今村规民约产生的主要方式。村民最想办的事，最想说的话，经协商一致形成制度，体现现代社会治理的自由平等、民主协商精神。村民民主协商达成合意，是村规民约产生的重要过程，而村规民约交由村民大会通过民主“多数决”方式表决通过则是订立的必经程序。

第五，契约的实施方式是共信共行。村规民约是一种需要被遵守的规范，以《村民委员会组织法》等法律为效力基础，但是其效力不依赖于国法授予。村规民约是村民“合议”基础上相互认可与同意作出对内具有约束力的共同意思表示，村规民约从全体村民的合意中获得维系的力量，具有费孝通先生提出的“同意权力”的拘束属性。当然，实践中，不是全体村民的完全同意，而是基于法定程序通过民主“多数决”方式，大多数缔约主体的同意，是村民协商博弈的结果，不是简单的私人权益交换。

---

① 寺田浩明：《明清时期法秩序中“约”的性质》，载滋贺秀三：《明清时期的民事审判与民间契约》，法律出版社 1998 年版，第 156 页。

② 《村民委员会组织法》第 27 条第 1 款规定：“村民会议可以制定和修改村民自治章程、村规民约，并报乡、民族乡、镇的人民政府备案。”这实际上在法律上赋予村民会议的村规民约制定权。

③ 《村民委员会组织法》在确认和保障全体村民缔结村规民约的社会权利时，也规定了两个限度：一是全体村民要通过村民大会(或者授权村民代表会议)的民主程序来达成这种合意；二是不能违反国家法律法规和政策，不能侵害国家法律保障的人身权利、民主权利和合法的财产权利。

二、现代村规民约表现为复合性的契约

第一，村规民约涵盖内容广泛。多数村规民约具有很强的综合性和规范性，涵盖的内容由村民自治的范围所决定，调整村庄内个人与个人，个人和集体几乎所有的关系，它还可调整相邻村庄之间的关系以及村庄与国家之间的关系。村规民约是村级自治权力配置和运行规范、村级利益分配和协调规范、村级纠纷调处和化解规范、村级公共秩序建构和维护规范、村级公共事务和公益事业(公共安全、公共文化、公共环境等)的管理规范，村级生产生活共同体的塑造和发展规范等。由于各村地理特质、经济状况、人口结构、社会治安、风俗习惯等差异，制定出来的村规民约涵盖内容广泛。其中，经济建设恰恰是决定现代农村发展和稳定的关键性因素，现代村规民约需要对农业生产和经济建设方面进一步规范，满足乡村经济迅即发展的基本要求。目前进行农村产权制度改革等，通过制定村规民约来实现集体资源和福利的流转和分配，实现城乡一体化发展和社会公平正义。

第二，村规民约核心要素连带交错。中国人的权利义务诉求不像西方社会那样集中于抽象的公民权之上，而是聚焦于具体实用的权利要求，村规民约体现出的中国农民权利义务观可以称之为是一种“连带式的权利义务观”。其蕴含的是一种多项权利义务的交叉连带后的总体平衡，不是单向度的权利与义务对等，而是模糊化的权利与义务贯通勾连，权利与义务在总量上相互平衡。“连带式的权利义务观”导致的“连带式制衡”，基层组织将村民的各项权利与义务进行捆绑，将村民应尽的义务与村集体所应给予的各项权利进行连带，呈现出一种非暴力的软强制。体现在村规民约的制定和实施中，可能出现精神文明建设中不注重教育引导而是硬性约束；物质文明建设中权利规定不明确而是含混笼统，农村社会矛盾调处刚性化而不是柔性化等。因此，一是有必要强调权利与义务在道德上的公平正义性，权利义务连带虽然在法律和政策上难以匹配区分，但却要具有广泛情理认同的道德效力；二是涉及土地权益和经济利益时，村规民约要确定各类村民身份，有效表达村民诉求，权利义务必须十分明确，保障村民权益。

第三，村规民约的表现形式多样。村民自治章程是近年来农民创造的一种新形式，《村民委员会组织法》规定村民会议可以制定村民自治章程和村规民约，但是未进一步对两者从规范性质上进行相应区分。村规民约与村民自治章程二者本质上都是村民自治规范，《村民委员会组织法》把村民自治章程作为首要的村规民约形式凸现出来，体现村民自治章程的重要地位。两者具体的区别尚待村民自治实践中进一步摸索，理论上对两者关系的解释，仅仅是提供一种实践探索的维度：维度之一，认为自治章程与村规民约“上纲”与“下目”的关系。自治章程是村民治理村级事务的总章程，层次最高，涵盖村民自治组织形式、集体经济管理、村级公共事务和公益事业、村民的权利与义务等方面根本性的规定，村民必须严格信守，规范作

用和约束力强。在一定时期内稳定地发挥其作用，当然其修订也应该经村民大会表决通过。村规民约则是村民自治章程各方面规定的具体化，层次低于村民自治章程，但是内容比自治章程要具体明确。维度之二，自治章程与村规民约"整体"与"部分"的关系：自治章程是结构最完整、内容最综合、文本形式更完备的系统性规范。村规民约是涉及公共道德、公共秩序、社会治安、民风民俗、经济活动等某一方面的行为规范，简洁明确，操作性强。维度之三，自治章程与村规民约是规范"组织权力"与明确"成员权利义务"的关系：村民自治章程是自治组织的基本纲领和行动准则，规定并规范村民自治组织权力的运行，主要就村民自治组织的设置、性质、宗旨、任务、职权、人员构成、内部关系、自治组织的运行规则等作出规定，还涵盖村民(代表)会议制度、村务公开制度、村财务管理制度、村委会工作制度、村委会成员的工作职责和目标岗位责任制度、经费来源和使用管理等。这些都需要村民自治章程进一步细化。

村规民约表现形式的另一种分类，是成文规范与非成文规范。成文村规民约使用规范化语言、规范化格式，逐渐由零散到综合、由专项到典章，体例、结构和内容更加完备，体现出形式理性倾向。成文村规民约并不能展现村规民约的全貌，村规民约还涵盖村民日常生活中自发产生的并未被人们所刻意用书面文字记载的行为规范。梁治平先生精辟地指出："它可以是家族的，也可以是民族的，可能形诸文字，也可能口耳相传，或是人们有意识的制订，或是自然生成，相沿成习，其规则或者清楚明白，或者含混多义。"①一般非成文的村规民约，大多以口耳相传，言传身教、积习成俗等方式得以延续。部分成文村规民约，恰恰是应付检查或者给外人看的应景之作，是"死法"，而村庄内部另有一套行之有效的具有决定性的非成文的"潜规则"，是得到本乡本土村民认同或者习以为常的"活法"。

三、现代村规民约是塑造共同体的契约

共同体是人们彼此平等、相互关爱、和谐温馨的生活形态。德国社会学家斐迪南·滕尼斯最早提出"共同体"概念，并认为乡村共同体的特征是亲密无间的、排外的共同生活，内部成员有共同的善恶观念，有"我们的"意识，由共同的传统和价值观维系，是否存在统一的意志是共同体与社会的首要区别。滕尼斯对共同体的论述包含五个基本要素：家族体系、享受和劳动的相互性、威严、默认一致的意志、承载体(包括农业地区、行政区或边区马克、村庄)。杜赞奇也注意到村落共

① 梁治平：《中国法律史上的民间法——兼论中国古代法律的多元格局》，载爱思想网，http：//www.aisixiang.com，2018 年 6 月 20 日访问。

同体的内聚性本质,[①] 恩格斯认为,“共同体”是一个很好的古德文词,相当于法文的“公社”。[②]

根据滕尼斯的理论,中国传统的乡村社会无疑是一个“共同体”。[③] 在外界力量尚未影响之时,村民的生活是安逸的、朴实的。家族共同体内荣辱与共,血缘关系决定人际亲疏,年龄和辈分、力量和经验的产生出一种优越的威严,在共同体内得到确认和肯定,人从出生就对此产生一种被动的承诺,维持社会稳定;村落共同体内村民彼此帮扶,而长期在同一地域的村民,产生出一种异于血缘的联系,随着封闭空间的深入交往,滋生出一种安全和信任感和归属感,进而对该地域共同体产生一种主动的承诺。血缘和地缘是传统乡村共同体的联结方式,宗族血缘和村落地缘还构成传统共同体价值观的基础,使得村民不仅在乡村生产生活中的农耕、治安防卫方面,还在祭祀信仰、婚丧嫁娶、风俗娱乐等方面相互依存。[④] 村民主要是从宗族和村庄满足自己大部分需求,正是基于宗族庇护和村民互助合作组织满足生产生活之需,并因此建立起家族和村社认同,村民聚族或聚村而居,形成一种自然生发的社区,处于相对自治的状态,无须国家权力介入,即所谓“国权不下县”。[⑤] 村落家族的血族性、聚居性、等级性、礼俗性、农耕性、自给性等特征,使得村落家族能够形成一个比较封闭、稳定、有序、自洽的共同体。[⑥] 传统中国的乡村社会就是相对稳定、有自身运行机制的共同体,血缘(宗族)共同体、地缘共同体是其基本形式。

中华人民共和国成立后,从互助组到初级合作社、高级合作社,直至人民公社的社会主义实践,家族、宗族、士绅等民间自治系统解体。国家以行政强制力将乡村生活组织起来,乡村社会转变为以集体产权为基础的政治经济共同体。[⑦] 这种共同体实质上是依靠权力和强制组建的“单位”,并非建立在认同基础上的“共同体”。

---

① 刘芳:《社会学视域下“共同体”概念的发展与流变——兼论中国乡村社会学的共同体研究》,载《理论界》2011年第11期。

② 《马克思恩格斯选集》(第3卷),人民出版社1995年版,第325页。

③ 刘明德、胡珂:《乡村共同体的变迁与发展》,载《成都大学学报(社会科学版)》2014年第3期。

④ 许远旺、卢璐:《中国乡村共同体的历史变迁与现实走向》,载《西北农林科技大学学报(社会科学版)》2015年第2期。

⑤ 秦晖:《传统十论——本土社会的制度文化与其变革》,复旦大学出版社2003年版,第3页。

⑥ 王沪宁:《当代中国村落家族文化——对中国社会现代化的一项探索》,上海人民出版社1990版,第29页。

⑦ 项继权:《中国农村社区及共同体的转型与重建》,载《华中师范大学学报(人文社会科学版)》2009年第3期。

改革开放以来，市场经济和现代文明推动社会整体转型，传统自发生成的内聚性村庄走向开放。村民挣脱了土地和乡村的束缚，从旧有的社会性羁绊(家庭、亲属关系、社群)中“脱嵌”出来，开启了社会个体化的历史，与村庄外的广阔世界建立起联系，流动性大大增强，对村庄的依赖性减少，熟人社会逐渐陌生化和疏离化，异质性增强。公共性包括“认同感”“安全感”“凝聚力”三个维度，在多数农村地区，公共意识淡化，传统伦理道德纽带失灵，价值观日益多元，集体意识式微、认同感和归属感逐渐弱化，互助合作基础减弱，村民陷入“原子化”状态。①

实施乡村振兴战略，重建乡村共同体，应该着眼于在乡村社会运作的内在逻辑中找寻路径。农业文明在走向现代化过程中，需要契约精神与信仰，并在互补、互动、互联中实现共建、共治、共享。市场经济和现代文明并不意味着共同体本身的消逝，“站在工业文明的入口处”，② 不断增进乡村伦理与自治文化在村民心中的认同度，实现乡村自治，为乡村契约共同体的构建提供一种可能的图景。乡村社会转型中的共同体重构，是在一种兼具流变性和扩张性的时代场景发生。共同体有助于将个体联结起来，避免社会的原子化。在人口流动日益频繁、社会分工日益精细的现代乡村，生产生活方式发生较大变化，人与人因此产生各种社会联结，生产生活更是需要共同的协作才能完成。现代法律倡导独立性，优势在于保护个体的权益。相反，村规民约能够在相对独立的村落(社区)内部，使社会各要素有机结合，解决一些现实的公共问题，具有重要的共同体塑造价值，乡村公共事务结构性地由国家法律转移至村规民约。

综上，现代村规民约源自积习成俗的乡村传统、本乡本土倡导践行的地方道德规范、涉及村治的法律详述，还源自于村民实践中多样化的民主协商约定；村规民约的核心要素包括村民自治权力和村民权利与义务，以“权力—权利—义务”的现代法治要素建构现代村规民约的内在机理，传统、道德、法律和约定四个渊源与村民权力、村民权利和义务三个构成要素的纵横交错点，就是建构现代村规民约内在机理的基本支点。村民权力包括传统、道德、法律和约定的权力，规制村民权力旨在提供精准高效的自我管理与服务，增强村民幸福感；村民权利包括村民在村域中享有的传统、道德、法律和约定权利，规定权利旨在满足对美好生活的向往，增强村民获得感；村民义务是村民在村域中承担的传统、道德、法律和约定的义务，规定义务旨在治理乡村公共事务，共建共享美好家园，增强村民认同感和归属感；村规民约的生成路径既包括传统伦理惯习养成也包括主动法理建构；村规民约的本质

① 黄平、王晓毅：《公共性的重建：社区建设的实践与思考》(上)，社会科学文献出版社2011年版，第205页。

② [法]H. 孟德拉斯：《农民的终结》，李培林译，社会科学文献出版社2005年版，第1页。

属性是实践性的社会契约，表现为塑造共同体的综合性契约特征。只有把握现代村规民约的科学机理，推动村规民约建设从注重管理逐步转向民主善治，才能更好助力乡村振兴。

第三章　村规民约的演进及当前存在的问题

中华民族历史悠久，民族文化重视慎终追远，民族秉性习惯以史为鉴。传统村规民约由乡民自行制定或接受，共同遵守，并在执行上组织化、制度化，一直是建构乡村社会秩序的重要支撑，为现代村规民约建设提供了制度文化渊源和历史借鉴。中国传统优秀乡约文化中，蕴藏着解决当代人类面临的难题的重要启示。摸索当下“三农”的政道与治道，应该反思源远流长的乡约文化传统，剔除传统乡约中不合时宜的内容，从中国历史上累积的各种地方性知识和经验中汲取养分，赋予村规民约以新的生命力，成为支撑乡村振兴的重要制度基础。

第一节　传统村规民约的演进及启示

在传统村落内部，村民之间有两种最紧密的社会粘结，一是血缘或亲缘粘结，血亲粘结形成血亲共同体，大家庭或小家族是血亲共同体的基本单位；二是基于土地的粘结，又具有某种意义上的地缘共同体的特征，“村庄”则是地缘共同体的基本单位。以血缘和亲缘为主导的家庭是中国社会结构的细胞，“村庄”则是中国传统社会的最基层单位。封建农耕社会占主导地位的是小农经济，传统小农经济中的农民，生活离不开土地，也离不开自己所居住的乡村。农业生产主要是以家庭为单位的、分散的、独立的、相对封闭的个体生产，为了满足生存需要，他们精耕细作，尽量创造最大的经济利益，由于土地的自然属性和生产方式的束缚，狭小的交际圈子，靠一已之力很难完成诸如结婚、丧葬、建房等人生大事，以及面临危机时的无助，使农民自然依托于地缘基础上的邻里关系和血缘基础上的亲属关系形成一个互助合作的圈子。在这个圈子里，家族、邻里、村人等是最主要的支撑力量，以血缘关系和地缘关系形成的生活圈虽然人群增量缓慢，但是人际粘性较足，相对集中居住形成半封闭的“熟人社会”，人与人之间为了生存形成自然的互惠合作，在这种过程中就形成一套独特的行为规则和生活规范。

一、传统村规民约的演进历程

封建社会早期甚至早自奴隶社会后期，各个部落就有约束部落百姓的约定，千百年间这种口耳相传的约定逐渐发展起来，管理乡民生活中面对的治安、经济、社会、教育、礼俗等问题。据考证，早在周代，随着里正、乡老的出现，村落中已有涉及防洪、灌溉、防御外侮的民约，①《周礼》记载的礼仪规范中还有乡里敬老、睦邻的约定性习俗。一般认为，以地缘为纽带的异姓村落形成，杂居的乡民需要一种超越家族的村落公共行为规范，维护群体秩序，调整村落社会关系。随着历史的发展，村规民约也由不成文走向成文化，广泛存在于族谱、碑帖、史志等典籍中，并随着时代、地域、制定主体的不同表现出较大差异，与秦汉就已经存在的乡里制度、唐宋后出现的保甲制度联系在一起，巩固并逐步超越家族血缘范围，在相当漫长的封建社会维护和协调以血缘和地缘关系为纽带的乡村秩序。

牛铭实、安广禄等多数学者认为，蓝田《吕氏乡约》是最早的成文乡约；也有王铭铭和王斯福等认为，公元1030年范仲淹为羌人制定的条约是最早的乡约；刘笃才认为，唐代敦煌地区民众自愿结成小规模社邑并制定社条，可以看作早期民间规约的原生态遗存；董建辉认为，汉代由25名父老僤成员集体商定的一份关于田产自我管理的规约《汉侍廷里父老僤买田约束石券》是最早的成文乡规民约；党晓虹认为，西汉景帝初年的《中舨共侍约》是最早的成文乡规民约。张晋藩认为，历史上成文的乡约发源于宋朝，推行于明清，成熟于清朝中期，兴盛于清末民初。②

北宋以后，在聚族而居的自然村落之外，出现了一种处理地方事务的较为完整的专门的民间乡约组织。其以乡民合意为基础制定乡约规范，文本和意蕴逐渐成熟。宋神宗熙宁九年(1076年)，陕西蓝田吕大钧和吕大防兄弟创立《吕氏乡约》，③是中国第一个有文字记载的由民间自行约定的完备的行为规范，弥补了乡里制(重征收赋税)和保甲制(维护治安)的不足。《吕氏乡约》包括了经济、文化、道德等多方面的内容，体现的是封建宗法思想和儒家的伦理纲常，对乡民修身、立业、齐家等行为作出了规范性要求。《吕氏乡约》以社会教化为重点，设立“约正”，带领约中人实现乡约规程，醇化社会道德风气，约中人必须“德业相劝，过失相规，礼俗相交，患难相恤”。《吕氏乡约》用儒家礼教“化民成俗”，具有民间自治性质，既总结了北宋以前的民间自治又导引了北宋以降的乡约推行，成了启世的范本，后世学者朱熹、王守仁、梁漱溟都深受其影响并进行实践。南宋时，朱熹专门考证并编写了《朱子增损吕氏乡约》或《损益蓝田吕氏乡约》，加以倡导。因为朱熹学术上的名

① 费成康：《中国的家族法规》，上海社会科学出版社2002年版，第195页。

② 张晋藩：《中华法制文明的演进》，中国政法大学出版社1999年版，第37页。

③ 安广禄先生认为，北宋中期嘉佑进士、著名学者吕大钧(字和叔)为了教化乡民，于公元11世纪中叶在其家乡陕西蓝田制定的《乡约》《乡仪》，史称《吕氏乡约》，又称《蓝田乡约》。一些学者认为，《吕氏乡约》应当是吕大防、吕大忠与师从二程的吕大钧、吕大临等吕氏兄弟共同制定的。参见安广禄：《我国最早的乡规民约》，载《法制日报》1997年12月12日。

望，《吕氏乡约》在出世一百年后影响迅速扩大，后世乡约都以它为宗。《吕氏乡约》由地方绅士发起，乡民自愿加入，教化和组织乡民自治，有着重要的开创意义。乡约逐渐成为道德教化的重要内容，童学启蒙、社会交往、纠纷解决都要依乡约。由于儒、理学者的长期推崇，历代封建统治者开始承认以至推崇倡导。

到了明朝，乡约的发展受到朝野的重视，在理论和实践上卓有成效。明代中期，为重建地方秩序，正德十三年(1518 年)王守仁在赣南强力推行乡约，《南赣乡约》成为继《吕氏乡约》之后的又一典范。① 方孝孺、刘宗周等名臣大儒都对乡约的理论或实践有很大贡献，"君权官政"从维护统治秩序出发，也日渐重视并给予村规民约更多支持，历代皇帝开始为子民规定行为规范而发布"圣谕"。明太祖朱元璋为推行乡约提出《圣谕六言》，② 清帝康熙仿效朱元璋提出《上谕十六条》。③ 乡约即以"圣谕"为核心，附之以家法或禁约而成为人们共同遵守的行为规范。明、清两朝在地方上正式推行"乡规""社约"，在明末清初的讲乡约运动和清朝中期立约之风中，有的是用乡约行保甲制度，有的是融乡约、保甲、社仓、社学、乡礼为一体，乡约由此盛于明清，围绕乡约的各种活动也规模空前，形成了一个比较完整的制度体系。至清乾隆年间，村规民约已相当普及，涉及内容更广泛。乡民生老病死所涉事宜，乡村生活的各个方面都被囊括其中，与国家法律相伴，成为乡村社会秩序建构不可或缺的要素，有效地规范着乡民的日常行为。清末民初以康有为、梁启超为代表的维新志士也把革新图治的希望寄托于地方自治。民国初年山西等地军阀开展的"村政建设"，成为当时乡村改革和建设运动的典型，这些地方自治很大程度上都是依靠村规民约。梁漱溟等人在二十世纪二三十年代乡村建设运动时期，仿照《吕氏乡约》在山东邹平等 17 县大力推行"乡农教育"，使得村规民约短暂复兴。④ 这些尝试终因当时的国际国内形势变化，缺乏必要的社会和经济基础草草了之。清末新政至民国前期，由于借鉴了西方民主的一些做法，村规民约略具"自治"思想的萌芽，使其有走向现代村规民约的趋势。

近代以来，随着封建土地制的瓦解和社会变迁，特别是它作为民间规约的意义越来越淡化，不再是乡民自愿合意基础上的行为规则，成为国家强令推行的一种活

---

① 楚向红：《村民自治制度下对村规民约问题的再认识》，载《中外企业家》2014 年第 7 期。

② 《圣谕六言》内容是"孝顺父母，尊敬长上，和睦乡里，教训子孙，各安生理，毋作非为"。

③ 《上谕十六条》的内容是："敦孝弟以重人伦，笃宗族以昭雍睦，和乡党以息争讼，重农桑以足衣食，尚节俭以惜财用，隆学校以端士习，黜异端以崇正学，讲法律以儆愚顽，明礼让以厚风俗，务本业以定民志，训子弟以禁非为，息诬告以全善良，诫窝逃以免株连，完钱粮以省催科，联保甲以弭盗贼，解仇忿以重身命。"(参见《圣祖仁皇帝实录卷三四》)

④ 陈旭峰：《现代乡村需要乡规民约的文化滋养》，载《学习时报》2014 年 12 月 29 日。

动，转变为一种乡约组织实体，趋于形式化，总体上处于衰落或消解的过程。①

二、传统村规民约的特点及启示

在封建中央集权统治下，传统中国存在着两类治理层级：一类是作为政治和军事中心的城镇，一类是以村落为主要构成单位的乡村。传统的正式国家机构只延伸到县，“皇权不下县”，城镇以外的广大乡村不在其直接控制下。由于国家能力有限又由于乡间事务纷繁，国家从制度层面给农村以总控制，从外部通过文化整合村落，从内部则通过征兵、征粮、科举和诉讼等保持与村落的简单沟通，② 国家对乡村的管理主要体现在公法层面，而在私法层面依然是放任的。除比较严重的刑事犯罪，对乡村事务一般不干涉，乡村的公共事务主要依靠地方乡绅和宗族等乡村精英，通过村规民约进行管理，正所谓“朝廷有法律，乡党有议约”，村规民约成为乡绅等乡村精英治村的主要依据，乡村因而积累了大量村规民约。

（一）主导力量是官、绅、民的博弈

国家政权、乡村精英和乡民是传统村规民约主要的推动力量。国家政权是村规民约的监督者和制度保障者，乡村精英是村规民约的倡导者、制定者和执行者，而广大乡民则是村规民约的主要施受对象。③ 君政官权、乡里小吏、乡村士绅、家长族长、乡民的相互合作、相互博弈、相互制约，推动传统村规民约的演变。因为乡民的松散性以及弱小性，博弈和互动主要体现在国家和乡村精英之间，特别是地方官吏和民间宗族势力和乡村士绅结合，通过对宗族长和乡绅势力的认可、支持和庇护，增加其权威，利用地方乡绅和宗族势力来维护统治，是以自治为特点的村规民约能够生存并发展的重要原因。

1. 国家倡导

村规民约契合了平民百姓祈求“国泰民安”的美好愿望，加上被儒理士大夫推崇为“长治久安”之策，历代统治者逐渐认识到其教化民风和稳定民间秩序的重要作用，逐步成为统治者施行“明德慎罚”的“德政”的措施之一。

第一，秦汉的乡里制和唐宋后的保甲制，都重视乡约、族律的推行。国家对传统乡村治理的常态是一种“官督绅办”体制，保甲主治安、亭里掌赋税，宗族和乡绅组织协助履行，以保证国家汲取资源和控制社会需要。被尊为“父母官”的州县官吏，作为基层权威，既承接国家法律，又管理杂务众多的民间社会，常通过自治

---

① 刘笃才：《中国古代民间规约引论》，载《法学研究》2006 年第 1 期。

② 刘伟：《国家建构视角下的村落转型》，载《中国社会科学报》2010 年 10 月 21 日。

③ 党晓虹、樊志民：《传统乡规民约的历史反思及其当代启示——乡村精英、国家政权和农民互动的视角》，载《中国农史》2010 年第 4 期。

方式进行管理。州县以下地方的管理者称作“乡里”，乡里小吏非官非民，也依托村规民约的方式进行管理。明清加强专制主义统治，乡规也成为实施保甲制的必备手段。保甲制度趋于完备，明太祖施行“里甲制”，里甲内的人民都要据约互相知保。① 至清朝，“清世祖入关，有编制户口牌甲之令。……凡甲内有盗窃、邪教、赌博、赌具、窝逃、奸拐、私铸、私销、私盐、踩曲、贩卖硝磺，并私立名色敛财聚会等事，贵令专司查报。”②保甲制又是以野蛮的“族诛连坐”制为保障的。早在公元前的战国后期，秦国便建立了以“告奸”为目的的“户籍相伍制”，③ “令民为什伍而相收司连坐，不告奸者腰斩”，④ “告奸”的重要依据之一便是乡规。村规民约与保甲制的这种联系，一直延续至半殖民半封建的旧中国。

第二，国家权威也为主导村规民约的地方精英所倚重。聚族而居的乡民为了生存、发展和寻求归属感，需要一种相处的智慧与规则，村规民约即地方精英为此自发组织和优化生产生活而做的努力，这与古代国家长治久安的政治理想不谋而合。许多村规民约碑借助国家的名义树立起权威，通过报请官府审批、钤印颁布、径直送官等方式求得国家认可和支持。⑤ 这既是乡村精英借助国家权威增强村规民约的约束力，也是国家政权借助民间精英来推行它的一种文化制度的重要表现。由此，村规民约是礼俗互动视野下所形成的各个区域生活的一种表达。

第三，历代官府虽倚重地方自治但又限制其扩张，防止地方运用村规民约对抗国家权威。⑥ 国家常用的办法是提供指导精神，如清朝历代皇帝数次发出上谕，要求各地按上谕创立乡规。⑦ 这种博弈并不少见，乡村精英在传统村规民约的制定和执行中，刻意强调自身的权力，为了提高和巩固自身绝对的、不容撼动的权威，有时甚至不惜与国家法抵触。例如从宋代开始，溪峒民族通过盟誓订立规约的结款习俗，成为地方社会反抗国家的工具。一旦村规民约危及封建政权，国家政权则会采取最为严厉的办法加以处置。

第四，国家权力的过多介入，使村规民约逐渐丧失了自治的性质。经过国家推崇，传统乡约类型日渐多样、涵盖领域日益广泛、理论解说日臻完备。明代村规民约推行伊始，作为民间规则的意义逐渐淡化，成为朝廷强制推行的一种活动，民办

---

① 翦伯赞：《中国史纲要》(第3册)，人民出版社1979年版，第56页。

② 《清史稿》，卷一百二十，志九十五，食货一。

③ 《史记·秦始皇本纪》，献公六十年(公元前375年)。

④ 《史记·商君列传》，孝公六年(公元前356年)。

⑤ 党晓虹、樊志民：《传统乡规民约的历史反思及其当代启示——乡村精英、国家政权和农民互动的视角》，载《中国农史》2010年第4期。

⑥ 冒蓓蓓：《乡规民约与国家法的互动》，载《江苏警官学院学报》2007年第1期。

⑦ 刘绪军：《“乡规民约”的法理分析》，载华律网，http://www.66law.cn，2011年2月28日访问。

与官办同步，综合性与专门性规约并举。明朝正德以后的统治出现的危机，一些以修齐治平相砥砺的儒生、官吏，将村规民约视为济世安民的良策，在乡里、任所倡行，影响较大的有民办的潞州仇氏乡约和官府倡办、督办的南赣乡约。嘉庆万历年间，普遍出现护林乡约、御贼乡约等专门性村规民约。随着村规民约的兴盛，宗约、士约、会约、乡兵约等依身份和特定目的而结成的自治组织也逐渐活跃起来。在国家强令推行下，村规民约越来越失去民间自治性质，成为一种组织实体，逐渐成为乡村基层行政机构的名称。① 至清代，以乡约讲圣谕，并加以推广，转变为控制乡村社会的工具。

国家政权指导村规民约的制定并协助其执行，但不能强行介入。国家法与村规民约应禀承分治精神、各守其位、相异互补、协调共治。当代村规民约不仅从形式上要由村民会议制定，而且内容上要蕴含地方特色、密切联系实际，提高村民的参与度，确保村规民约在村民认可的基础上得到施行。

2. 精英推行

传统中国由于公共财政制度落后，国家官吏不足，动员与组织社会的能力不足。国家权力机构只达到县，在县以下通过“权力中介”宗族和士绅与国家保持总体一致，是一种双轨制的治理结构。秦汉以来，地方士绅、宗族领袖等乡村精英自主决定本地事务，县级以下的传统乡村基本上是“国权不下县，县下惟宗族，宗族皆自治，自治靠伦理，伦理造乡绅”。② 传统中国农村的人口结构以大量自耕农为主，彼此之间缺乏理性的联结，一个强有力的士绅阶层群体保留着关怀社会的公共精神，又为深厚的文化传统所滋养，可以理性地组织当地的公共治理，组织社会应对危局。地方的公共治理、公序良俗、公益慈善、纠纷仲裁，均有赖于士绅的主持，并构成稳定的内部基本秩序。地方士绅和宗族领袖不仅需要协调好家族血缘关系，还需要协调好家族外部的地缘关系，这就在“家法”基础上形成“村规民约”。自治组织、士绅力量是传统地方社会自治的重要指标。

在传统中国，作为地方“自发性权威”的士绅是地方社会重要的稳定器，维系着当地社会的“自发性秩序”，乡村精英包括在任或卸任官员，考取功名的举、监、生、员，有权有势的地方实力派人物等。乡村精英的德行、学识、声望和经验使他们成为一种权威。乡村精英通过对传统伦理以及村民广泛认可的价值观的强调，强化自身权威。乡村精英价值观，直接影响到传统村规民约的价值取向，内化成为指

① 刘笃才：《中国古代民间规约引论》，载《法学研究》2006 年第 1 期。

② 秦晖：《传统中华帝国的乡村基层控制：汉唐间的乡村组织》，载黄宗智：《中国乡村研究》(第 1 辑)，商务印书馆 2003 年版，第 3 页。

导乡民日常行为的准则。① 成文乡约的推行更多是乡村精英推动，先秦儒家、宋明理学先后被代表儒家文化的士大夫蓝田吕氏兄弟、朱熹、王阳明、吕新吾等乡村精英植入传统村规民约的理论构建中，范仲淹为羌人“为环庆路经略安抚、缘边招讨使”立《羌约》、北宋进士吕大钧为教化乡民作《吕氏乡约》、王守仁仿《吕氏乡约》造《南赣乡约》。作为国家在乡村社会的代理人，乡村精英通过制定村规民约来建立自己的权威，并与国家权力体系达成了某种默契和有机的联系。乡村精英的主张甚至被皇权官政所接受，以颁布圣谕形式影响和改变着社会。

近代以降，社会动荡导致国家权力破坏了传统自然村落的社会结构的，结果是国家政令垂直抵达了，可是地方事务却无法进行。基层社会从“皇权”“绅权”分治演变成“单轨政治”，破坏了国家与社会之间的有机联系。随着国家权力对基层的强力渗透，农村士绅作为固定的保护性经纪人逐步被流动的营利性经纪人所取代，农村士绅、社会贤达等民间权力资源消隐退，使村规民约失去民间依赖，国家法律对部分地方治理资源也进行了“格式化”，传统村规民约难于独立支撑村庄治权。

现代乡村精英是指那些在乡村政治、经济、文化建设中有影响力和号召力的人物，包括当村干部、以德服众的长者和明理人士、热心公益的人士、有地位的宗族人士、经济上的能人等。村规民约的运行不仅需要民主，还需要权威。村规民约有效实施的重要基础是威望高、群众信赖、精明能干的村“两委”班子，村干部起到模范带头作用，提高制定与执行的效率。当代中国乡村社会，财富和权力不是乡村精英的唯一标准，还应该包括拥有较好知识能力和道德修养的乡贤，以社会主义核心价值观引领建立群体交往和发展规则。村规村约制定后，可以通过适当形式，选举公道、正派、有信誉、有威望的乡村精英组成村规民约监督执行组织，处理违规违约行为，逐步形成相互监督，共同遵守村规民约的良好风尚。

3. 乡民参与

乡民是传统村规民约的主要实施对象，村规民约的内容要与村民的需要相契合，并充分考虑乡村社会的风俗习惯，契合乡民的内化的道德准则，才能得到认可和支持，也才能保顺畅地贯彻和实施。村规民约的执行，如果脱离乡村社会实际，遭到乡民抵制，必将走向衰败。例如，《吕氏乡约》引民向善、涤净风气的初衷本来很好，条文和组织也具体完备，但是因为繁文缛节，远离乡民的生活实际，在实施五年后不了了之。清末之前，总体上村规民约的自治特点比较明显，清末以后，清政府向乡村推广乡约制度，越来越多体现出国家的意志，偏重仪式，逐渐形成一套僵化的宣讲制度，不再涉及乡民的现实生活，体现乡村精英阶层的意志和心声，仅仅是“部分、少数人的有限自治”，而绝非真正的村民自治，村规民约的空转也

① 党晓红，樊志民：《传统村规民约的历史反思及其当代启示——乡村精英、国家政权和农民互动的视角》，载《中国农史》2010 年第 4 期。

就在情理之中了。

推进村民自治，不只是定章程、立机关、筹经费、选干部。应该突出农民的主体地位，保证村民参与决策，自己来决定关乎自己生产生活的大事。如果依清代的做法，仅仅是形式上的乡约制度，不关心百姓所思所想，将乡约变成统治阶级治理人民的工具，那么这样的村规民约注定不会受到人民的认同。村规民约建设应当以发展农村生产力、提高农民生活水平为落脚点。以农民的切身利益为切入点，既要照顾到农民的眼前利益，又要规划好长远利益。努力做到出发点是为了农民，立足点是依靠农民，着力点是激发农民，根本点是致富农民。

多元主体共同治理的博弈和互动直接影响乡村自我管理的成效，保证乡村精英、国家政权力量、农民阶层三者之间的正确定位和良性互动，特别是确保村民在村规民约制定和实施过程中制度性的参与权和话语权实现，才能保证现代村规民约的良性发展和有效实施。

(二)核心内容是历久弥新的“礼治”

第一，中华传统文化中的“礼”与“礼治”。礼是社会公认的行为规范，“礼治”是宣示价值观、教化人民的有效方式，带有柔性治理的色彩。“治国不以礼，犹无耜而耕也”(《礼记·礼运》)，以“礼”为核心的中国传统文化是齐家治国的法则。“礼”用来区分和规范不同的社会关系，人与人的交往要有尊卑、上下、贵贱、长幼、亲疏之分，并以“礼”行事，《礼记·曲礼》记载：“夫礼者，所以定亲疏，决嫌疑，别异同，明是非也。”家庭关系中，要以“礼”分长幼，须长幼有序，孝悌忠信；邻里关系中，要以“礼”待人，“老吾老以及人之老，幼吾幼以及人之幼”；在君臣关系中，要有尊卑贵贱，“君事臣以礼，臣事君以忠”。“礼”教导人们恪守五伦，即“父子有亲，君臣有义，夫妻有别，长幼有序，朋友有信”。原教旨主义儒家以“仁”释“礼”，给“礼”赋予了“仁”的内涵并完善了一套价值体系，民众据礼顺从，帝王据礼仁义；臣子要忠诚，帝王要贤明；民众要敬上，官吏要惠下等。合于礼的就是说这些行为本身是对的，由于村规民约对传统的、符合乡土社会伦理道德的价值观念的确认，在处理乡村社会冲突纠纷时具备容易让人接受的优势。

第二，传统村规民约蕴含“礼”的内容。传统乡土社会主要依靠“礼”和习惯、民俗、伦理、道德维护秩序，半封闭的大陆性地域、小农经济、宗族与村落共同体、乡绅自治形成了乡民重德求善的伦理价值取向，诚如费孝通先生所说，因为乡土社会是“礼治”的社会。“礼”是中国传统社会人们的行为准则，同样也是村规民约存在的土壤。传统的村规民约是邻里乡人互相劝勉、共同遵守的一种制度，蕴含着诸多见贤思齐、崇德向善、家国一体的要义，涉及教育、礼俗、治安、经济、社会等都蕴含“礼”的内容：一是关于乡民修身、立业、齐家、交游应遵循的行为规范，或是涉及婚丧嫁娶、过往送迎等社会活动的礼仪俗规，反映了劳动人民的传统的社会美德和共同利益;[①] 二是立足"礼"的社会教化，劝善戒恶，倡导奉公守法，淳化社会风气，友爱互助，邻里守望、和睦乡里、"讲信修睦"(《礼记·礼运》)，如贵州省贵定县石板乡腊利寨现存的寨规碑(1919年)中，就有"贫穷患难亲友相救""勿以恶凌善，勿以富吞穷""行者让路，耕者让畔"等内容；三是针对乡村公共事务作出规定，对乡村治理的各类事务作出规定，保障社会秩序；四是劝农晓喻、保护环境、维护生产秩序、禁宰耕牛以及兴修水利、禁毁林木等发展农林牧业生产及乡间商品交易管理方面的内容。从生产互助到生活互济、从资源管理到环境保护、从家庭关系维护到社会关系协调，都可见传统村规民约的治理痕迹。

第三，传统乡规民约中的礼治精华可以引入现代村规民约建设中。中国有悠久的历史，在漫长的历史长河中，村民形成了有民族特色的价值观，各地域有自己独特的情理认同，村规民约要做好对传统习惯的尊重与承继，传统"礼治"中有现实法治发展的资源。"礼治"强调合作、注重和谐、淡化对抗，是宣示价值和社会教化的有效方式。尽管现今村民自治背景下的村规民约与传统村规民约有重大区别，但不可否认，两者也有内在联系。把握村规民约体现德治礼序的优秀责任文化精髓，丰富"孝悌忠信礼义廉耻"等乡约文化的当代价值意蕴，为新的延续提供更为广阔的伸展空间，成为真正活着的传统。现代村规民约要取其精华、去其糟粕，传承和创新"礼治"精神。首先，辩证地看待乡约，我们也能够发现其中的局限性，例如其内容涉及封建迷信、封建纲常宗法、歧视女性、滥用私刑等，这是我们今天需要摒弃的糟粕部分。其次，加强对礼治仪式所要反映或维护的精神与价值观的现代解说和改造。儒家文明作为君子修身养性是非常好的，礼治思想能够在相对封闭的熟人社会形成礼治秩序，礼俗社会重情理，轻法治，如儒家强调社会的等级结构、三纲五常的伦理关系，构建整个社会的公共文明就需要改造。最后，对将传统法文化习惯中所蕴含诚信理念、邻里守望、和睦乡里、善良风俗、家国一体等符合当代法治观念的思想摘取出来成为乡民行为的守则。总之，尽管礼治对权力的规制和对权利的保护，与当下的法治不可同日而语，但是在传统社会已是弥足珍贵。对礼治的共识是礼治在中国古代社会获得权威与信任的原因。村规民约要适应现代社会转型期多元价值追求的需要，与社会主义核心价值观的培育相结合，凝聚村庄共识是对"礼"的现代价值的最好诠释。

(三)实施的方式是教化与赏罚并重

传统村规民约以劝善惩恶、广教化而厚风俗为己任，大致可分为劝善教令性规则和惩戒强制性规则两种。通过儒礼教化，纯善民风，倡民忠孝、教民为善、

① 董建辉:《"乡约"不等于"村规民约"》，载《厦门大学学报(哲学社会科学版)》2006年第2期。

促民互助来教化乡民。宋代的《吕氏乡约》、明代的《南赣乡约》、明清两代的《圣谕》等，都是通过引导、劝告、督促乡民言行，提倡相与为约、礼让互助，砥砺互勉，重教化而厚风俗，以及通过对违反伦理教化、伤风败俗的行为的相关惩罚机制的约束，维系传统乡村社会有序运转。湖北襄阳市襄州区黄集镇毛岗村发现一块清光绪年间的“村规民约”碑，名为“遵示勒石”。该村历来民风淳厚，耕读传家，但当时有不法之徒欲为非作歹。为了正风气、安民心，经“钦加同知衔准补石首县调署襄阳县正堂加二级高”同意，立下“村规民约”碑，奉劝不法之徒驱除恶念，各安本分。如有不听劝告者，将按所犯约定轻重给予相应处罚。书写碑文的是当地贡生尹相汤。该村规民约共有九条，涉及民众生产生活、乡风民俗等方面，主要有不准散养家畜践踏庄稼，不准开设赌坊引诱良善子弟，不准以寻草之名偷割青苗，不准以捡麦穗稻穗之名偷割庄稼等。同时，还提倡见义勇为，积极举报，对见到偷割庄稼而不举报者要一同受罚。九条“村规民约”符合农村生产生活实际，很接地气。①

1. 劝善教令性规则

劝善教令性规则，即从正面告知、教育、引导和督促乡民行为的规则，着力于以教化民、以礼成俗，化解乡民矛盾、维护社会基层稳定。② 劝善教令性规则的宣讲示范，一定程度是对“约众”的内心强制服从，但是润物细无声的过程也容易被“约众”接受。例如，“乡饮酒礼”制度，强调的是乡民对村规民约“礼”的精神领悟而不是对条款掌握，是古代官方认可的公序良俗。冬闲时节，乡民聚集，对乡村大事发表意见，耆老、族长宣读村规民约，表彰好人好事，批评不良行为，阐述礼治要求。总结一年生活，作出来年修路兴学、扶危济困等事项的计划。

教化的内容是乡民行为要合乎于“礼”。一是教导以忠孝为先，修身养性，知善知恶，为善去恶，彰显品德，崇尚孝悌友爱的人伦之道；二是劝导乡民之间友爱互助实行诚信忠厚的处世之道，形成乡村社会善良风俗；三是村规民约更在乡村公共事务中作出规定，历代村规民约中不乏劝农晓喻、保护环境、维护生产秩序、禁宰耕牛以及兴修水利等内容。

教化的方式多样。首先，以政府官方主导宣讲活动，在基层社会广泛推广。明清时期，上至皇帝，中至地方官吏，下依靠德高者都着力推广乡约，有规律地在朔望日对民众开展彰善纠恶、乡约宣讲的教化活动，有力地推动乡约的传播施行。“直月”读约、释约，约众听约、诵约和自省行为的过程也是乡规民约的普及、推

---

① 涂玉国、刘东、马芙蓉：《湖北襄阳现清代“村规民约”石碑，已就地保护》，载中国新闻网：http：//www. chinanew. com/cul/2017/03-24/8182708. shtml，2017 年 3 月 25 日访问。

② 吕廷君：《论乡规民约的效力基础》，载谢晖、陈金钊：《民间法》(第 7 卷)，山东人民出版社 2008 年版，第 24 页。

广和实施过程，对于村规民约的效力的实现具有重要意义。其次，以家族教育推动乡约执行，在家族群体中共同遵守。地方宗族依据传统礼法和村规民约制定家规家训，并依此规范家族成员行为，成为乡约的延伸。最后，以社会宣传实现观念普及，在全社会确立乡约权威。乡约本来就得到了乡里和宗族的认可，乡里还常年开展乡约普及的宣传，并在童学私塾中作为行为规范向新一代普及。

2. 处罚惩戒性规范

村规民约中的不仅仅是道德规范宣讲，同样也有权威的一面，通过制定惩戒性规范，对赌博、斗殴、兴讼等社会恶俗加以禁止来使乡民积习成俗，合乎于礼；①村规民约还起着调解和化解乡间各类纠纷的功能。例如，《吕氏乡约》明确规定："德谓见善必行，闻过必改，能治其身，能治其家，能事父兄……凡随善为众所推者，皆书于籍，以为善行。""凡同约者，德业相劝、过失相规、礼俗相交、患难相恤。""罚式，犯义之过，其罚五百……不修之过及犯约之过，其罚一百。"②在乡约中还建置有善过簿，《拥万村重立社规碑》记载，"其有过者，劝谕改图，再三不悛，乃书恶簿"，并对监督者和执法者的公平行使职权也做了明确规定，"其间所举之善恶，有妨公道、不协乡评者，亦将约保书於过簿，以警其后务要公心处约"。③

乡约在传统社会起到的教化作用，与其依靠上至皇帝百官，下至家族乡民的多层次立体化倡导方式密不可分，其文本宣教、行动倡导、组织保障、精英引导、符号表达等值得借鉴。美德和善行并非天生或自发产生，而是通过教育和社会习得。"教也者，长善而救其失者也"（《礼记·学记》），孔子表述为："道之以政，齐之以刑，民免而无耻。道之以德，齐之以礼，有耻且格。"（《论语·学而》）"德"是传统人伦中属于个人心性的概念，它重在养成，以致成为做人的标准。在乡约中还特别强调童稚时期培养和教育的重要性："使童稚之年不失天性之良，庶几到长而凶狠不作矣。教民成俗，莫善於此。"当代村规民约要正面教育、引导和督促村民如何行为，特别是以经济处罚为主的惩戒措施要慎之又慎，避免村规民约沦为管民的手段。强化对村民权利的维护和保障，减少过多的义务性规定对村民的不当约束。

① 吴冬梅：《村规民约的合理性及其与国家法律的协调》，载《湖南农业大学学报》（社会科学版）2012年第2期。

② 周家明：《村民自治制度中村规民约的地位研究——兼叙村民自治章程的功能》，载《安徽农业科学》2013年第23期。

③ 刘绪军：《乡规民约"的法理分析》，载华律网：http：//www.66law.cn，2011年2月28日访问。

第二节　当前村规民约建设存在的问题[①]

中华人民共和国成立后，在土地改革、合作化运动、人民公社运动的冲击下，国家权力空前渗透到农村基层，对乡村内生秩序进行政治性塑造，摧毁了传统宗族及士绅阶层自治的合法性基础，农村的组织和管理方式发生根本改变，建立了国家—集体—农民个体的新型结构形态。[②] 公社组织包揽一切也能包办一切，社会结构高度均质化并趋于凝固。农村社会在行政控制下处于低度分化、高度机械整合的稳定状态，乡村自治的空间几乎被完全压缩，很多行之有效的传统村规民约和民间社会规范所凝结的社会伦理由于不符合意识形态标准，被批判为落后的封建思想，在形式上销声匿迹。改革开放后，国家政权从农村社会收缩，一方面，传承下来的传统民间规范又恢复了生机；另一方面，随着村民自治从村民自发到国家自觉提倡，作为村民自治的主要制度形式，现代村规民约得以产生和发展，最早的村规民约是广西宜州合寨村果地屯村民制定的 14 条村规民约。合寨村的村民，在生产队解体，基层管理出现真空的情况下实施自治，选举成立村委会，议定村规民约，开启当代村民自治的先河。[③] 随着村民自治制度的建立和发展，村民自治章程作为村规民约高级形态在山东章丘出现，并进一步推广到全国大部分地区。[④]

现代村规民约无论是内容还是形式都发生重大嬗变，作为村民自治的新机制，对乡村治理产生重要作用。《村民委员会组织法》对村规民约的制定和内容做了总括性的规定，获得国家法的支持并兼容了传统的现代村规民约，在村民自治实践中呈现出强劲发展势头。新时代的村规民约日益成为群众性自治组织进行自我教育、自我管理、自我约束的社会自治规范。目前，全国 60.4 万个村民委员会，已初步形成党组织领导下充满活力的基层群众自治机制，广大村民制定自治章程和村务民

① 2018 年 7 月，民政部基层政权司组织召开“第六届村官大讲堂”期间，对来自全国各地的 150 名培训村官展开了问卷调查和访谈；2016 年 10 月，民政部基层政权司组织“村规民约违法改正机制研讨会”，来自全国各地的基层工作者提供了大量村规民约存在问题的原始素材，本部分内容根据这些原始素材整理归纳而成。

② 刘祖云、韩鹏云：《乡村社区公共品供给模式变迁——历史断裂与结合》，载《南京农业大学学报》2012 年第 1 期。

③ 据《宜州市志》记载：“1980 年 1 月 8 日，果地屯在村口的球场上举行了村委会成立大会，全屯 800 多人，500 多人到会。会后，村民蒙光新在会上宣布了 14 条村民公约：一是禁止乱砍伐，二是严禁赌博，三是严禁乱放牛羊，四是禁止唱痞山歌……”转引自高宁泽：《农村社会管理中乡规民约效力探究——以传统与现代对比的视角》，载《学理论》2012 年第 28 期。

④ 张明新：《从村规民约到村民自治章程——村规民约的嬗变》，载《江苏社会科学》2006 年第 4 期。

主管理的村规民约，成为乡村基层治理的重要保障。

进入实施乡村振兴战略的新时代，村民参与意识和民主意识逐步增强，通过自治性制度规范实现利益的愿望更加迫切，村规民约承载着实现村民集体选择和合意表达的使命，需要与时俱进加以创新和完善。遗憾得是，当下村规民约还存在诸多问题，主要体现在如下方面：

一、运行机制不规范

首先，村规民约的制定主体不适格、制定程序不规范。一方面，部分村规民约是村民委员会成员代为制定，由村主任和委员私下商量，针对已经发生的个案出台措施，出台后也只是简单在村民(代表)会议上宣读一下，结果使村规民约失去群众基础，成为少数人约束多数人的手段；或者单纯依据政府提供的样本制定出台，死搬硬套上级的有关规定，不符合本村的实际情况，使村规民约形同虚设；少数地区村规民约由县市或乡镇政府代为统一制定，明显带有便利保护管理者的倾向，村民的权利义务遭到忽视。另一方面，制定程序不规范。村民会议讨论决定是村规民约的制度和组织保障，不少地方由于召集村民会议有难度，以村民代表会议或村党支部会议制定和修改村规民约。村民参与和协商不充分，导致广大村民缺乏认同感，增加执行的难度。有的召开了村民会议但到会人数和表决人数达不到法定标准，表决也只是流于形式。

其次，实施中出现偏差。一是少数村规民约制定后被束之高阁，成为摆设，虽然制定了村规民约，乡规“上墙”有余而“入心”不足，没有内化成村民的自觉行为，在日常村务处理中并没有被贯彻执行；二是村组干部不能率先垂范、身体力行、自觉遵守，反而带头违反，更有甚者，对沾亲带故的村民违规则不予追究，姑息迁就，对族众势大或有后台的违规村民不能一视同仁，甚至有些自治组织、家族组织、宗族组织和黑恶势力借助村规民约谋求不正当利益；三是执行方式简单粗暴，村规民约应由村民自治组织监督执行，但有的地方，却由乡镇干部和治安联防队监督执行。更有甚者，采取强硬的手段执行，牵猪赶羊，上梁扒房，有的甚至出现扣人等严重侵害了村民人身和财产的事件，导致村民产生不满和消极“对抗”情绪，粗暴和野蛮的执行方式往往干扰到人们对现代法治精神的理性认知。

最后，外部的指导监督缺位。第一，国家权力越位介入，削弱了村规民约的效能。基层政府及其部门把村规民约建设作为衡量干部政绩的标准，限时间、下指标；文本日益形式化，或照搬照抄其他地方的村规民约，基层政府起草范本，以“村规民约”下发到村民手中，村规民约制定文字水平并不完全代表实际治理水平。第二，村规民约成为法律法规、政策规定的一种具体细则，没有反映出本村村民的利益诉求。这样的村规民约虽然形式上比较规范，内容上也少见违法之处。但村规民约民主性和地域性特征没有得到有效体现，更多的是基层政府对村民自治的设计，带有很强的建构性，背离了村民的自然需求，缺乏村规民约应有的生机与活力，甚至侵犯了村民的习惯性权利，难以在村民集体中形成权威性规范，以致被束之高阁。第三，村规规民约的实施缺乏监督，乡镇政府没有切实履行指导和监督职责，没有要求对村规民约进行备案，致使一些违法的村规民约没有得到及时纠正，一些过时的村规民约也没有得到及时修改，与群众的期待还不完全契合。① 在迅疾的社会化变革浪潮中，村规民约制定、实施和监督机制已不能满足时代发展需求。

二、拘束力日渐式微

在传统村落内部，村民有两种最紧密的社会粘结，一是血缘或亲缘粘结，血亲粘结形成血亲共同体，大家庭或小家族是血亲共同体的基本单位；二是基于土地的粘结，又具有某种意义上的地缘共同体的特征，“村庄”则是地缘共同体的基本单位。以血缘和亲缘为主导的家庭是中国社会结构的细胞，“村庄”则是中国传统社会的最基层单位。封建农耕社会占主导地位的是小农经济，传统小农经济中的农民，生活离不开土地，也离不开自己所居住的乡村。为了满足生存需要，他们精耕细作，尽量创造最大的经济利益，由于土地的自然属性和生产方式的束缚，狭小的交际圈子，靠一己之力很难完成诸如结婚、丧葬、建房等人生大事，以及面临危机时的无助，使农民自然依托于地缘基础上的邻里关系和血缘基础上的亲属关系形成一个互助合作的圈子。在这个圈子里，家族、邻里、村人等是最主要的支撑力量，以血缘关系和地缘关系形成的生活圈虽然人群增量缓慢，但是人际粘性较足，相对集中居住形成半封闭的“熟人社会”，人与人之间为了生存形成自然的互惠合作，在这种过程中就形成一套独特的行为规则和生活规范。

传统村规民约基于乡土社会产生，有着悠久的历史，彼时的村民处于一个相对封闭的环境，乡村治理只需要祖上传承的规矩就能井井有条。历史固有的延续性，决定了传统村规民约在今天依然具有现实影响。但是，随着现代法治的推行及社会新秩序的建构，对传统村规民约的社会基础产生根本冲击，掌管农村赏善罚恶的传统村规民约要么效力日渐式微，要么无声隐退淡出视野，失去了传统意义上的价值功用。② 在以利益为导向的市场经济的冲击下，传统的礼仪观念已经发生变迁，传统中约束人和人关系的礼仪、节庆、规矩在新生代村民中陌生化甚至淡化。以前乡村祠堂是倡导与践行村规民约的重要场域，如今或成为家族祭祖聚餐之地、或成为景点、或早于颓废。传统乡村精英在村规民约运行中起到主导作用，现今乡村精英

① 李兴旺等：《政治与习俗：少数民族地区村规民约与村庄治理》，载《黔南民族师范学院学报》2014 年第 3 期。

② 卞辉：《农村社会治理的本土资源初探——从乡规民约的法经济学和法社会学价值出发》，载《社会科学家》2012 年第 3 期。

作用降低。血缘、地缘这些传统的区分单位已经不能有效地区分人和人之间的关系，业缘、人缘等掺杂经济利益关系日益成为区分关系亲疏远近的标准。村庄价值观悄然发生变化，传统文化也受到了城镇化趋势下人口流动的影响，无法传承延续，面临消失的命运，仅剩微弱的传统还在延续，村规民约"熟人社会"的文化底蕴日益消弭。

传统村规民约主要基于"熟人社会"中"熟人"的相互监督和自我反省发挥作用，以人情伦理调整村民人际关系，以礼治来维持群体秩序。需要裁断行为是非或正当性，民间寨老、族长往往将天理人情与村规民约结合起来处理。寨老、族长在当下的乡村虽然仍然受到尊敬，但是已没有往日的权威和威严。面对权利意识日益增强的村民，寨老、族长在许多问题上感到力不从心。农村利益主体的多元化、村民价值观念和诉求的多元化，各种社会矛盾纠纷的复杂化，迫切需要一个高效的基层治理权威。然而，传统的家族、宗族、长老等原生态权威日渐陨落；国家基层政权的"悬浮"使得外源性权威日益弱化；集体经济不振，公共可支配资源匮乏、村干部的自利化等又使村民自治组织权威的作用有限；有些村各类集体资产分配殆尽，没有生财之道去承担向村民提供公共服务的责任。上级政府不断加大对基层财政转移支付的力度，仍然不够维持村"两委"正常运转。由于集体经济长期缺失，大事小事都得向上级政府"等、靠、要"，导致统一经营和公益服务的能力不断弱化。村委会与党支部的战斗力以及在广大农民群众心目中的向心力、凝聚力也自然随之不断下降，从而进一步加剧农村的失衡、失范和失控，甚至在一些地方，封建迷信活动、宗族房头派系和各种丑陋黑恶势力又死灰复燃等。基层党组织与村委会的向心力、凝聚力、战斗力下降，部分农村出现了"权威真空"或"权威虚置"。村规民约已经远远不能体现出传统意义上的价值功用，村规民约效力日渐式微。

三、内容违法较普遍

自治组织在处理村务时，优先考虑的是该村村规民约是如何规定的，规避、抗拒甚至违背国法，无限扩大村规民约的效力与作用，出现"村规大于国法"的现象：首先，村规民约存在侵犯村民民主权利的条款多、侵犯村民财产权利的条款多、侵犯村民人身权利的条款多的"三多"现象。如村规民约中存在违反婚姻自由、男女平等原则，歧视妇女的内容。特别是在村民待遇方面，对妇女给予歧视性差别对待。① 如有儿子有女儿户，女儿招婿不予落户或落"空户"；多女户只许一个女儿招婿落户；有儿有女户的女儿出嫁不愿迁户口，即被强行注销或落成"空户"；离婚妇女再婚嫁到外村，户口必须迁出或落"空户"等违法规定。其次，对于违反村规

① 刘亚娟、张晓萍：《"外嫁女"土地拆迁补偿纠纷及其解决路径》，载《安徽农业科学》2017年第10期。

民约的村民所做的处罚规定与国家法律相违背。执行重“罚”轻“教”，即重经济处罚，尤其是对普通村民的经济处罚，强化其惩罚功能，弱化其教育功能，只对普通村民执行，对村干部法外开恩，成了少数干部的“护身符”，挫伤了群众参与村民自治的积极性。最后，内容重管理、轻治理，重义务、轻权利。村规民约旨在建立现代公共规则，权利与义务是构成现代公共规则的核心。① 在内容上关于村级组织建设的比重过大，而村民的具体权利规定太少，特别是程序性的权利太少，行使民主权利的渠道不畅通，实体性的权利也难以保障。

总之，村规民约存在的问题可以概括为：实践运行中的空转化，村委会开展工作不是依规治村，主要依靠村干部权威；实施效果上的空壳化，现代民主法治理念尚难融入，村民依规自我教育、自我管理、自我约束功能不强；内容上的空洞化，少部分村没有制定村规民约，即使制定了村规民约，也是千篇一律，没有针对性。

第三节　村规民约存在问题的原因

社会规范的发展与社会本身的发展密切相关。历史上中央集权体系和地方自治体系的“双轨政治”，植根于小农经济的熟人社会传统、乡村的地缘本色、人缘间的伦理差序格局、业缘中的诚信与私德、事缘中的家族和邻里互助、长老和权威统治等构成了乡土社会秩序的基本面貌，并可以自为运行。近代以来，在进行现代国家建构的探索中，不同程度上涉及对乡村的改造。乡土社会遭遇革命洗礼、改革浸润、市场侵蚀之后实质上发生了蜕变，封闭保守的农村社会加速解体，靠天吃饭的小农经济、依赖土地的地缘文化不再是一成不变，自足性的传统村落几近解体。市场化的农业生产、城市化的农民生活、理性化的思维以及多元化的利益诉求等解构传统农村社会的同时，也在塑造着现代文明的农村社会。

一、静态有序的乡民转变为混合流动的村民

在传统与现代更替的现代化进程中，乡村社会正在经历着裂变与新生。农民的生产方式、生活方式、思维方式、价值取向等，在市场经济影响下发生着潜移默化的转变。

首先，耕作小面积承包土地，只能解决温饱问题，土地的集约经营和机械化的普及也减少了农业劳动力的需求，农民不再足不出户，聚族而居，长年累月耕作在封闭狭小的土地上，年轻力壮的村民外出务工，转移到非农产业，出现数以亿计的“离土不离乡”的农民工。据国家统计局数据，到 2020 年，农民工总数将达到 4 亿人，留下的大部分都是老人、妇女和儿童。流动性使得村民在形式上仍是村庄成员

① 陈锋：《连带式制衡：基层组织权力的运作机制》，载《社会》2012 年第 1 期。

而事实上脱离村庄范围，村庄出现两种人口特征，在不发达的内地乡村，大批青壮年农民进城务工，村庄常驻人口减少，出现“空心村”现象；而在发达地区或城郊区的乡村，人口大量流入，甚至出现外来人口多于本地户籍人口的现象，村庄难以或者不愿提供足够的公共服务来满足外来人口需求，外来人口在参与村内事务、享受村内公共服务方面面临着种种问题，造成“同村不同权”。

其次，家庭联产承包制推行之后，以高度分散的家庭承包为主要生产单位，基本处于一种“万事不求人”的状态。自力更生的奋斗精神和互助合作的集体主义观念日趋淡漠。基础设施老化、水利工程失修、环境脏乱差等需要团结起来做的事情很难开展，村民在乡村生活中越来越凸显个体工具理性。由于缺乏共同利益的连接，村民的原子化程度日趋突出，农忙时的相互帮工明显减少，适应市场化的各种专业组织的兴起，相互依赖性逐渐降低，村民人际关系开始陌生化和疏离化，以往温情脉脉的熟人纽带逐渐被利益权衡的理性选择所取代。改革开放前，严格的户籍制度设置的身份壁垒，农民阶层相对稳固，农村社会内部高度同质化。改革开放后，村民实现了多元化流动和多样化转移，村民已经分化为拥有资源和机会不等的若干群体。农村管理者、乡镇企业主因为在经济、权力、声望方面的优势已成为现代农村中的精英，而职业农民、家庭农场主、大型农资企业及相关的农业生产企业从业人员则是具备现代素质的新村民。①

最后，村民传统情感纽带松弛，价值观念日趋多元。仁义礼智信等儒家倡导的基本价值观曾在乡村占据主导地位。随着市场经济的发展，以等价交换为基础形成的自由、平等、民主、法治观念日益深入人心。特别是大众化的媒体传播平台的迅猛发展，各种外部信息进入千家万户，影响村民的价值观念。伴随着农民工涌入大城市，以及城镇化建设的崛起，昔日那种“父母在，不远游，游必有方”的道德约束彻底改变，村民对传统的道义责任不再倾注热情。留守儿童、留守老人、留守妇女，造成爱的代际传递的荒芜。中国民政部初步估计，中国留守儿童和流动未成年人近1亿人，约占中国3亿未成年人的1/3。养老方面，尽管几千年来，养儿防老一直是农民村民最为坚定的信念，老人的威严不再被推崇，很多人对父母的“犬马之养”都无法兑现，何谈“敬爱之心”。传统社会中的村民崇尚人脉亲情和人伦道德，违反道德习俗的行为将受到制裁。市场经济极大影响了村民的思维方式和价值取向。村民们的开放意识、平等意识、自我意识、竞争意识、权利意识明显加强，不断地运用理性思维进行利益权衡。市场经济中确立的契约规则取代以往的习俗规范，流动中的村民倾向于接受统一规则支配，倾向于用法律的眼光评价是非曲直。村民在发生纠纷时，在国家法律和村规民约中进行精妙的利益权衡和博弈，选择对

① 2012年“职业农民”成为中央一号文件的主题词，2013年“家庭农场主”成为中央一号文件的主题词。

自己更加有利的规则。“乡土本色”在市场化浪潮的冲击下，渐行渐淡，原有的道德内省的传统约束力不复存在，村规民约基于道德和舆论的约束机制受到挑战。

二、封闭的村域空间转化为开放多元的地域

当代中国乡村正在努力实现前所未有的城乡一体化，乡村与城镇地域之间的联系日益密切。乡村发展被新型城镇化所激荡，乡村聚居地向小城镇方向发展。实施乡村与都市均衡发展，在改善民众生活环境、增进民众福利等方面取得显著丰硕的成果。乡村也不再只是农业生产地，而是旅游消费等第三产业的胜地，封闭保守的乡村格局正在被打破。乡村社会的现代转型，已日益显著地发生在我国沿海地区和大都市城郊的乡村。我国自然村十年前有360万个，现在则只剩270万个，一天时间消失的自然村有80~100个。① 城镇化进程中出现一些房屋空置、长期无人居住的“空心村”。倾尽在外积累的财富在农村修建漂亮的住房，漂亮的楼房和荒废的耕地、冷清的人居环境形成强烈的对比。这些村落或偏远、或分散、或零碎，与日新月异的城镇形成鲜明反差且无有效手段管理的困境。空心村的产生有地方政府在城镇化过程中追求政绩急于求成的问题，也有农民为追求利益改善生活而作出的短期抉择。城镇化是现代社会发展的必然，城镇的扩张与乡村社区萎缩无疑也是一种必然。

婚丧嫁娶是传统乡村最具仪式感的生活，无论是出生、迎娶还是死亡，是社区性的事务，是要大办的，全村都会出动，亲戚、朋友和邻里都要参与的。农村熟人社会可以保持最低限度交往与互动，村庄在这样的生离死别、迎来送往中繁衍生息、不断壮大。村庄离散化冲击了村民遵守传统秩序的心理基础，熟人社会的互助蜕变为多样化服务需求，传统道德礼俗失去了固化的约束对象，使得以规劝性为主的村规民约内聚力减弱。传统村规民约实施的基本空间是一个以村庄为中心的确定范围，随着城镇化的推进，村民生产生活的场域已从村庄延伸到城镇。工作转到了城镇，因为户籍限制，社会关系仍在农村，个体与其社会关系相分离，乡村与城市社会出现交叉，异化为两地社会。体现“共同体”特征的家族体系、享受和劳动的相互性、威严、默认一致、承载体五个方面出现分离，乡村社会的流动性打破了村庄的封闭性，留居村民仍居于村庄的地域范围内，行为却超出共同体的理性逻辑范围，村庄作为村民基本权利和义务界定地域边界范围日趋模糊，村规民约实施的村域空间由封闭性向开放性变迁。

① 张瑷：《从“老三农”到“新三农”——报告文学对民生忧患的敏锐观察与冷峻思考》，载《集美大学学报(哲学社会科学版)》2013年第3期。

三、自足的小农经济转向为市场浸润的经济

传统村规民约的实施对象是生活于农耕社会的村民，吃、穿、用、住都由家庭生产，村民很少走出村庄的边界范围，村规民约的执行边界和村庄边界是重叠的，即是自然形成的村落。由于传统小农生产的脆弱性，以血缘、地缘为纽带的家族内部的互助合作，可以降低风险，因此，村民对家族与宗族有较强的依赖性。改革开放后，家庭联产承包使农民获得了越来越大的自主权，可以解决绝大多数农民的就业与生存，但它是一种小农经济形态，生产资料细碎化，要素配置差，经营规模小，投入成本高，产生效益低，抵御自然灾害和市场风险能力弱。加上农业经济的比较效益低，农业生产的驱动力不足，积极性衰减，涉农劳动不能脱贫，涉农投资不能致富，涉农财政不能增收，农业现代化的水平不高，农业的兼业化、副业化趋势突出，从事实体农业的人口还呈现老龄化趋势；农村的资源特别是土地资源面临资本的侵蚀，农村土地承包制度也面临平等与效益之间的复杂的两难问题。随着城乡经济改革、市场经济的涌入。农村非农产业特别是乡镇企业的崛起，改变了农村单一的经济成分。在市场经济的引导下，以实现劳动力、土地等资源的优化配置为目的，农村的人、财、物等各项资源流动加速。以往自给自足的小农经营向规模化经营方式转变，出现小农经营、专业大户、家庭农场、农民合作社等多种形式并存的经营模式。

综上，现代化的过程也是社会结构优化的过程，农民居住方式城镇化、生活方式市民化、收入方式多元化、就业方式多样化、生产方式市场化。人口流动加快，农地流转增多，村庄地域、人口、经济、组织边界发生很大变化，村规民约执行边界与村庄现实边界难以严丝合缝。农村社会的异质性增加，同质社会的整合机制日益失灵，村规民约赖以生存的乡土环境发生改变，其生存与发展面临着前所未有的挑战。因此，必须在国家治理现代化进程中对村规民约的规范运行、效力强化和具体内容，按照村规民约的内在机理进行重塑。

第四章　完善现代村规民约的高效运行机制

当前，村规民约的运行机制，既存在诸多问题，又尚有许多空白，一方面，需要在实践中努力探索并不断总结经验，建立健全村规民约的民主制定机制、有效实施机制和可行的监督机制；另一方面，需要不断提高规范运行的制度化、规范化和程序化水平，特别是提高制度层面的可操作性程度，增强村规民约有效运行的实效。首先，村规民约的民主制定机制，要解决如何避免法定的村民制定主体变成村官制定而村民跟从的问题、如何协调村民会议制定效率不足而村民代表会议制定又权威不够的问题，以及如何民主协商确保实质正义和如何规范制定程序确保程序正义等问题。其次，村规民约的有效实施，是以内容的正当性为前提，以村民自愿服从为基础，以村民相互监督为重点，以自治组织或专门执约组织为保障的一系列过程。从实践中总结经验，健全村规民约的自律、互律、公律等实施机制，确保村规民约实施的可操作性和实效性。最后，健全村规民约违法的监督与纠正机制。国家权力的外部监督，在理论上往往搁浅于“村民自治”，唯恐有违村民自治原则，导致实践中服务和监管缺位。课题研究未囿于国家权力与村民自治权宏观架构变革之争，而是从保障村民权益的角度出发，为解决这一实践中的焦点问题提出可行性对策。

第一节　村规民约的民主制定机制

建立健全现代村规民约的民主制定机制，应以全面依法治国的顶层设计、国家法律法规和政策为主导，结合村风民情，在村民广泛参与下，以村域公共事务为主要内容。村规民约是由村民自治组织(村民大会)制定或认可的自治规范，制定是指村民自治组织出台新的规约，认可是指村民自治组织对某些既有的乡村规范赋予效力。村规民约的制定过程在性质上是一种村民之间的合意立约行为，不是立法行为。① 法律为村民之间的合意立约行为从程序到内容概略设置了最基本的底线和要

① 《立法法》第 2 条规定：“法律、行政法规、地方性法规、自治条例和单行条例的制定、修改和废止，适用本法。国务院部门规章和地方政府规章的制定、修改和废止，依照本法的有关规定执行。”由此，根据《立法法》的规定，制定村规民约不是立法行为。

求，如果村规民约的制定程序和具体内容没有违反法律的基本规定，当然可以得到法律肯定性的评价，而具备有约必守的约束力。

一、制定的主体：村官或村民？

没有村民的积极参与，乡村振兴就会流于形式主义，不是真的乡村振兴。乡村振兴战略的实现要将顶层设计与村民意愿结合起来，制定村规民约应落脚到广大村民的全面发展与需求的满足上，确立和巩固村民制定村规民约的主体性地位。

第一，发挥村民的主体作用。首先，社会主义基层民主的典型特征，就是民主不再只是与少数乡村精英有关，政治参与扩大的一个主要转折点是农村民众开始介入国家政治。① 传统的“家长式贤能政治”逐步纳入村民参与，追求乡村发展的长期目标。“要建立民主，必须群众自己立刻从下面发挥主动性，实际参加一切国家生活。”②农村改革的宝贵经验，很重要的一条就是充分尊重群众的主体地位，发挥群众的首创精神，广泛听取群众的意见和建议，紧紧依靠人民群众加以推动。无论是安徽小岗村的家庭联产承包责任制，还是广西合寨村以村民委员会为主要载体的村民自治，都是由人民群众首创，制定村规民约也应该同样如此。其次，程序上，没有经自下而上的民主程序所产生的规约不叫民约，而是少数人炮制的“官约”。尊重村民制定村规民约的主体地位，充分动员村民广泛参与，引导村民提升表达、议事、交流和讨论等能力，村民可以在村规民约初稿、征求意见稿、草案等多个环节提出修改意见或建议，只要不违背现行法律法规和政策，能代表大多数村民利益，就可以吸纳进村规民约，努力做到村民参与、村民评价、村民认可、村民普及、村民落实。最后，内容上，村规民约从制定之始，就与全体村民息息相关，要求集中民智、体现民意，将群众反映最集中的意见用最朴实的话语表述在村规民约中，共同认可，自觉遵守。村民参与村规民约的制定，本身就是管理本村事务的具体表现，可以获得公平的利益表达机会，通过多渠道的民主协商，村民才会信服，才会自愿遵守，才能真正发挥村规民约规范性调整的社会功能。

第二，发挥多元主体的协同作用。制定或修订村规民约是一项复杂的系统工程，乡镇政府和基层民政部门、村党组织、村民委员会等无权自行制定村规民约，但是不能因噎废食，而是要依据法定职责，发挥各自的积极作用。首先，乡镇政府和基层民政部门对村民自治工作给予指导、支持和帮助，有责任帮助自治组织建立健全包括村规民约在内的规章制度，并保证其程序和内容的合法性。既要帮助制定规范有效的村规民约，又要防止行政命令、包办代替，“替民做主”，不得干预属

① ［美］纳尔逊：《难以抉择——发展中国家的政治参与》，汪晓寿译，华夏出版社 1989 年版，第 11 页。

② 《列宁全集》(第 24 卷)，人民出版社 1957 年版，第 141 页。

于村民自治范围内的事项。可以组织专门力量提供村规民约简约的参考范本或样式，但是宜粗不宜细，主要还是让村两委组织村民反复讨论，结合实际情况在范本或样式基础上进行细化，避免出现“一刀切”“官样版本”等现象。其次，村党组织在包括制定村规民约在内的一切村级事务上处于领导地位。村党组织要把握方向，统筹协调，从群众反映最强烈的问题入手，提议自治组织制定和修改，并监督村规民约制定的程序化和规范化，村党组织和党员要在村规民约的制定和实施中发挥模范带头作用。最后，村民委员会按照法定职责有义务承担制定村规民约的具体组织工作，根据实际情况的变化，适时提出修订和完善的动议，并向村民会议作出说明。在制定过程中，村委会要做好组织工作，发挥其在准备筹划、宣传动员、起草制定、组织实施过程中的引领和推动作用。另外，有条件的地方，通过村民聘请、公益服务、政府购买等多种形式争取做到一村一法律顾问，完善制定和修改全过程的法律保障。

二、制定的组织：村民会议或村民代表会议？

第一，村民会议制定村规民约在实践中存在一定的困难。《村民委员会组织法》第 27 条第 1 款赋予村民会议的村规民约制定权，村民会议可以制定和修改村规民约是法定的权力。[①] 村民会议制定和修改村规民约的正当性，一是来源于法律的直接规定，二是来源于广泛的村民参与(全村年满十八岁未剥夺政治权利并且精神正常的村民)。但是，法律的理想规定在实践操作中存在现实的困难，村民会议制定并最终表决通过村规民约，存在成本与效率的问题。动员和组织全村年满十八岁的村民对村规民约讨论和表决，对于那些外出人口较多的村庄，存在不可否认的实际操作上的困难，而对于集体积累和转移支付仅仅只能够维持村委会日常运转的村，也增加了经济成本，难以维继。这样，村民会议授权村民代表会议来制定或修改村规民约，就有了成本和效率上的便利。《村民委员会组织法》第 27 条规定，“村民会议可以制定和修改……”中的“可以”表明：法律没有禁止其他组织制定和修改村规民约。实践中，考虑到目前村民流动性较强，有些地方召集村民会议确有难度，而村规民约的制定和修改又比较迫切，经村民会议授权，村民委员会召集，可以由村民代表会议制定和修改。[②] 但是，村民代表会议制定或修改村规民约，又存在权威性不足、容易被村干部或少数人操控、在适用过程中村民对其合法性的质疑等问题。

① 《村民委员会组织法》第 27 条第 1 款规定：“村民会议可以制定和修改村民自治章程、村规民约，并报乡、民族乡、镇的人民政府备案。”

② 罗乐、高崇慧：《论村规民约在我国法治进程中的作用》，载《法制与社会》2012 年第 6 期。

第二，授权村民代表会议制定村规民约涉及两个主要问题。一是哪些事项可以授权？关于哪些事项可以授权，从现有法律规定上推论，可以授权的事项十分广泛。《村民委员会组织法》第 24 条列举了九项应该由村民会议决定的事项，并且在该条尾款规定：“村民会议可以授权村民代表会议讨论决定前款规定的事项。”①由此，在村规民约制定过程中，可以参照适用《村民委员会组织法》第 24 条的规定，涉及该九项的内容均可授权。实践中，涉及集体经济组织成员权益或者村民经济权利(如承包经营权)的纠纷是产生乡村矛盾的导火索，往往“小事拖大、大事拖炸”。所以，从实践需求来看，有必要限定范围，涉及集体经济组织成员权益或者村民经济权利的，不能授权村民代表会议制定或修改，而其他事项，均可授权村民代表大会制定。当然，村民代表大会作出决定时，应该通过公示程序，广泛征求村民意见。二是如何授权？理想状态，当然是村民会议专门就某事项进行授权。但是，操作上，既然可以兴师动众召开村民会议进行授权，不如直接在村民会议上讨论和表决，何必多此一举呢？由此，只能是事前(如在换届选举时)，村民会议对村民代表会议就某事项或概括性事项进行授权；或者事后村民会议对村民代表会议制定的村规民约进行追认，如对于村民会议召开确有困难的村，村民代表会议制定后，可以采用试行的方式，在三年一次的换届选举时，由村民会议确认，正式施行。

第三，村民会议制定和修改可以依法采用更加灵活的方式。一是采用户代表召开村民会议的方式。《村民委员会组织法》规定，召开村民会议，可以由本村三分之二以上户的代表参加。② 据此，对于那些外出人口较多的村庄，可以采用户代表讨论和表决的方式。对于不在村的户，可以授权亲属签署承诺书和同意书的方式参与讨论和表决等。二是村民会议也可以授权村民小组决定相关事项。村民大会难以召开或召开不便，可以通过村民小组会议逐组通过，再由村民代表大会通过。长期共同生活形成的自然村或村民小组，是一种自生自发的地缘和血缘单元，以自然村组为制定单元，彰显自治的内生性、边界性和自觉性，可以实现自治单元与自治规则边界相洽相适。继续开展以村民小组或自然村为基本单元的村民自治试点工

① 《村民委员会组织法》第 24 条规定：“涉及村民利益的下列事项，经村民会议讨论决定方可办理：(一)本村享受误工补贴的人员及补贴标准；(二)从村集体经济所得收益的使用；(三)本村公益事业的兴办和筹资筹劳方案及建设承包方案；(四)土地承包经营方案；(五)村集体经济项目的立项、承包方案；(六)宅基地的使用方案；(七)征地补偿费的使用、分配方案；(八)以借贷、租赁或者其他方式处分村集体财产；(九)村民会议认为应当由村民会议讨论决定的涉及村民利益的其他事项。村民会议可以授权村民代表会议讨论决定前款规定的事项。”

② 《村民委员会组织法》第 22 条关于表决程序的规定：“召开村民会议，应当有本村十八周岁以上村民的过半数，或者本村三分之二以上的户的代表参加，村民会议所作决定应当经到会人员的过半数通过。”

作。① 所以，村民小组也可以在本小组先行制定通过并实施村规民约。②

三、制定的方式：民主协商确保实质正义

市场经济条件下村民在就业、收入、居住方式上都发生分化，在村的与外出打工的、务农的与从事第三产业的、富裕的与贫困的村民利益诉求呈现差异性。村民独立性增强、个体价值提升，但公共意识却在降低，存在只强调自身权利而无视对他人责任的问题。加上宗族势力、少数地方的混混甚至乡村黑恶势力从中作梗，当代乡村公共事务的组织与协作常常陷入困境。2015 年中央出台《关于加强城乡社区协商的意见》，对于协商的主体、形式和程序等都作出了具体规范，这让基层协商有了具体的“操作指南”。用群众习惯的方式来解决群众身边的问题，民主协商正逐步上升为乡村振兴的基本工作制度。

如广东省河源市东源县灯塔镇下围村，在区、镇党委的支持下，一套精心制定的议事制度在下围村诞生。村中事务，要通过村民代表大会来商议，也由此找到了历史痼疾的解困之路。所有(参加会议的)人员都有发言的权利，每个人最少有 8 分钟的发言时间，可以充分表达个人意见。每一次的表决议题和内容，都会提前通过村里的政务微信平台直接推送给每一个村民。整个议事过程，同样通过微信平台实时直播。即便在外地打工经商的村民，依然可以随时了解本村民主议事的动态。民主商议、一事一议，协商带来了发展效率，下围村集体经济收入在几年间大幅提升，上访大村和问题大村转变为村民自治的模范村。民主协商，让一个村落实现了由“乱”到“治”的华丽转身。

第一，协商的目标是实现村民的平等参与和理性抉择。村规民约制定过程中的民主协商，是村民意愿理性表达和理性整合的过程，就是在承认村民利益多元化、差异化基础上，通过意愿的充分表达、互动和调适，过滤出大多数村民的共识，整合全体村民都能接受的整体利益，形成全体村民都必须遵守的具有公共理性的契约。多元经济的发展，形成村民利益主体的多元化，以及村民相互之间的协商精神与妥协规则。村规民约建设必须和经济发展、社会的多元化程度以及村民的教育水平、法治观念相结合，遵行渐进的发展路径与逻辑。当村民充分认识到村规民约内容与其切身利益相关，就会以主人翁的姿态自觉地参与进来，形成一种内在的民主协商力量。本村村民作为一个整体相对独立于国家以及其他社会组织，其内部仍然

---

① 中共中央、国务院：《关于实施乡村振兴战略的意见》，2018 年 1 月 2 日。

② 行政村下面的自然村或村民小组，关系比较密切，管理半径较小，对公共事务的决策和监督较易操作。2016 年 10 月，中共中央办公厅、国务院办公厅印发《关于以村民小组或自然村为基本单元的村民自治试点方案》，目前试点工作正在稳步进行。以村民小组或自然村为基本单元的村民自治，可能成为未来农村基层富有生命力的一种自治组织形式。

是人的集合，村民对哪些事项需要集体约定有最直接的认知，通过广泛征求村民意见，沟通协商，最终民主议定的村规民约，必然体现为群体的理性抉择，村民的自觉遵守和互相监督便有很强的自觉性。

第二，协商的价值是追求“多数人同意”下的实质公平。村规民约表决过程中，多数人的同意可能否定少数人所主张的权利，而少数人的阻挠又可能造成决议的搁置，即使没有搁置也可能形成隐患。① “一人一票”的民主表决方式虽然在民主价值观中具有优势，形式上极大满足了所有群体平等参与和分享权力的意愿和欲望，但是，为确保实质正义和规则理性，应该用“有效政治秩序”与“良好治理”指标，以及能否有效达成“社会最佳选择”作为判准，来比较各种规则的表现以及正当性基础。② “村民多数决”原则被滥用，致使少数村民利益容易被侵害，尤其表现在村集体经济分红、村福利待遇享受等方面。在涉及自身利益情况下，多数人暴政的危险被叠加放大，宗派、家族势力等人治因素凸显，可能出现“多数人”认可的“暴力”，侵犯村民个体利益的问题。③ 推动实质公平正义，防止“多数人的暴政”，利用民主协商解决此类问题，是最直接、最有效的方法。在充分考虑多数村民诉求时，注重倾听少数村民的利益诉求，保护少数人的合法权益。中国乡村一直都有重协调、求平衡、促和谐的传统，当前更应该通过交流沟通、协调、寻求平衡点。多数人权利和少数人权利应当是动态平衡的，运用制约、激励与协商机制，维护多数人权利和少数人权利的结构均衡，促进村民整体利益最大化。

第三，协商的最佳效果是村规民约获得村民最广泛的内心认同。事实证明，草率的“民主多数决”会带来系列后遗症，民主表决的村规民约不被村民信服。民主协商旨在通过充分有效的“议”，解决村规民约内容的正当性和村民认同的深度；而村民大会“民主多数决”旨在通过合法有效的“决”，解决村规民约制定程序的正当性和村民认同的广度。村规民约制定是全体村民的合意“造法”，要凝聚村民共识，求得村民共识的最大公约数，就要扬弃简单的“少数服从多数”刚性思维和“代民做主”精英思维，把协商贯穿于制定全过程。④ 实现情感认同、利益认同和法理认同三者的有机结合，融通村民对美好生活的追求和期待，从而使村规民约成为村民的普遍追求和自觉向往。

第四，村规民约制定过程中如何协商。村规民约制定过程中的协商，应该从恩惠到职责，从随机到常规，从“可以协商”到“应当协商”。构建程序合理、环节完

① 李慧旻：《村规民约法律问题的探讨》，载《农业经济》2009 年第 2 期。

② 朱云汉：《王道思想与世界秩序重组》，载《中国治理评论》2012 年第 2 期。

③ 周铁涛：《村规民约的历史嬗变与现代转型》，载《求实》2017 年第 5 期。

④ 肖晋：《程序思维：领导干部树立法治思维的第一要义》，载《领导科学》2013 年第 18 期。

整的民主协商机制，保障村民通过对话、讨论、协商方式理性地参与，激发村民的民意表达和自由选择，强化协商程序的刚性以及协商成果的反馈与运用，注重对话协商的实效，确保理性立约。首先，民主是参与的高速公路，利益是参与的引擎，村规民约要真正代表村民的共同意志和利益，要让参与者体会到参与有用。自治组织要创造条件推动村民的有序参与，增强协商主体的包容性、代表性，提高协商能力。充分反映村民的意愿和诉求，有效吸纳能人贤士和村域外来流动人口的意见建议，力求赢得最大多数村民认同。其次，村民代表会议和一定数量的村民联名也可以有权提出村规民约的草案，以及修改的动议。至于需要多少人联名，可以由各地的村委会组织法实施办法加以规定，或者参照《村民委员会组织法》第 16 条之规定。① 最后，为方便村民参与，畅通群众利益诉求渠道、诉说渠道，前移群众利益诉求途径。通过“四议两公开”，形成开放的信息互动平台，引入电话、视频、微信、电子邮件等多种形式发表意见，无论村民是否在家，都能够通过各种途径表达意见；召开座谈会，召集老党员、老干部、村民代表等反复讨论征求意见稿；召开小组长会议或村民小组长走访，发放征求意见稿到每家每户，村民结合实际情况提出修改意见和建议，每家每户都签字。

第五，在立约技术上可以通过协商提供选择性方案，保护少数人权益。在对村庄重大事项进行决策和作出制度性规范时，很难说每一个村民都具有公共理性，村民或多或少受到原始身份（血缘、地缘、业源）的影响，或者受到个人精确的利益权衡左右，在法律设置的民主多数票决下，“理性”的制定程序产生的制度结果很可能优先顾及人数占优的村民利益，而人数相对较少的村民诉求和利益容易被忽略。

在国家立法层面，“多数决”没有直接的反射性，立法者的立法决策影响的是普罗大众，与立法者本人没有立竿见影的直接利益相关性。但是，在一个村庄范围内制定村规民约，情况就大相径庭。今天的决策参与人，转眼就是明天决策方案的施受者，但是决策的结果因为“民主多数决”的影响，并不一定是其真实意愿的表达，只不过因为少数人的民主参与过程，让多数人的意愿获得了正当性，而这种正当性，是以少数人的诉求被牺牲、被淡化、被中和为代价的。选择最佳方案后，既要看到非最佳方案的长处，也要看到最佳方案的短处。在立约技术上，要尊重差异，包容多样，可采用几种替代性选择方案，尽量囊括绝大多数村民意愿，当然不是全部碎片化的意愿，赋予少数村民选择的权利和选择的可能。

---

① 《村民委员会组织法》第 16 条规定：“本村五分之一以上有选举权的村民或者三分之一以上的村民代表联名，可以提出罢免村民委员会成员的要求……”据此，本村五分之一以上有选举权的村民或者三分之一以上的村民代表联名，有权提出村规民约的草案或者修改的动议。

四、制定的程序：程序规范确保程序正义

任何一种涉及权利和义务的规则，都应该有完善的制定程序，缺乏程序正义产出的规则必然影响到规则的实质正义，缺乏程序控制的规则也不具有最低意义的正当性，难以服众，更难以推行。法治取决于一定形式的正当过程，正当过程又主要通过程序来体现。① 村规民约的制定中要有规范的程序恰恰是容易被忽视的问题，《村民委员会组织法》没有详细规定村民会议制定和修改村规民约的程序。这就要求在村民自治基础上，秉持维护村民权益的原则，制定或修改程序应有合法性、协商性、民主性和参与性。在实际工作中，应该主要经过以下程序：

第一，制定或修改动议阶段。在县乡两级职能部门指导下，村委会通过组织召开工作动员会、培训会、村民会议、村民代表会议，以及采用电视、广播、网络、标语、村务公开栏等多种方式，发动群众，做好前期培训指导和宣传动员，增强广大群众法治观念，明确制定和修改村规民约是行使民主权利的重要形式。选择重新制定村规民约还是修改、或者是沿用，其决定权在村民会议。一个可供参考的技术方法是：在村委会选举用的选票上，同时印上“制定、修订、沿用”的选项，村民划票时一并作出选择，选举结束后，根据多数村民意见决定。

第二，文本起草和修改阶段。村民代表会议民主推选制定小组成员，充分收集群众意见，进行分类梳理。结合本村实际，因地制宜，确定本村需要规约的具体事项，将群众意见和建议草拟成初稿，村两委联席会议商议核定后提交初稿到村民(代表)会议充分讨论；同时发动群众参与讨论，人口较大的村庄应当以村民小组为单位召开小组会议，通过召开村民小组或户主会、上门座谈等形式广泛征求意见，反复进行协商修改，进一步达成村民共识，形成表决建议稿。② 表决建议稿交付表决前，应该报乡镇相关部门进行合法性审查，对于没有吸收的村民意见要进行必要的解释。

第三，表决通过和否决阶段。合法性审查后的表决稿提交村民会议或村民代表会议、村民小组会议表决，参照《村民委员会组织法》对召开村民会议、村民代表会议、村民小组会议的最低人数要求。③ 表决可采用人人签字方式，强化其严肃

---

① John Rawls, *A Theory of Justice*, Harvard University Press, 1971, p. 239.

② 邹向阳、邹明夷：《村规民约与立法的冲突》，载《法制与社会》2012 年第 9 期。

③ 《村民委员会组织法》第 22 条规定：“召开村民会议，应当有本村十八周岁以上村民的过半数，或者本村三分之二以上的户的代表参加，村民会议所作决定应当经到会人员的过半数通过。”第 26 条规定：“村民代表会议有三分之二以上的组成人员参加方可召开，所作决定应当经到会人员的过半数同意。”第 28 条规定：“召开村民小组会议，应当有本村民小组十八周岁以上的村民三分之二以上，或者本村民小组三分之二以上的户的代表参加，所作决定应当经到会人员的过半数同意。”

性，形成“我制定，我签字，我承诺，我执行”的良好氛围。由村委会主持召开村民(代表)会议，村规民约起草小组向村民做说明，并逐条解释后，交付村民表决。如果表决不能通过，起草小组要再次征求村民意见，待条件成熟后再行表决；表决通过后的正式稿报乡镇相关部门备案。

第四，备案审查和实施阶段。村规民约经村民会议通过后，依法报乡镇人民政府备案，备案时应附有制定过程说明、起草小组人员名单及县(乡)基层司法部门出具的书面审核意见。乡镇政府对审查合格的村规民约出具准予备案通知书。村委会要将备案后的村规民约在村务公开栏张贴公布，宣布其生效日期，有条件的村，要印发到每家每户，做到家喻户晓。

第二节　村规民约的高效实施机制

村规民约的实施，是文本意义的村规民约产生实效的过程。对于村规民约的实施，《村民委员会组织法》及相关法律法规并无明确规定。“徒法不足于自行”(《孟子·离娄上》)，必须明确村规民约实施的理念，健全实施的组织保障、经济保障并建立可操作的机制。

首先，遵循现代法治的公开、公平、公正等基本法治的理念，是村规民约实施的必然要求。坚决摒弃乡村残存的等级、人治、“私法”等封建观念，公开是指村规民约的实施过程应始终公开，以便监督；公平是指全体村民在村规民约面前一律平等；公正是指村规民约实施的价值目标，即公认的公平正义准则。其次，村庄的经济水平等也深刻影响着村规民约的实施。亨廷顿指出，“农民的不满情绪是建立在物质性基础上的”，即农民的情绪、行为与物质背景相关。① 有可供村规民约实施的经济资源，村规民约的实效就能得到强化。在中国这样的农业大国，村规民约的实施很大程度上是凭借伦理道德和村级经济奖惩实现的。如果没有集体经济的支撑，村委会组织能力降低，公共产品供给不足，集体行动能力衰微，那么村规民约运行不可想象。② 集体经济从根本上决定和制约着乡村公共权力的配置和村规民约的运作效能，发展是硬道理，壮大村集体经济、增加村民收入、实现共同富裕是改善村规民约实施效果的有效途径。最后，任何规章的执行都需要专门的机构与人员，强有力的组织是村规民约实行的重要保障。有些地方村规民约挂在嘴上，写在

① [美]塞缪尔·亨廷顿：《变化社会中的政治秩序》，王冠华等译，三联书店1989年版，第344页。

② 一是开会难，需要派送物质“诱惑”群众到场；二是决议难，村民诉求差异大，经常在争吵中不欢而散；三是执行难，好不容易形成村规民约，在实施中碰到少数村民充当“钉子户”，最后什么也干不成。

纸上，却难以落实，主要是没有依托自治组织，或者缺少村民认可的组织。发挥村规民约的实效，乡约组织具有重要作用，需要逐步形成既具有地方权威，又能让村民认可的组织，使组织建设与村规民约制度建设同步推进。① 当下建设村规民约，组织权威发生了转移，依托的是自治组织、社会组织和乡村精英，所以，要充分发挥村民自治组织、社会组织、乡村精英群体甚或家族组织的积极作用。

一、自律机制——认同与承诺

村规民约以最有效率和最经济的方式通过实施转化为实效，不在于动用多少村民自治的公共强制力，而在于制度安排本身的正当性，取决于村规民约在多大程度上对村民合法、合理、合情的诉求予以回应。这就要求村规民约的文本内容不仅要体现程序理性、更要体现实体理性；不仅要体现工具合理性，更体现价值合理性；不仅体现村民个人选择的合理性，更体现公共选择的合理性。一个正当的、在共识基础上获得普遍认同的规则，才能实现自愿服从的最大化和公共强制的最小化。当然，“良法”只是村民自愿服从的动因之一，村民自愿服从的动因是多样和复杂的。既有基于对村规民约达成的共识认可基础上的自愿服从，也有因为从众而选择习惯性服从，还可能是忌惮公共强制而选择主动遵守。相对而言，权利本位的村规民约较之于义务本位的村规民约能够得到更多的自愿服从，回应村民诉求的规则较之于强制管理村民的规则也能够获得更多自愿遵从。

村规民约是真正意义上的“活法”，它存在的基础来自于村民发自内心的认同、认可。多数情况下，社会生活秩序依靠村民内在的自我控制，村规民约的实施依靠村民自觉遵从。通过各种宣传教育措施，使村规民约内化为村民的行为标准，成为村民的习惯、生活方式及自觉要求。村民不仅要懂得规则，还要发自内心接受和认同，把规则当做自己行动的理由和动机。村民遵守村规民约有一个较长“习惯”的过程，要达到“使我们不知不觉地内化了我们文化中的规范，使遵守规范变成我们个性中的一部分，并毫不迟疑地服从社会的期待”，是一个长期的过程。② 首先，道德性的倡导规范依靠村民自觉践行。很多村规民约规定的道德规范条款，它的实施依赖于村民的自觉。要善于运用说服教育、感化督促等方式，以教育疏导和鼓励表扬为主，不断增强村民法治观念，提高思想道德水平，培养公德意识，依靠舆论

① 传统村规民约的组织形态在早期普遍依托于家族组织、村落组织，北宋以后，在村落组织之外，又有了专门的乡约组织。自《吕氏乡约》以降，传统村规民约就不仅仅是以乡民自愿合意为基础的行为规则条文，同时也是一种地方性的民间自设的处理地方社区事务的较为完整的社会组织体系。转引自张明新：《乡规民约存在形态刍论》，载《南京大学学报(哲学·人文科学·社会科学)》2004 年第 5 期。

② ［美］伊恩·罗伯逊：《社会学》，黄育馥译，商务印书馆 1990 年版，第 77 页。

和道德力量来促进此类村规民约的实施。其次，村“两委”干部和党员应带头遵守规定，形成遵守村规民约的良好风气。村“两委”干部和党员以身作则，带头遵守，是村规民约建立权威并顺利实施的关键。① 最后，可以结合本村村规民约实施中的突出问题，建立“守约承诺制度”。组织村民共同制定遵规守约承诺书，以承诺书的形式来保证村规民约的实施。农户代表在承诺书上签字承诺自愿遵守，对村民行为起到一定拘束作用，如果村民违反了承诺书中的相关条款，将要受到负面舆论评价并承担不利后果。

二、互律机制——评分与评议

村规民约是介于法律政策与社会公德及风俗习惯之间的一种社会自治规范，规范的实施除了依赖“软力量”即舆论影响和内部自律之外，还要依靠村民的互相监督，建立互律组织，对村民守约行为进行民主评议和量化评分。可以设立一些保障村规民约实施的组织机构，如村规民约评议会、道德评理会等，通过这些组织机构的协助，推动村规民约的实施，实现自治权力的“连带式制衡”。② 例如，化解农村矛盾，既要成本可控，又要实用高效，为解决许多“行政不好管、法律管不好”的农村矛盾，陕西省西安市文明办近年在全市农村建立村规民约评议制度，对于乡村大量的疑难事，如农村普遍存在的家庭矛盾、婚丧嫁娶攀比、违规使用宅基地等问题，用村规民约评议的办法来解决。③ 西安市各村村规民约评议会的成员，主要由退休老干部、老教师、村内德高望重的老人和各方代表组成，并且经村民选举产生。西安市村规民约评议制度，以村民公认的、约定俗成的村规民约为依据，按照具体的议事章程，通过批评和自我批评、协商调解，化解各种情感隔阂和利益冲突，有效促进了农村和谐稳定。

案例：

江苏响水：乡规民约“约”出好民风④

江苏响水黄圩镇龙马村，道路干净，河水清澈，房屋整齐划一，处处鸟语花香。往年春节一过，村里垃圾乱堆，大家也习以为常。如今家家户户签约承诺，保

① 李慧旻：《村规民约法律问题的探讨》，载《农业经济》2009 年第 2 期。

② 卞辉：《农村社会治理的本土资源初探》，载《社会科学家》2012 年第 3 期。

③ 陈钢：《陕西西安：“村规民约评议”有效化解农村疑难事》，载新华网：http://www.xinhuanet.com，2018 年 5 月 14 日访问。

④ 素材来源于王伟健：《江苏响水：乡规民约“约”出好民风》，载《人民日报》2015 年 8 月 2 日。

持村容村貌整洁。原来，由村民推荐在村老干部、中青年或人大代表担任民情联络员，定期对村规民约施行情况督促整治。村里请“五老”出山，成立村规民约宣传组、规约施行指导组、违约责任督查组和月度履约评议组，负责村规民约的施行，效果立竿见影。村规民约让基层干部工作起来得心应手。村里将干部和村规民约指导员名单编制成卡，公开联系号码和工作职责，统一印发，群众对规约修订、执行建议或违约事例，可以随时得到反馈。现在村民矛盾少了，干群关系和谐了，村风民风更好了。

龙马村为保持村容村貌整洁，首先通过签约承诺书自律，还采取村民推荐民情联络员，聘请“五老”成立村规民约宣传组、规约施行指导组、违约责任督查组和月度履约评议组，具体负责村规民约的施行。这些“草根”组织之所以能保障村规民约充分实施，在于其并非“官方”指派而是来自村民推荐，能获得村民充分信任，在此基础上进一步建立了有效的相互监督机制。

三、公律机制——执行与奖惩

首先，村委会依法履行“组织实施村民自治章程、村规民约”的职能。① 村委会在村规民约实施过程中，实际担任多个角色，包括负责村规民约实施的组织者，违反村规民约行为的认定者、劝解者、仲裁者、调解者、执行者，异议受理者甚至于成为村民寻求司法救济的被告。村民(代表)会议负责监督村委会的工作，必要时可要求听取村委会组织实施村规民约情况汇报。

其次，建立专门的村规民约执行组织。村民是制定村规民约的主体，也是村规民约实施的监督者。② 在实施村规民约过程中，由群众信任、办事公正的老党员、老干部组成实施监督组织，监督村规民约的执行并处理违规违约现象。建立村民守约档案，对村里的好人好事或不良行为记录留档。监督流程可以按照下述程序进行：调查事实、询问村民、征询民意、集体合议、作出决定、告知村民、执行决定、处理异议等。必要时，可以诉请法院依法裁判。各级人民政府应积极引导监督组织工作，加强宏观管理，保证村规民约的有效实施。

最后，建立健全村规民约的实施奖惩机制。村规民约实施不依靠国家强制力，而是通过自治组织行使自治中的公共权力，这种公共权力，具有一定的社会强制

① 《村民委员会组织法》第10条规定：“村民委员会及其成员应当遵守宪法、法律、法规和国家的政策，遵守并组织实施村民自治章程、村规民约，执行村民会议、村民代表会议的决定、决议，办事公道，廉洁奉公，热心为村民服务，接受村民监督。”

② 陈森霖：《法治建设背景下习惯法适用研究——基于黔东南地区村规民约适用调查》，载《山东农业大学学报(社会科学版)》2017年第1期。

性。无论是由村委会负责组织施行、村务监督委员会监督实施，还是由村内德高望重、办事公道的村民代表组成村规民约实施监督组织负责监督实施，都可以采取一定形式，对模范遵守村规民约的村民给予表彰，对违反规定的村民及时予以批评教育并督促纠正，树立村规民约的权威性。有条件的地方可实行设立奖励基金、履约金等多种形式的奖惩办法。当然要坚持教育为主原则，不得采取法律禁止的强制措施。

第三节　村规民约违法的监督与纠正机制

村规民约是法治社会建设的组成部分，但由于制定主体的多元利益驱动，制造出各种非法之约或非正义之约也时有发生。因此，必须建立可靠的村规民约监督和违法纠正机制。村规民约的监督和违法纠正凸显“自治”本色，村民自治组织自正自纠当然是理想的图景。但不可否认的是，国家外部监督无疑是最有效的形式。一种观点认为，如果国家立法、行政、司法机关可以实质性监督并直接或间接影响村民自治章程和村规民约的效力，是否有剥夺村民自治事务决定权的嫌疑？不可否认，立法审查权、行政审查权、司法审查权与村民自治权在宏观架构上的关系，需要将来通过顶层制度设计加以妥善解决。

笔者认为，即使在现有法治框架下，仍然可以找到外部监督正当性和合理性的理论依据，仍然可以设计外部监督的有效路径。外部监督正当性和合理性的理论起点，就在于“村民的权益受到侵害”。本村村民当然要受到本村村规民约的保障和规制，但是，村民亦是国家的公民，村民的权益受到侵害亦是国家公民的权益受到侵害，国家立法、行政、司法机关当然有保护国家公民权益不受侵害之责。“村民的权益受到侵害”是外部国家权力介入村民自治权的理论连接点。国家机关保护村民权益不受侵害是第一位的，由此涉及对村规民约的审查和纠正是第二位的；同理，自治组织保护村民权益不受侵害是第一位的，由此涉及制定村规民约被审查和纠正是第二位的。具体就外部监督的路径而言，基层政府要依法履行职能，避免涉嫌侵害村民权益的村规民约制定出台产生实效或得到“官方”认可；县乡立法机关要对基层政府的履职行为(如不作为或滥作为)进行监督，防止基层政府对村规民约审查不当，并及时处理和救济自治组织的异议；司法机关对“村民权益受到侵害”的具体行政或民事案件进行审理，涉及村规民约可以作为证据进行审查，裁定其作为证据的效力并在裁决生效后发出司法建议函。

一、行政监督——服务、审查与备案

乡镇政府应该依法履行职能，在村规民约制定全过程对其合法性进行监督。包括事前履行服务职能，指导和帮助自治组织确保村规民约的合法性；在自治组织表

决村规民约前赋予其事中的实质性合法审查职能，认为不合法可以责令改正；事后赋予其备案权，认为不合法可以拒绝备案等。

(一)事前服务——指导、支持和帮助

乡镇政府对村规民约制定工作给予指导、支持和帮助，是乡镇政府的法定职能。①强调村民自治并不否定基层政府在村级公共事务治理中的指导作用，当然这也要求基层政府转变职能，树立有限、有责、法治、服务政府的观念。乡镇政府对辖区内各村制定村规民约的总体框架可以进行指导，具体实施细则由各村民主商议。乡级政府法制工作人员可以列席村民会议，进行现场指导。可考虑给予一定补贴等方式聘请律师派驻村委，村规民约可以交给律师作为第三方提出法律意见。乡镇政府和基层部门(民政、司法等)主要是把好法律关，指导村民制定合法、合理、合情的村规民约。有条件的乡镇还可以组织司法专业人员建立专门的村规民约制定指导机构，统筹村规民约指导工作。要建立定期检查制度，重视对既有村规民约的清理，对不合法和不适应形势的内容及时修改完善。

(二)事中审查监督——责令改正

《村民委员会组织法》规定，乡镇政府对于村规民约只有备案权，没有对其内容合法性的实质审查权。由于缺乏审查的法律依据，实践中纠结于村规民约是村民自治的领域，基层乡镇政府是指导关系不能有实质性审查，导致村规民约失去有效的行政监督。建议立法，明确赋予乡镇政府对村规民约合法性的实质性审查权，为了与村民自治的权力运行相协调，合法性审查建立在村规民约交付村民大会表决前这个阶段为宜。在村民会议表决前，村规民约草案提交乡镇政府，乡镇政府进行合法性审查，如果认为合法，书面通知自治组织可以交付表决，表决通过后公布实施；如果审查认为全部或者部分条款不合法，应该以政府公函形式“责令修改”。村委会应该及时提交村民会议重新讨论修改，自治组织拒绝修改，执意交付表决并获得通过的，乡镇政府随后可以拒绝备案。

乡镇政府认为不合法，不能直接宣布无效或者撤销。一是事中审查时，村规民约尚未表决通过生效，当然没有宣布无效的前提，为防止将来对村民权益的不当侵害，只能责令改正；二是自治组织拒绝改正、执意交付表决并获得通过，村规民约已然生效，乡镇政府认为不合法，也不能直接宣布无效或者撤销。村民通过村民会

① 《村民委员会组织法》第5条规定：“乡、民族乡、镇的人民政府对村民委员会的工作给予指导、支持和帮助，但是不得干预依法属于村民自治范围内的事项。”

议制定村规民约是一种"抽象的自治行为"，不是一种"具体的自治行为"。① 对于"抽象的自治行为"即立约行为，行政机关的职责是督促其自行改正，如果其拒绝改正，行政机关的权限是拒绝给予"官方"的认可，给予一种外在的否定压力。在信息如此畅通的当下，对自治组织的约束不容小觑。而一旦自治组织依据"抽象的自治行为"产生的村规民约，对特定村民作出"具体的自治行为"，如果涉嫌侵犯村民的权益，行政机关从保护村民权益的视角，可以撤销该"具体的自治行为"，而不是撤销自治组织作出该"具体的自治行为"的依据——村规民约。这样，既保证了国家行政权与村民自治权各就其位，各有作为；又保证在依法维护村民权益之时，国家行政权的权威性。

（三）事后备案监督——不予备案与责令改正

现行法律中规定了乡镇政府对村规民约的备案制度，村规民约应当报乡镇政府备案。② 实践中，一方面，乡镇政府以不干涉村民自治为由，执行备案制度并不严格，一些乡镇政府只在村"两委"换届时进行备案；另一方面，一些村规民约根本就没有报请备案，或者新制定的村庄规范未冠以"村规民约"称谓，规避备案审查。③ 必须认真执行备案制度，乡镇政府应明确相应办事机构、配备工作人员、规范备案流程，确保村规民约及时报送备案。

理论和实践中争论比较大的焦点问题，就是备案时是进行形式审查还是实质审查？笔者认为，备案时乡镇政府应该进行实质性审查，而且重点审查村规民约的制定程序、具体内容是否合法。未备案的村规民约不影响其村域内的效力，备案了的村规民约又新增加了"官方"认可的效力，权威性得到加强，备案本身是行政机关的一种"行政确认"行为。乡镇政府如果发现村规民约制定程序和具体内容违法，而无实质性说"不"的权力，只能进行登记式的备案，无形中增加了违法村规民约

---

① 在行政法学上，抽象行政行为是指行政主体非针对特定人、事与物所作出的具有普遍约束力的行政行为，具体行政行为是指行政主体在国家行政管理活动中行使职权，针对特定的行政相对人，就特定的事项，作出有关该行政相对人权利义务的单方行为。自治组织的行为在村域内部当然具有行政性，因此，此处比照行政法上的抽象行政行为和具体行政行为的概念，提出"自治行为"的概念。其中，"抽象的自治行为"是指自治组织制定村域有普遍约束力的立约行为，"具体的自治行为"即是自治组织（村委会）对特定村民的执行行为。

② 《村民委员会组织法》第 27 条规定："村民会议可以制定和修改村民自治章程、村规民约，并报乡、民族乡、镇的人民政府备案。村民自治章程、村规民约以及村民会议或者村民代表会议的决定不得与宪法、法律、法规和国家的政策相抵触，不得有侵犯村民的人身权利、民主权利和合法财产权利的内容。村民自治章程、村规民约以及村民会议或者村民代表会议的决定违反前款规定的，由乡、民族乡、镇的人民政府责令改正。"

③ 蔡小娥：《解析乡村治理语境下的村规民约》，载《学习月刊》2013 年第 9 期。

的"权威性"。政府的行政确认行为具有公示公信的效力，村民不会甄别乡镇政府是登记式备案还是实质性审查备案，只要是政府的行为，政府就应该承担责任。乡镇政府对村民提出是登记式备案，不能免除乡镇政府不当备案的责任。

乡镇政府实质性审查后，不能直接对其认为违法的村规民约改变、撤销或者宣布无效，但是可以不予备案并责令改正，实际上是行使"行政建议权"。乡镇政府要以书面通知或公函形式责令村组织自行改正，书面通知中应该详细说明理由，并提示复议机关名称和地址。① 乡镇政府的书面通知或公函，自治组织应该在村务公开栏及时公示，以便村民知晓。当然，自治组织可以接受其建议，也可以拒绝。未备案的村规民约，不具有"官方"认可的效力。

二、人大监督——决议撤销与备案监督

对村规民约的违法监督，县乡两级人大有重要作用，县乡两级人大有权监督本行政区域内村规民约是否违法，并作出相应决议。《宪法》第 99 条规定："地方各级人民代表大会在本行政区域内，保证宪法、法律、行政法规的遵守和执行。"《地方各级人民代表大会和地方各级人民政府组织法》第 9 条第 1 款规定："乡、民族乡、镇的人民代表大会行使下列职权：……在本行政区域内，保证宪法、法律、行政法规和上级人民代表大会及其常务委员会决议的遵守和执行。"《村民委员会组织法》第 39 条规定："地方各级人民代表大会和县级以上地方各级人民代表大会常务委员会在本行政区域内保证本法的实施，保障村民依法行使自治权利。"《宪法》和法律赋予县乡人大监督宪法、法律、法规在本行政区域内正确实施的权力，《村民委员会组织法》是国家法律，县乡两级人大在本行政区域内也应当监督《村民委员会组织法》的实施。《村民委员会组织法》第 27 条第 2 款规定："村民自治章程、村规民约以及村民会议或者村民代表会议的决定不得与宪法、法律、法规和国家的政策相抵触，不得有侵犯村民的人身权利、民主权利和合法财产权利的内容。"这进一步赋予了县乡人大在本行政区域内对村民自治章程和村规民约进行法律监督的权力，县乡人大有权对村规民约与宪法、法律、法规和国家的政策相抵触的内容，以及侵犯村民人身权利、民主权利和合法财产权利的内容进行监督。

依据《地方各级人民代表大会和地方各级人民政府组织法》第 9 条第 2 项规定："……在职权范围内通过和发布决议"，县乡人大在监督过程中，发现辖区内某村的村规民约违法，可以作出相应的决议，宣布撤销。具体操作层面，乡镇人大经过审议后决议撤销的，应该附有三个限制条件：一是乡镇政府作出不予备案、责令改

① 《村民委员会组织法》第 36 条第 2 款规定："村民委员会不依照法律、法规的规定履行法定义务的，由乡、民族乡、镇的人民政府责令改正。"第 3 款规定："乡、民族乡、镇的人民政府干预依法属于村民自治范围事项的，由上一级人民政府责令改正。"

正的书面通知，自治组织不申请行政复议，也不改正，乡镇政府向乡镇人大报告，经过乡镇人大实质性审查，认为内容违法的，可以作出撤销的决议；二是人民法院裁定涉及侵犯村民权益的村规民约具体条款作为证据无效，应该发出司法建议书，建议该村规民约备案机构(乡镇政府)责令该村村民会议改正，自治组织拒不改正，乡镇政府向乡镇人大报告，经过乡镇人大审查，可以作出撤销的决议；三是为保证程序正义，乡镇人大作出撤销村规民约的决议后，在一定时限内(如30天)，自治组织可以向县人大常委会提出申诉，由县人大常委会做出终局决议，逾期不申诉的，撤销村规民约的决议生效。

县乡两级人大还有权监督本级政府及其部门对村规民约的指导和备案工作。《宪法》第110条规定，“地方各级人民政府对本级人民代表大会负责并报告工作”；《地方各级人民代表大会和地方各级人民政府组织法》第9条第8项规定，“乡、民族乡、镇的人民代表大会行使下列职权：……(八)听取和审查乡、民族乡、镇的人民政府的工作报告”，据此，乡镇人民政府应该向乡镇人民代表大会报告工作，乡镇人民代表大会当然有权听取和审查乡镇人民政府对村规民约的指导和备案工作。具体应从三方面进行监督：一是监督本级政府和民政部门，是否正确贯彻实施《村民委员会组织法》，认真履行职能，指导、支持和帮助自治组织制定和修改村规民约。二是监督政府做好村规民约备案工作。重点检查新制定和修改的村规民约是否备案，以及监督乡镇政府不予备案和责令改正的决定是否非法干预村民自治。三是积极引导人大代表关注村规民约工作，组织代表对本区域村规民约建设进行考察调研，提出意见建议，提升村规民约法治化水平。

三、司法监督——证据裁定与司法建议

司法监督是审查村规民约合法性的最后一道关口，也是维护村民权益的最后一道屏障。司法裁判权可以审查村民自治组织依据村规民约实施的具体行为，侵犯村民人身权利、民主权利和合法财产权利所引起的纠纷。村规民约在诉讼中不是法官裁决的法律依据或准据法，而应该是诉讼中一方的证据，村民自治组织不能以其是村民的集体决议就能当然证明其合法性和正当性，法官要对作为证据的村规民约进行合法性审查，内容合法就采纳，内容违法的就是无效证据，不能采纳。自治组织“具体的自治行为”因缺乏证据(“抽象的自治行为”——村规民约)，法院可以裁决撤销自治组织依据无效村规民约作出的“具体自治行为”。裁定生效后，法院应该发出司法建议书，督促乡镇政府责令改正和自治组织自行改正。

第一，法院能否受理村规民约是否合法的争议？司法监督涉及司法权与自治权的关系，还涉及司法监督与行政监督的衔接配合。[①] 村民通过村民会议制定村规民

① 谢秋红：《乡村治理视阈下村规民约的完善路径》，载《探索》2014年第5期。

约是一种“抽象的自治行为”，不是一种“具体的自治行为”。村民不能就其认为违法的村规民约文本内容向人民法院提起行政或民事诉讼，法院也不能单独就村规民约文本是否合法进行裁决；法院受理涉及村规民约争议的案由，是自治组织依据村规民约作出“具体的自治行为”，村民认为权益受到侵害，提起诉讼，法院可以受理此类侵权之诉，并审查村规民约作为证据的合法性。至于是民事诉讼还是行政诉讼，一种观点认为，认为村民与自治组织争议主要是民事权利义务方面的争议，村委会与村民之间是一种平等主体之间的关系，应当适用民事诉讼程序解决；另一种观点认为，自治组织的行为具有行政性，村民是弱势群体，适用行政诉讼程序更有利于维护村民权益，应当适用行政诉讼程序解决。目前，在司法审判实务中，既有作为民事案件审理，也有作为行政案件审理，需要在实践中进一步摸索经验。自治组织就乡镇政府不予备案的决定可以提起行政诉讼(前置申请行政复议)，因为乡镇政府不予备案的决定虽然不影响村规民约在自治体内作为“抽象自治行为”的效力，但是拒绝给予“官方”肯定评价，也可能涉嫌对合法的村规民约拒绝给予“行政确认”，诉讼的案由是乡镇政府的“行政确认”行为合法与否。

第二，法院能否直接撤销其认为违法的村规民约？主流观点认为，法院可以在具体案件中直接撤销其认为违法的村规民约，法律依据是《村民委员会组织法》第36条的规定和《物权法》第63条第2款的规定。[①] 笔者认为，这是对法律规定的误读，上述法律条款没有授予法院村规民约撤销权，也不能合理推论出法院有村规民约撤销权。前已述及，村民会议制定村规民约是一种“抽象的自治行为”，而《村民委员会组织法》第36条提及的“村民委员会或者村民委员会成员作出的决定……”以及《物权法》第63条第2款提及的：“集体经济组织、村民委员会或者其负责人作出的决定……”不是指村民会议“抽象的自治行为”(制定村规民约)，而是指集体经济组织、村民委员会或者其负责人的“具体的自治行为”(针对特定村民的决定)，法院可以撤销的是“具体的自治行为”，因为该行为违法。《村民委员会组织法》第36条和《物权法》第63条第2款并没有授权法院可以撤销村民会议的“抽象的自治行为”(制定的村规民约)。据此，集体经济组织、村委会者或者负责人根据村规民约的规定，实施具体的行为(针对特定村民的决定)，村民认为该具体行为侵害人身权利、民主权利和合法财产权利的，受侵害的村民可以诉请人民法院予以撤销。

司法审判实务中，村民会议决议达成的土地补偿费分配方案，在执行中侵害了部分集体经济组织成员合法权益，受侵害的集体经济组织成员要求法院撤销这个分

① 《村民委员会组织法》第36条规定：“村民委员会或者村民委员会成员作出的决定侵害村民合法权益的，受侵害的村民可以申请人民法院予以撤销，责任人依法承担法律责任。”《物权法》第63条第2款规定：“集体经济组织、村民委员会或者其负责人作出的决定侵害集体成员合法权益的，受侵害的集体成员可以请求人民法院予以撤销。”

配方案，但是司法实务中法官“不会判决撤销这个方案”。[①] 根本原因在于，“村民会议决议达成的土地补偿费分配方案”是“抽象的自治行为”，是法定自治组织村民会议制定的村规民约，不适用《物权法》第 63 条第 2 款的规定。集体经济组织、村委会者或者负责人依据该分配方案，实施的未给集体经济组织成员分配或未分配应得份额，是一种执行方案的“具体的自治行为”，法院可以适用《物权法》第 63 条第 2 款规定，为实现分配正义，撤销该未予分配的执行行为，判决补充分配。要对《物权法》第 63 条第 2 款进行目的性限缩解释，不能因为少数人分配权受到侵害，而把整个分配方案(“抽象的自治行为”)都撤销。当然分配方案中不利于受害人的那个规定，法院不能回避，应有适当处理方式，这涉及下面要讨论的第三个问题。

第三，法院能否直接裁定其认为违法的村规民约无效？村规民约不是法律，这是一个基本常识，《行政诉讼法》更是明确否定了村规民约作为审判的依据。[②] 据此，有观点认为，村规民约不具备诉讼法律效力。其实，《行政诉讼法》只是否定村规民约作为法院在行政审判中裁决的法律依据，并不意味着其不具备行政诉讼的其他法律效力。案件审理时，自治组织往往举出村规民约，证明自身行为的正当性。《行政诉讼法》排除了法院直接依据村规民约来审查村委会行为的正当性，但是并没有排除村规民约可以作为证据被自治组织用来证明自己行为的正当性。因此，村规民约可以作为证据而不是法院审理时的法律依据介入诉讼。如果是法律依据，法庭不能否定村规民约正当性，要裁判的是自治组织依村规民约而生的行为正当性；而作为证据，法庭甄别自治组织行为正当性时，应该首先对村委会行为的依据——村规民约正当性进行判断。如果合法，可以作为证据加于采纳，裁定驳回村民起诉。如果具内容或制定程序违法，则不作为证据采纳，自治组织的行为没有合法证据，可以裁定涉及侵犯原告权益的村规民约具体条款作为证据无效，确认自治组织行为侵权，支持村民诉求。当然，法院在裁判之后，应该发出司法建议书，建议该村规民约的备案机构(乡镇政府)，责令该村自治组织限期改正。

---

① 在中国裁判文书网(http://wenshu.court.gov.cn)上检索，未发现审理此类纠纷法院直接撤销分配方案的裁决。

② 《行政诉讼法》第 63 条规定：“人民法院审理行政案件，以法律和行政法规、地方性法规为依据。地方性法规适用于本行政区域内发生的行政案件。人民法院审理民族自治地方的行政案件，并以该民族自治地方的自治条例和单行条例为依据。人民法院审理行政案件，参照规章。”

第五章 依法确立违约责任强化村规民约效力

乡村治理法治化的过程就是制度权威不断建立、村民对法律以及村规民约的信仰不断形成的过程。美国著名法学家伯尔曼有言："法律必须被信仰，否则它将形同虚设。"从根本上说，村规民约的具体内容具备正当性和合理性，通过自治组织的积极倡导与组织践行，辅之以必要的道德激励和利益引导，让全体村民共信共行，才是村规民约产生实效的最理想状态。法国思想家卢梭曾说："一切法律之中最重要的法律，既不是铭刻在大理石上的，也不是刻在铜表上，而是铭刻在公民的内心里。"当前，一些地方把村规民约作为管理的工具或手段，设立的村规民约违约责任规则，突出其强制性和惩罚性，成了名副其实的"罚约"。村民被动、机械地服从村规民约，难以获得心理认知和情感认同，更难以达到信仰的程度。基层管理者和村干部之所以对"罚约"有独特的偏好，是因为它简单、"管用"、易于操作执行。但是，这些"罚约"涉嫌违反国家法律禁止性规定，破坏国家法治统一，侵害村民权益，不利于维护乡村和谐稳定。随着全面依法治国方略向农村基层深入推进，对村规民约中以经济处罚为主的各种处罚规则的规制尤为迫切，需要合理建立村规民约的违约责任规则，确保其既要"合法"，也要"有效"。

第一节 "有约必守"依托多元的社会强制力保障

各类规范的效力是指规则对其所指向对象行为的约束力或拘束力，是规则必不可少的要素，并以某种强制力为最终保障手段。法是由国家制定或认可的规范，以国家强制力为实施的最终保障手段，违法者要承担相应的民事、行政甚至刑事责任。村规民约作为全体村民共同意志的载体，在村域范围内具有普遍适用性，是规范村民行为、调整乡村关系、维护乡村秩序的依据，具有教育、引导、约束作用。村规民约不是国家法律，不能依靠国家强制力作为实施的最终保障；村规民约也不是政治规范，不能依靠政治组织的纪律作为实施的最终保障，村规民约是以某些社会强制力为遵守和执行的最终保障。① 村规民约依靠法律的间接认可、村民的信仰、传统风俗习惯、社会道德舆论，以及经村民会议议定的其他责任方式，促使村民自觉遵守。国家法律的拘束力是刚性的、外在的，村规民约的拘束力是柔性的、内在的。村民行为不仅需要外在刚性的约束，也需要内在柔性的约束。社会强制力没有国家强制的暴力性特征，但是基于其合意性，不仅对村民行为有软约束功能，在村民共信共行的日常践行中，还有一种硬约束功效，这种具有硬约束功效的社会强制力主要表现在如下方面：

一、法律对村规民约的认可

传统村规民约规制村民行为，如果超出族权、绅权的管制能力，就需要国家权力为后盾。许多村规民约通过报请官府审批、钤印颁布、径直送官等方式求得国家认可和支持，借助国家的名义树立起权威。② 实行村民自治以来，随着国家权力从乡村逐步上浮，现代村规民约既无人民公社时期国家行政力量作为保障，也无税费时期的经济资源作为支撑，在这种法定外力支持不足的情况下，约束力自然走向衰减。据孙龙先生对湖南秀村《村规民约》的调查，贯彻执行较好的内容，基本上是国家和基层乡镇政府交办的政务。③ 基层政府委托给自治组织的事项，体现在村规民约中，得到比较彻底的贯彻执行，其实质还是国家权力作为根本的保障。《村民委员会组织法》的颁布，为现代村规民约的制定和实施提供了法律保障。《村民委员会组织法》第 27 条规定，村规民约报乡、民族乡、镇的人民政府备案。基层乡镇人民政府对村规民约的备案，是一种行政确认行为，也是一种“官方”的认可。毫无疑问，备案了的村规民约比没有备案的村规民约，具有更强的权威性和更高的拘束力。另外，法律以默示的方式，认可村规民约规定一定的违约责任，如批评教育、通报曝光、责令恢复原状、赔偿损失等。当然，这种村规民约规定的违约责任规定必须不违反法律的禁止性规定，不侵犯村民的政治权利、人身权利和合法财产权利。

二、道德舆论的心理性强制

法律是显露的道德，道德是隐藏的法律，国家的法律秩序与共同体的道德秩序

---

① 廉睿、高鹏怀：《来自民间的社会控制机制——中国“民间法”的过去、现在和未来》，载《理论月刊》2016 年 2 期。

② 党晓虹、樊志民：《传统乡规民约的历史反思及其当代启示——乡村精英、国家政权和农民互动的视角》，载《中国农史》2010 年第 4 期。

③ 王雅莉：《村规民约的特征及其约束力分析》，载《黑龙江社会科学》2005 年第 6 期。

需要依赖某种集体的舆论保证社会秩序。① 作为一种实践性的社会契约，村民遵守村规民约与否，要接受舆论—良心的拷问，其社会强制性因此体现在村民所认同的道德舆论力量。不仅是村规民约中的一些道德性的规范主要依赖于村民自觉的遵守来实现，而且那些非道德规范，同样可以通过道德批判、舆论谴责等“众口铄金、积毁销骨”的心理强制方式，对村民进行教育引导，提高村民依约而行的规矩意识，体现一种道德舆论的强制拘束力。

传统乡村在封闭的地域范围内，村民生死相依、疾病相扶、休戚与共，公共秩序靠熟人间的“闲言碎语”即可维持，靠道德规劝和舆论引导亦可有效执行村规民约。现代乡村社会的流动性打破了村庄的封闭性，农民工离开家乡涌向城市，城市扩张又导致多元价值观逐渐向乡村蔓延，传统道德礼俗失去了固化的约束对象，“乡土本色”的道德舆论在市场化浪潮冲击下，渐行渐淡。同时道德权威的经济地位下降，使得规劝性的村规民约内聚力减弱，原有的道德内省的约束力不复存在。村民对道德秩序的心理基础也随着村庄离散化而消解，村民不愿卷入村中与己无关的各种“纷争”，不得罪人的实用逻辑开始盛行，村规民约基于道德舆论的约束机制受到挑战。

不过，在互联网迅猛发展的当下，村域的人与事，在强大的网络传播下，话语权掌握在更广泛的网民手中，道德舆论的影响力又有了重生和强化的趋势。村民作为自然人依法享有公民的隐私权利，网络使得诸多事从个人话题变成公共话题，赋予不特定的主体充当道德审判者。有网络影响力和话语权的网民，可以占据道德高点，对村民个体权益进行无形的压迫，又涉嫌以道德的名义侵犯村民的一些法定权利。法无禁止即自由，这是法律的谦逊，道德舆论也应有谦逊和克制，不凌驾法律之上，对村民个体保持必要的善意。

三、村民对传统习惯的信仰

村规民约的传统内涵使其既是一般民间公平正义的评判标准、乡土秩序的维护力量，又是人际关系和人际交往的黏合剂。② 传统乡村的村民依礼俗习惯行事，无所谓行使权利或履行义务的细分，礼俗习惯逐步内化为村民的内心信仰，约束着村民的行为，并成为比国家的“王法”还要管用的无形规范。蕴含传统习惯的村规民约符合当地实际情况、契合当地村民观念，保障村规民约有效实施。③ 传统礼俗习

① Robert · B. Shoemaker, “The Decline of Public Insult in London 1660-1800”, *Past and Present*, No. 169, November, 2000, p. 97.

② 王佐龙：《西部社会民族法律文化研究》，中国民主法制出版社2006年版，第194页。

③ 池建华：《通过村规民约的民事生活秩序维护——以1949年前的锦屏文书为例》，载《贵州民族研究》2017年第1期。

惯的拘束力不是源于自国家的理性构建，而是源自于村民长期共同生活所形成的一种集体意识的心理机制和价值判断。传统农民不会怀疑“传统”，而是将“传统”视为理所当然的“生活和工作必须遵循的正常方式”。①

当下，蕴含传统习惯的村规民约对村民的约束力渐趋弱化。首先，家族体系萎缩。传统村落包含相对封闭的众多家族人口，在长期共同生产生活中形成稳固的凝聚力。现今大量村民混合流动形成“两地”社会，村民的熟人圈子不断缩小和简单化，甚至简化为只包含其直系亲属。“大家族”变成了“小家庭”，家族的联系只是家族祭祀或是春节的短暂相聚，家族凝聚力减弱。其次，享受和劳动的关联度降低。为获得更大的经济利益，村民更多的是在村域之外以独立个体参与社会分工和分配，村级的享受和劳动对其不再重要，也不再对等，村民即使离开了农村，因其户籍仍保留在农村，村民不付出或少付出劳动依然可以依法享受相关村级福利和待遇。最后，传统权威受到尊重，但威严的约束力减弱。在重大节日或婚丧嫁娶时，尊重长辈的权威，可为活动的主人或主持者博得必要的情面，也增加了活动的仪式感和庄重感。但在重大公共事务商议时，村干部的权威或在外取得较大成就的经济权威、智力权威，话语权往往大于长辈权威。另外，传统的拘束力也面临违法的困境。例如，云南省金平县哈尼族山寨实行“开除村籍”的寨约，是哈尼族对不遵守村寨规约的村民，剥夺其在村寨除居住以外的一切权利的处罚，村民失去村籍意味着从自己赖以生存的社群生活中剥离出去。当下，这种沿袭了几百年甚至上千年的处罚规矩或习俗，因为涉嫌违法而应该废止，而且即使失去村籍也并不意味着没有新的生存和发展机会，村民向城市的流动使得这种处罚规定变得毫无拘束力。

同时，传统习惯的约束力一旦融合新的机制，又有渐趋强化的可能。对自发形成的地方性传统，进行现代化的改造，依靠某种社会组织和“乡土法人”的执行，可以产生新的社会强制性约束力。如西南地区有两个临近村庄，一个村吸毒成风，另一个村无人吸毒。原因在于当地有崇尚祭祖的传统，“无毒”村据此立下一条铁律：“谁吸毒就暂停谁一两年祭祖权利。”②这条规定十分简单，但很管用。又如，姓氏对中国人很重要，中国人自古以来一直将“姓”放在“名字”的前面，体现的是对老祖宗的尊重，“姓名”中的“姓”具有“别婚姻”的功能，体现着血缘传承、伦理秩序和文化传统，村民随父姓或者母姓是我国姓氏文化的重要体现，涉及公序良俗。据此，江苏省张家港市永联村制定的《村集体经济分配办法》中，以小孩姓氏来决定父母是嫁还是赘，从而判定小孩的父母是否享受村民待遇。因为按照农村的风俗习惯，娶媳妇和嫁女儿在礼数上有很大区别，招女婿就等同于娶媳妇。如果双方都是独生子女，在嫁娶的界定上就有些模糊。永联村的《村集体经济分配办法》

---

① [法]孟德拉斯：《农民的终结》，李培林译，社会科学文献出版社2010年版，第37页。

② 邓伟志：《社会风气的扶正祛邪之道》，载《探索与争鸣》2012年第1期。

规定“独生子女嫁、娶不明确的按小孩的姓来判定分配”，是遵循农村的风俗习惯来界定的。娶媳妇和招女婿生育的小孩就要随娶进方或招进方的姓，从小孩的姓氏上很清晰显示到底是招还是嫁。①

四、违约责任的约定及承担

村规民约是村民通过村民会议的组织形式，经过民主协商达成的合意，具有村民因自发同意而主动让渡其部分权利、自愿接受约束的社会契约特性。② 一经形成书面规范，即对村民产生“有约必守”的拘束力，这是村规民约作为实践性共同体契约的内在要求和必然结果。村民自愿信守按照自己意愿制定的契约，当然也包括自愿承担违反契约后的违约责任。村民守约而行是第一位的，而一旦违约而行就应该承担违约责任是第二位的。因此，为保证村规民约所规定的村民权利充分实现或村民义务的充分履行，村规民约还应该进一步设立违约责任条款。村规民约规范村民行为、调整乡村关系、维护乡村秩序的拘束力要清晰明确地体现在它的违约责任条款中。村民可以结合本村实际，通过合法程序在村规民约中设立违反村规民约的违约责任规则，建立将村民行为与村民利益或村民责任相互关联系的制度，有助于解决很多现实问题。当然，内容不能违反国家法律禁止性的规定，不能逾越法律底线，不能侵犯村民法定权利。

第二节　村规民约可否建立强制性的违约责任规则

好的责任制度可以使“恶念”受到抑制，而坏的责任制度会让“善行”四处碰壁。“法平无威则令不行”，有必要对村规民约中是否可以设立强制性违约责任规则进行深入分析，回答村规民约设立强制性违约责任规则是否具有正当性的问题。

一、村规民约不能设立罚款等违法的处罚规则

在当下村治实践中，处罚条款比较普遍存在于各地村规民约中，村委会根据村规民约处罚规定对村民进行处罚也很常见。基层管理者对处罚十分偏好，有的村规民约对村级公共事务的每一事项都制定了相应的经济处罚规则，成了名副其实的“罚约”。村委会根据村规民约对村民进行经济处罚，已经成为推进乡村依法治理进程中的焦点。

① 《永联村集体经济分配办法相关解释说明》，载中国永联村官方网站：http：//www.yonglian.gov.cn，2018 年 4 月 22 日访问。

② 王振标：《论村规民约的法治化治理》，载《行政与法》2016 年第 2 期。

案例：

村民为母亲办寿宴被“罚”650元①

曹某某是四川省达州市宣汉县南坝镇村民，按照当地传统的行孝祝寿风俗，在其母亲87岁时，为母亲办了寿宴，结果当天就被举报违规办宴席。随后，村委会要求曹某某提交一份检讨书并缴纳“违规办宴席认识费”650元。曹某某表示不解：自己是一个普通老百姓，按照当地传统为高龄母亲办了十多桌寿宴席，怎么就要缴纳650元“认识费”呢？村委会负责人表示，为了制止本村频繁办酒席的风气，此前出台村规民约，禁止任何形式、任何名目的大办酒席，由于曹某某违反了村规民约的禁止规定，故作出上述处理。

在部分农村地区，攀比严重、办酒成风、浪费频现。为遏制铺张浪费的现象蔓延，当地制定厉行节约的村规。虽然善意的初衷是可以理解的，但是这种处罚明显涉及经济惩罚，是否与国家相关法律法规有所抵触？是否侵犯了村民的财产权利？经济处罚直接涉及公民的基本权利和基本义务，因此村规民约中建立处罚规则应该慎之又慎。事实上，法律没有赋予村规民约行政处罚设定权，也没有赋予村委会行政处罚执行权，村委会召集村民会议制定的村规民约不能设立包括罚款等经济处罚在内的行政处罚，村民自治章程和村规民约所规定的行政处罚措施因违反《行政处罚法》而当然无效。《行政处罚法》把行政处罚设定权限定在法律、行政法规、地方性法规、部委规章和地方规章，不包括村规民约。② 另外，各级各类法律、法规和规章规定了行政机关、行政机关授权组织或者特定的行政机关委托组织行使行政处罚权的具体类型和权限大小，村民委员会虽然有时受乡镇政府委托，协助履行部分行政职能，但是本质上是村民自治组织，当然没有法定的行政处罚权。

因此，违反国家的法律法规和政策，村规民约设立非法剥夺村民法定的政治权利、人身权利和财产权利的处罚规定无效。侵犯政治权利方面，如剥夺村级选举与被选举权，限制村民依法提起诉讼和向上级有关机关检举、申诉和控告等；侵犯人身权方面，如对违规村民的打锣游街、变相限制人身自由的强制集中学习、“偷鸡摸狗，吊打屁股”等对抓获的小偷小摸者围殴羞辱、强制义务劳动等；侵犯财产权利方面，如提前收回农户合法承包经营的土地、取消村民待遇或在一些集体经济比

---

① 张杨：《村民为母亲办寿宴被“罚”650元，宣汉村规民约引争议》，载《成都商报》2016年8月24日。

② 《行政处罚法》第2条规定，“行政处罚的设定和实施，适用本法”；第9条至第14条规定，限制人身自由的处罚只能由法律设定，行政罚款的设定权在法律、行政法规、地方性法规、部委规章和地方规章。

较发达的村庄取消集体收益和福利的分配权等，这些规定都明显逾越了国家法律法规和政策的底线，既是对村民权利的一种侵害，也破坏了法治的统一，损害社会的公正和法律的权威，不利于维护乡村的和谐稳定。

二、村规民约可以设立社会强制性的责任规则

《行政处罚法》排除了村规民约的“行政处罚”设定权，因此村规民约没有行政处罚设定权，村委会也没有行政处罚执行权。《行政处罚法》是调整国家行政机关“行政处罚权”的配置和运行的法律，村委会是村民自治组织，不是国家行政机关，《行政处罚法》并未禁止村规民约设立其他违反村规民约的具有社会强制性的违约责任规则，并由村委会组织执行。

理论上，村规民约应该整合四个方面的社会权力：一是在社会冲突中所发生的横暴权力；二是在社会合作过程中形成的同意权力；三是在社会继替过程中形成的长老权力；四是在激烈社会变迁过程中发生的时势权力。[①] 这四种权力还能在当代中国农村强化村规民约的效力吗？黑恶势力、宗族“房头”等横暴权力为法律所规制，更毋论用“拳头说话”确保村规民约的实效；“长老权力”在急剧变化的乡村社会，日益成为一种道德权威；拥有“时势权力”的村庄强人可以通过民主选举成为合法的村“两委”成员，并能通过个人权威确保村规民约在其“当政”时得到有力执行，而一旦落选则“人走茶凉”；唯有“同意权力”可以强化村规民约的拘束力，行使这种同意权力，当然包括全体村民民主约定(“同意”)设立具有社会强制性违约责任条款。

实践中，由于社会生活的丰富多彩、传统习俗五花八门、社会认知的千差万别，法律无意也无能对多样性的社会秩序作出强制。又由于法律的滞后性，对社会变迁保持审慎的矜持。所以，法律谦卑、无奈甚或是主动地让渡出社会空间，交由社会去治理，“上帝的归上帝，恺撒的归恺撒”。如某户村民长期随意倾倒垃圾，很难想象通过国家立法来禁止这种行为，也很难想象通过收集证据并启动民事诉讼程序的方式打赢这场官司。又如某户村民长期放养牲畜致使其他村民的庄稼被践踏或啃咬，受损村民是否会倾向于爬山涉水到更远的地方要求司法鉴定和诉讼救济？对待这些情况，“法律下乡”是无力和苍白的，法律管不了、也管不好，只能制定村规民约并设立村规民约的违约条款，要求违约村民承担责任，实施一种更及时、更有效的村域内的社会强制。另外，现代村规民约中除了那些指导性、号召性、激励性、宣示性等规范之外，还有诸多实质性影响村民权利义务的规范，这些规范全部依赖于村民的内心自觉来实现，可能只是美好的愿景。“徒法不足以自行”，[②] 这

---

① 丁炜炜：《乡规民约与国家法律的冲突与协调》，载《理论月刊》2006年第4期。

② 《孟子·离娄上》。

就需要在兼顾权利和义务平衡的基础上，构建现代村规民约的社会强制性的约束机制。

基于理论上"同意权力"的应然逻辑或全体村民的权利让渡，以及实践中村民自治的现实需要，村规民约作为自治性的公共契约，可以设立具有社会强制性的违约责任规则。诚如罗素所说：若理性不存在，则善良无意义。提高作恶的成本，坏人自有约束；加大合作的砝码，好人自会选择。国家法律对村规民约的认可、村民对传统惯习的认同和信仰、道德舆论评价对村民的心理强制，可以形成一种村规民约外在的社会强制力基础，村民更可以合意约定相互之间的权利和义务以及违反相应约定的责任，实现一种"有约必守"的内在强制力基础。村规民约可以整合外在的与内在的社会强制力，设立复合性的具有社会强制力的违约责任条款，根据村民违反村规民约的程度、损失的大小、态度的好坏等给予适当的强制。强制的形式一般有批评教育、公开检讨、赔礼道歉、赔偿损失，当然还可以包括一定形式的经济性约束。建立具有社会强制力的违约责任规则的目的，不是利用村民"畏惧处罚"的心理，让村民不敢去做那些违反村规民约的事。"畏惧"并不是人类行为最强烈的动机，自尊、友爱和逐利对人类行为的支配力，比"畏惧"强大得多，具有社会强制力的违约责任规则旨在激发村民对人格尊严、自身利益和集体利益的关注，有助于建立社会秩序，实现制度正义。

设立具有社会强制性的违约责任规则要合法。一是依法应由国家法律专属调整的事项不能约定。对村庄内侵害村民或村集体权益的具有社会危害性的违法和犯罪行为，依法应该接受行政或者刑事处罚的行为，不能通过简单的赔偿或补偿解决，俗称的"私了"不能与法律和政策相抵触。有些村规民约规定本村遇有纠纷未经村委会同意，不许上告，违者罚款，导致严重的人身伤害案件、大额财产侵权案件等刑事案件，都通过"私了"方式处理，使侵权人或犯罪嫌疑人逃脱应有的法律制裁。行政和刑事案件的管辖权是专属国家的权力，村规民约的越位行为必然损害国家法治的统一和实效。二是村民法定的专属权利不能进行约定。村民资格及相应的权益、土地承包经营权及流转权、符合条件的村民获得国家福利和社会保障权益，依法应该属于村民的专属权利不能约定剥夺和减损。由于资源的有限性，把资源最大限度地分配给内部成员，在一般村民看来理所应当，导致一些村规民约倾向于规定剥夺违约者的集体经济组织成员资格，或者剥夺村民的土地承包经营权及流转权（如责任田的分配和征地补偿的分配等），或者剥夺村民平等享受国家福利和集体福利的机会，这些规定都是完全违法的。

三、经济性责任规则是合法的社会强制性规则

设立与利益相联系的经济责任条款，是一种集体的自治强制，也是一种村民约定的社会强制。不同于行政处罚的国家强制性，而是具有自愿性、合意性和强约束

性的社会强制特征。通过与国家法律的有机契合、合理确定经济性违约责任标准，经济性违约责任的设立具有制度性治理的价值。传统宗族社会运用族产赏罚推动村规民约的有效实施。当下我国东部和其他少数发达地区的农村，更是基于强大的村集体经济资源，促进村规民约的实施。适当地利用经济制裁是一个客观存在的事实，更是现实的需要。① 例如，广东省白云区部分农村的村规民约规定，村民因重婚、姘居等违法行为与配偶离婚，其在村里的股份转为原配偶享有。② 这种责任条款有村级经济利益作为保障，约束力不可小觑。

为增强民主治理的科学性，借鉴民事契约的自愿性要素，构建村规民约"合意性"强制规则，设立经济性违约责任规则。具体而言，"经济性违约责任"是指全体村民通过村民大会的组织形式缔结村规民约时，针对村庄范围内特定的侵害村民或村集体权益的行为，或者造成村民或村集体利益损失的行为，以及扰乱公共秩序、破坏公共环境、违背社会公德等行为造成的显性或隐性损失，根据过错程度大小和利益损失多少，通过民主协商，结合村情民意，概括性的约定违约村民的经济损益方案，并授权村委会执行，以弥合法律救济之不足，引导村民确立义务观念和责任意识，有效维护村民和村集体权益，创造稳定和谐的公共秩序和公共环境。村规民约的经济性违约责任规则大致有两类，一类是肯定性或鼓励性规则，往往有一定的物质奖励，引导、教育、督促村民的行为；另一类是否定性或是禁止性规则，往往有一定的经济责任。村规民约设立经济性违约责任规则与法律设立行政处罚等强制规则不同，通过村规民约实施的经济约束不是国家经济处罚暴力性的机械缩影，村规民约更多强调及时有效的利益平衡和村集体的公共救济，行政处罚注重国家整体利益和国家暴力保障。

经济性违约责任的标准要"适当"。村民在村民会议上讨论承担经济性违约责任的标准时，要坚持客观标准和主观标准的统一，坚持合法、合理、合情的统一，坚持教育、警示、惩罚的统一。"适当"要求全体村民在缔结村规民约时要谨慎斟酌，首先要避免纯市场价格趋向，即所受损失在市场上的交易价格是多少，就赔偿多少；另外要避免随意和简单化的"重责"倾向，即单纯依靠经济手段来遏制村民的某种行为。技术上可以设定一定幅度根据实际情况来把握和裁量，构成上应该主要包括直接的经济利益损失或者是可以预见的损失，适当考虑额外增加的管理成本和惩罚性因素。原则上，要结合村情，综合考虑村民的过错程度、过错情节、损失大小或收益情况、当地人均生活水平、村民的收入状况、村民承担责任的经济能力

① 孙韡：《试析村规民约设置惩罚条款的合法性》，载《贵州民族大学学报（哲学社会科学版）》2012 年 5 期。

② 王雅莉：《我国农村村规民约的特征及其约束力分析》，载《黑龙江社会科学》2005 年第 6 期。

等因素。另外，对于具有强烈的地方和民间性的利益损失，还要考虑互惠的人情因素，作出较为精确的界定。

经济性违约责任的执行要规范。进一步规范村委会的经济性违约责任的执行和强化对村民的救济。实践中，大多由村民委员会来执行，也有的地方成立了专门的村规民约监督或执行小组，有的甚至要求乡镇政府协助执行。[①] 经济性违约责任在执行时，要贯彻治理的思维，禁用家长式的强制执行方式。通过村委会的耐心细致的批评教育、劝导、调解告诫和说服等柔性方式，获得村民对执行经济性违约责任的情感认同和法理认同。任何规则只有内心服从，内化为行为自觉，才能体现良好的规则之治，正如费孝通先生所言："乡土社会的信用并不是对契约的重视，而是发生于对一种行为的规矩熟悉到不假思索时的可靠性。"[②]另外，经济性违约责任的款项去向很关键，可以用于赔偿或补偿村民损失，溢出部分用于公共事业，并接受村民监督。

第三节　融合多元社会强制性的经济责任规则类型

制度的精髓不在于强制，而在于对被执行者利益的拉动。行为主义理论发现，人的行为具有效应感，外部环境刺激与人的行为具有关联性。[③] 在村规民约实施过程中，村民是极为重要的主体。当村民意识到自己的行为能够带来更大的回报或者导致更大的损失时，就越会选择积极参与或者主动放弃这种行为。经济利益连带作为村集体与村民之间的关联纽带，直接关系每个村民的得失，建立起将村民的行为结果与个人在村集体可获得利益相联系的责任制度，能解决很多村级公共性治理难题。

一、民事侵权赔偿或者补偿的预期约定

村民之间发生争议或纠纷之后，仅凭村民私力救济，有时碍于面子和人情开不了口，即便开口了，惹事者一句"有本事告我去"，往往不了了之；而村干部介入，村民对其"管闲事"的抗拒或者对其公正性的怀疑，往往费时费力、久拖不决；而借助国家公力救济，更是一件在村民看来十分"奢侈"的事，官司无论谁输谁赢，

① 王杰、吕盼：《新时期我国村规民约的完善》，载《山西农业大学学报（社会科学版）》2014年第3期。

② 费孝通：《乡土中国　生育制度》，北京大学出版社1998年版，第10页。

③ 行为主义理论诞生于19世纪末、20世纪初，行为主义研究最早始于美国心理学家华生，他认为心理学研究的对象不是意识而是行为，主张研究行为与环境之间的关系。随后，斯金纳引入了操作性条件来研究行为，认为行为可以分为两类：一类是应答性行为；一类是操作性行为。并在此基础上提出了"强化理论"。其后，班杜拉又提出了社会认知行为主义。

都易导致双方老死不相往来。长此以往，影响村庄内部和谐稳定的应力增大，极易小事拖大。在村庄社会生活中，村民侵犯他人或集体权利的情况时有发生，或者客观存在着他人权利或集体权利因为村民正当行为遭受损失的事实。依据有关法律法规，结合本地乡风民俗，针对经常出现的一些矛盾纠纷，经过民主协商，达成一种制度性调解预案，概括性的约定赔偿或补偿的标准，节省今后纠纷调处和矛盾化解的时间成本和人力成本，不仅处理效率高，而且社会效果良好，具有高效调解的价值，这种治理创新是乡村治理现代化所应该提倡的。实践中有的村规民约冠以"罚款"的条款，细致甄别之下，这种"罚款"的法律性质其实是民事赔偿或者补偿的预期约定。类似"损坏庄稼，罚款 10 元"的规定，虽然用了带有处罚之意的"罚款"二字，实则相当于补偿；有的村规民约规定损坏公共设施，可责令恢复原状、照价赔偿，这些措施实质上是民事赔偿或补救方法，不属于惩罚性质，具有合法性，应得到切实执行。①

案例：

江苏游客游安吉遭遇"村规民约"②

浙江省安吉县天荒坪镇横路村《村规民约》第 3 条第 3 款规定："偷砍淡竹、毛竹和其他竹类的，按当年市场价格 3 倍进行赔偿处理，其中大、中淡竹每根赔偿 2 元。偷挖竹笋的，大年毛笋每根赔偿 50～100 元(视情节轻重而定)，冬笋每根赔偿 10 元，小竹笋、鞭笋每根赔偿 3 元；晚上偷挖毛笋的，加倍赔偿。"江苏南通的马某驾车途经横路村时，下车就近掰了一根竹笋，被护林员和村民围堵，最终赔付 200 元方得脱身，马某在网上发帖陈述遭遇，引起网民的热议。安吉县旅游局得悉后会同镇、村负责人奔赴南通，当面向马某表示歉意，并只收取 1 元，退还马某 199 元，收取的 1 元象征性表示"竹笋赔偿费"。

毛竹生长分大、小年，该年安吉毛竹恰逢小年，村民都想让竹笋长成毛竹，十分爱惜，舍不得挖竹笋来吃。为禁止挖笋，当地制定村规民约，规定挖笋一根，按品种赔偿 50～100 元不等。一根竹笋赔偿 200 元，显然是带有惩罚性的"重罚"。马某虽然以外地游客的身份受到围攻并遭到重罚，但是当地旅游部门在事后补救中，仍然坚持收取了 1 元象征性表示"竹笋赔偿费"，说明村民的损失是客观存在的，按照村规民约进行赔偿，具有现实的合理性。当然，此类村规民约如果适用外地游

---

① 廖志诚、雷晶晶：《松溪县村民约"法"的实践与思考》，载《福建农林大学学报(哲学社会科学版)》2014 年第 6 期。

② 杨鋆晖：《江苏游客游安吉遭遇"村规民约"》，载《杭州日报》2009 年 4 月 9 日。

客，可以看作一种预示性提醒和宣告，应该在现场立有具有提醒作用的警示牌，否则有违程序正义。

对村庄内易发多发矛盾纠纷，通过全村村民的合议，约定补偿和赔偿方案，核心和关键是不针对特定的村民，针对的是之后的行为，类似一种抽象性“立法”，成为村庄内的公理、规矩。从概率上或者或然性来说，每个村民违约的机会是有的，村民一旦有约定的禁止行为发生，就不仅仅是村民与村民之间的事，也不是村民与村委会之间的事，因为村民坏了规矩、犯了众怒，实际上是村民自己的事，村委会的依约介入不亚于是对其一种“救赎”，村民该赔的赔了，该补的补了，不仅给大家一个说法，而且也从村民的舆论压力中彻底解脱出来，而受损害的村民和村集体的实际经济损失也能得到有效的弥补和恢复。

民法上的“适当赔偿”和“适当补偿”作为两种民事责任的承担方式，前者具有普通性，后者具有特殊性。赔偿因侵权、违约等过错而起，是指个体或者团体的行为损害了他人或者集体利益，应当按照过错责任原则，以现金或实物等物质方式给予受害方赔付；补偿是无过错形态下根据公平原则而来，适用于特定法律关系引起的纠纷，是指个体或者团体得到他人的帮助并因此受惠，但施惠的个体或者团体有一定的损害，受惠人应当回馈一定的物质。民事赔偿或者补偿的预期约定必须紧紧围绕本地生产生活事务，着重对村民财产、婚姻家庭及村庄生产资料和生活环境的保护，着重调和村民之间、村民与村集体之间的矛盾，着重维护农村和谐稳定的生产生活秩序。按照公平正义的法治原则和公序良俗的道德要求，合理弥补法律规定的不足，对侵害国家、集体利益和其他村民的合法财产权利，扰乱社会管理秩序的行为规定经济赔偿和补偿责任，既要通过让责任人承担相应的经济责任，重塑村庄利益和秩序，也要通过合理的补偿机制，弘扬“德业相劝、过失相规、礼俗相交、患难相恤”的传统美德，厚植村民相互谅解、相互信任、相互协作的基础。

二、传统习惯中共益互助性抵偿“罚则”

传统村规民约通过伦理道德的教育以及相关惩罚机制的约束，维持着传统乡民社会秩序。历史上在清末民初的讲乡约运动中，出现“村范”与“村禁约”相并行的规约。“村范”规范村民的日常言行，“村禁约”则列举消极事项加于禁止，违约有罚，情顺理安。“村禁约”以约定俗成的非正式形式，从村民以往的经验中被村规民约调动出来，捍卫村庄层面上的集体凝聚和团结，在营造、维护村庄共同体的和谐中起着至关重要的作用。

环境就是民生，青山就是美丽，蓝天就是幸福，“绿水青山就是金山银山”。良好的生态环境是最公平的公共产品，是最普惠的民生福祉。在浙江镇海澥浦镇的十七房村，其环村河岸边竖有一块为保护河道清洁而设立的“禁碑”。碑上刻着禁止在河边放牛羊、禁止堆积杂物、不准投放污物等，如有人违反，就会罚他送给每家每户一个馒头。因为“馒头令”的存在，在十七房村，条条河流水洁如镜，经久不涸。[1] 污染了河流，就要给每家每户一个馒头，可谓是一种“惩罚”式“捐赠”，但是作为一种地方性河流治理的乡规，却得到了普遍遵循和认同，必然有其深层次合理性。村民在长期实践中摸索出的“馒头令”，可以有效防止破窗效应，让后来者敬而畏之。万一有违反者，馒头的送出，可以用弥补性的行动求得他人谅解，他人也可以从违反者制作并送出馒头的成本支出中得到警示和教育，类似性的规则还有请全村看一场电影等。“惩罚”措施实质，是创造条件让那些村民“将功补过”，是一种共益性经济责任。

案例：

黔东南苗族村“罚3个120”习惯法[2]

“罚3个120”是黔东南苗族延续已久的处罚传统，至今在雷山、台江、从江等县农村还在适用。[3] 村规民约中规定，对村规民约违犯者令其拿出120斤大米、120斤酒、120斤肉来供全村各户代表集中就餐，当村民到达指定聚餐地点后，先由寨老或村干部说明聚餐的缘由，再由纠纷当事人达成和解并当众保证不再发生此类纠纷。整个就餐过程中，人们围绕维护地方社会秩序、发展农业生产等方面边吃边谈。

对于经济不宽裕的苗族村民来说，这种处罚可谓是一种“重罚”，但是得到了苗族村民的高度认可和严格执行，纯朴的苗族村寨很少有违反寨约的事情发生。“吃一餐”只是一个外在的形式，在村寨社会具有惩罚、警示、宣泄、娱乐、教育等多种功能。让纠纷当事人在村里人面前化解纠纷，通过当众宣告对违犯规约者的处罚，警戒潜在违犯者，通过聚餐化解积蓄的矛盾，教育了村民，增强了村寨凝聚力。实际上，“公地悲剧”的治理是一个历史的、世界性的难题，每一个违反者的行为损害可以小之又小，可是人人如此，则会带来公共性的危害。[4] 村民基于自治

---

① 毛广绘：《浙江各地竞晒传家宝——村规民约，生活中的价值观》，载浙江在线网站：http：//zjnews. zjol. com. cn，2018年7月7日访问。

② 文新宇：《“供全村吃一餐”的处罚规定所反映的苗族习惯法文化》，载《甘肃政法学院学报》2010年第11期。

③ 徐晓光：《“罚3个120”的适用地域及适应性变化》，载《甘肃政法学院学报》2010年第1期。

④ “公地悲剧”是由英国学者哈丁（Hardin）在1968年《科学》杂志上发表的《公地的悲剧》文章中提出的。2009年，奥斯特罗姆在其公共政策著作《公共事物的治理之道》中，针对“公地悲剧”“囚徒理论”“集体行动逻辑”等理论模型进行分析，从小规模公共资源问题入手，开发了自主组织和治理公共事务的创新制度理论，为解决“公地选择悲剧”开辟了新的途径。

权力，在村规民约中规定维护村公共利益的互助共益性抵偿规则，违约者承担一定的经济责任，是治理村域“公地悲剧”的一剂良方。诚如涂尔干在《分工论》中所指出的那样，惩罚那些违背集体规范和命令的行为，可以抚平集体感情的创伤，满足共同意识，具有保护社会的功能，并在本质上展现机械团结或至少展现这种团结最基本的要素。因此，依托抵偿性的传统习俗，让村民赎回触犯集体感情的“罪过”，可以增强村庄内部凝聚力和归属感。

三、刚性约束村官与柔性引导村民规定

对违反村规民约者设立经济性违约责任规则要一律平等，但是对村干部和党员，可以更加严格。村规民约的实施，多发挥身边榜样的模范，多发挥村干部和党员、乡贤和乡村精英的带头引领作用，倡导与践行社会主义核心价值观，教育和引领村民，加强村风民风建设。

案例：

村民抽烟超过每盒 2 元受罚

湖北省襄阳市保康县马桥镇尧治河村 2014 年 7 月出台《婚丧喜庆事宜管理办法》，提倡勤俭节约，杜绝铺张浪费，规定村“两委”班子成员吸烟不得超过每盒 10 元，酒不得超过每瓶 60 元；普通村民家庭吸烟不得超过每盒 2 元，酒不得超过每瓶 20 元。该办法还对“超标”行为的处理做了规定：取消当事人家庭一切福利待遇，并对领导家庭处以 1 万元罚款，普通村民家庭处以 2000 元罚款。随后，村民严某因丈夫去世办理丧事，村民周某因庆祝生日办理酒席，使用了批发价为每件 220 元(6 瓶装)的稻花香酒及每盒 18 元的黄鹤楼香烟，违反了村规。经过调查核实，村委会在全村对严某和周某通报批评，并分别给予 2000 元的罚款，并教育村民引以为戒，发扬勤俭持家的优良传统，做文明村民。①

村规民约设立经济性违约责任规则的前提一要合法，二须自愿。对一般村民群众，婚嫁娶丧事宜，完全是个人行为，进行道德层面引导是可行的，但任何组织都不能强制其为之，村委会更无权擅自罚款。即便该决定出台程序合法，其内容也不能侵犯村民合法权利。村干部和农村党员掌握一定的公权力，其办理婚丧嫁娶事宜理应受到监督。为遏制敛财不正之风，弘扬勤俭节约美德，农村党员和村干部可以

① 素材来源于杨韬、章治兰：《村规要求村民吸烟不得超 2 元/盒　村民抽黄鹤楼被罚 2 千》，载《楚天快报》2014 年 10 月 15 日。《武汉晨报》、《楚天都市报》、《京华时报》、人民网、中国广播网等均有大量后续评论报道，一时成为舆论热点。

根据党的纪律对村民进行自我承诺，村规民约可以根据承诺的意愿，针对党员和村干部设立更严格的经济性约束责任规则。

四、集体利益或福利的激励性分配方案

强制性规则的构成要素一般由假定、行为模式和后果构成，而后果又分为肯定性和否定性后果，即制裁和奖励。因此，强制性规则的构成不必一定选择制裁，应注意使用多元化的手段，可以采用以奖代罚的策略，以奖励为要素构成一个完整的规则。一般而言，村民应当享有均等分配集体经济利益和享受集体福利的权利，基于性别、婚姻、年龄不同，在村规民约和分配方案中约定的不平等、歧视性内容必须废除。但是，集体经济利益或集体福利的供给者是村集体，村集体当然可以根据村民遵守村规民约的情况，对于村集体公共利益和公共事务的贡献大小，约定非歧视但有差别的分配。因此，集体经济有一定基础和条件的村，在制定村规民约时，可以把村民是否遵守村规民约与集体利益或福利分配挂钩，对于经评议认定个别“不自觉”违反了村规民约的村民，适当减少一定的集体经济利益或村级福利待遇；对于经评议认定模范遵守村规民约的村民，适当增加一定的集体经济利益或村级福利待遇，如对孝敬老人的子女在分配集体收益与福利时予以倾斜，除了经济层面的激励外，也从正面倡导孝敬老人的优良风尚。

案例：

《永联村“文明家庭奖”考核实施办法》部分条款①

第三章　奖　励

第一条　自主创业类。法人代表为社员、证照齐全的个体户或私营企业，能模范遵守国家法律法规，照章缴纳税费；秉承诚信经营理念，无不良经营记录的，年底可凭营业执照正本、复印件及纳税证明，对照标准享受奖励……

第二条　敬业奉献类。工作表现优秀，当年被工作单位或行业协会、政府部门评为先进工作者、劳动模范的，年底可凭员工证及其复印件、获奖证书、单位证明(加盖公章)享受奖励……

……

第四条　孝老爱亲类。被永合社区评为“孝老爱亲模范”的，加1分；孝老爱亲事迹获镇政府表彰的，加3分；被县级市政府表彰或事迹被县级市宣传部定为典型的，加10分；被地级市政府表彰或事迹被地级市宣传部定为典型的，加20分；

---

①《永联村“文明家庭奖”考核实施办法》，载永联村官方网站：http://www.yonglian.gov.cn，2018年4月22日访问。

被省政府表彰或事迹被省宣传部定为典型的，加 50 分；被国家表彰或事迹被国家宣传部定为典型的，加 100 分。

第五条　互帮互助类。1. 长期无偿照顾无亲缘关系鳏寡孤独、弱势群体，被照顾对象亲属或楼道内群众推举并经查实的，加 10 分；……

第四章　处　罚

对违反文明守则的社员，按以下标准进行考核扣分：

第一条　违法违纪类。1. 凡被公安机关处以行政拘留的，扣 50 分；被判以刑事处罚的，受处罚当年扣 100 分，第二年度开始家庭成员不与其联动考核，刑期结束恢复联动考核关系。2. 为卖淫嫖娼、聚众赌博、非法组织等违法活动提供场所，被公安机关查实的，扣 50 分。3. 吸食毒品，被公安机关查实的，扣 100 分。4. 不履行《兵役法》规定的义务，扣 100 分；违反《义务教育法》的，扣 100 分。5. 盗窃、侵占财物，故意损坏公私财物，被公安机关查实，但未被处以行政拘留或刑事处罚的，除照价赔偿外，视情节轻重扣 20~50 分……

第二条　公共管理类。1. 无故缺席经济合作社、社区各项活动，每次扣 1 分。2. 无证养动物的，每只扣 1 分；咬伤他人除赔偿外，扣 5 分。3. 燃放烟花爆竹造成人身、财产损害的，除赔偿外，扣 5 分。4. 违反规定存放易燃易爆危险物品的，扣 50 分；属累犯者扣 100 分。

第三条　物业管理类。1. 装潢未到物业部门备案认可的，扣 2 分。2. 违反物业管理规定，擅自改变房屋内部主体结构或房屋外貌的，扣 20 分；拒不整改的，扣 50 分。……

第四条　职业发展类。1. 有劳动能力，对安排的工作挑三拣四，或不劳动跟集体无理取闹要救助的，扣 5 分。2. 不走正常的劳资协商程序，有意煽动、发动罢工，造成恶劣影响的，扣 50 分；参与罢工的，扣 10 分。

第五条　学习管理类。1. 不尊敬师长，言行举止不文明的，扣 1 分。2. 学习态度不端正，经常旷课、逃学的，扣 2 分。……

第五章　具体实施

第二条　百分制考核。“文明家庭奖”以户为单位进行考核（以派出所户籍为准）。当年度该户所有家庭成员未加分/扣分的，则该家庭当年可获的全部奖金和各项福利待遇为：家庭成员数 * 1000 元+全年各项集体奖励和补助。当家庭成员每加/扣 1 分，则该户当年各项福利待遇及奖金总额上/下浮动 1%，即年终分配额 =（参与考核的家庭成员数 * 1000 元+全年各项集体奖励和补助）*（1±1%）。

第三条　待遇挂钩考核。社员的文明行为与社员在村经济合作社享受的集体奖励和补助，具体包括：文明家庭奖、拆迁生活补助费、养老金补助费、在校学生助学金、城保补助金、合作医疗补贴、退休党员补助共七项。

附则　第一条　文明家庭奖考核实施工作由村经济合作社社务管理部负责。

江苏省张家港市永联村着力推进社会主义新农村建设，城乡一体化建设走在了全国前列，曾经成为上海世博会乡村建设展览两个入选案例之一，展现出我国新农村建设的现代画卷，展示了中国农民引以为豪的幸福生活。永联村为弘扬社会主义精神文明，践行社会主义核心价值观，建立积分制，以积分为权重按照人均1000元/人/年/100积分的标准给予村民奖励。内容包括：对考上大学者进行金钱或物质奖励、对计划生育落实家庭进行奖励扶助、对其他有特殊贡献的个人进行奖励等，激励村民更好地去遵守村规民约。永联村的经济性责任规则，具有自治性强约束力，实际上是村集体对违约村民在分配具体利益和福利上的“少予”，是合法的；而自治组织对村民的罚款是“索取”，是剥夺村民既得的财产利益，是不合法的。当然，这种“少予”也必须程序合理、合法，需要建立完善的评价体系和评价机制，经过一系列的评议、评分、公示程序，遵循权利义务对等的原则，才能加以执行。一个好的责任制度可使人的坏念头受到抑制，而坏的责任制度会让人的好愿望无从践行。建立将结果与个人责任和利益相联系的制度，能解决很多乡村社会治理的难题。

第六章　夯实德治、法治、自治相结合的内容

制度理性要在给定的社会基础之上发挥作用，助力乡村振兴，夯实村规民约的具体内容，不能先验地人为建构一种规则，或者从书本上学理性的条条框框中勾勒路径，而是要以治理现代化的视角，从丰富的乡村振兴实践中提炼经验，对乡村社会关系给予合理的制度表达，成为村民习以为常的生活方式和合乎人心的自然正义。这不仅需要顶层制度设计与基层群众意愿紧密契合，还需要结合时代发展和社会变迁，深刻把握现代乡村变化了和变化着的社会关系，促进乡村振兴理论与乡村具体实践自然融合。赋予村规民约更多时代内涵、民主养分和法治精神，使村规民约内容更丰富、内涵更丰盈、规范更显效，使之更好地内化于心，外化于行。具体而言，契合"产业兴旺、生态宜居、乡风文明、治理有效、生活富裕"的乡村振兴总要求，建立健全德治、法治、自治相结合的现代村规民约。首先，应与社会主义核心价值观一致，以德治强化共同体价值理念的支撑，实现乡风文明；其次，要厉行法治，注重与法律的衔接与互动，实现产业兴旺和生活富裕；最后，要协同多元乡村组织章程深化自治，提升村民获得感和幸福感，实现治理有效和生态宜居。

第一节　德治：倡导和践行核心价值观实现乡风文明

国无德不兴，人无德不立。农民的道德素质、精神状态，是国家发展活力的重要体现，也是推动乡村振兴的重要因素。道德规范是维系农村社会秩序的隐形支柱规范，当前有失范之虞，出现物质生活享乐化、精神生活颓废化、家庭生活逐利化等现象。为此，要"深入实施公民道德建设工程，挖掘农村传统道德教育资源，推进社会公德、职业道德、家庭美德、个人品德建设。推进诚信建设，强化农民的社会责任意识、规则意识、集体意识、主人翁意识"①。顺应新时代乡村振兴的需要，依托村规民约塑造农民的价值观，弘扬乡村伦理道德，要根据村风民情，倡导社会主义核心价值观，进一步构建践行社会主义核心价值观的合理机制，有效整合传统乡村伦理道德的合理部分与现代乡村伦理道德的核心理念，建成新型乡村伦理道德

① 中共中央、国务院：《关于实施乡村振兴战略的意见》，2018 年 1 月 2 日。

共同体。让每个村民都成为社会主义核心价值观的践行者，继承和传扬中华优秀传统文化和传统美德，讲道德、守道德，追求高尚的道德理想，为实现乡风文明奠定坚实基础。

一、融入文本：核心价值观的乡土表述

社会主义核心价值观，即“富强、民主、文明、和谐；自由、平等、公正、法治；爱国、敬业、诚信、友善”，从国家、社会、个人三个层面阐述了核心价值观的准则，它是实现伟大中国梦的精神力量，是建设和谐社会的思想保障，是塑造文明中国的道德基石，对农村精神文明建设具有重要指引意义。村规民约要通过对核心价值观理念的传达、内容的打造、形式的创新，进行本土化的阐释，固化为制，成为村民自觉遵循的准则，推进个人品德、家庭美德、社会公德教育，增厚道德土壤，引领村风良俗。

第一，胸怀富强、民主、文明、和谐的价值追求。对“富强”的追求，村民可以感知的就是农村实现全面小康，这也是全面实现小康的关键。“小康”理念出自《礼记·礼运》，是中华民族自古以来追求的理想社会状态，打赢扶贫攻坚战，建设社会主义新农村，体现了对富强价值的追求。“民主”与“文明”，是近百年来民族复兴孜孜以求的目标，村规民约要实现传统道德伦理的现代化转换，必须将传统乡村“差序格局”的内涵调整为现代社会“等序格局”的理念，从传统家族中的群体人格向现代社会的独立人格转变。“和谐”则承继了传统“和”文化精髓，中国人文精神具有强调和谐的一面，强调人与自然、人与家庭、人与集体、人与人的和谐。

第二，树立自由、平等、公正、法治的价值取向。“自由”，农村社会的活力来自改革释放的充分空间和自由。不管是从最初“大包干”改革到社会主义市场经济体制的确立，还是从发展更加广泛、更加充分、更加健全的基层人民民主，到推进城乡一体化发展，都是为了让农民的创造力迸发出来。“平等”与“公正”体现对社会诉求的回应，要求赋予村民通过村民自治参与乡村公共事务的权利，要求让村民共享改革发展成果。“法治”，自由、平等、公正需要法治来保证，要吸收传统文化的营养，汲取德治礼序、崇德重礼的文化精华，坚持他律和自律相结合，发挥礼序家规、村规民约的教化作用，让法治与德治相得益彰。① 树立村民自由、平等、公正、法治的价值取向，对克服村民官本位观念、人身依附习惯、等级特权思想、公德缺失等弊端，唤起社会良知，维护社会理性，是不可或缺的。

第三，秉持爱国、敬业、诚信、友善的价值准则。“爱国”，传统文化中有许多精华的内容，如“忠孝”文化、“修身齐家治国平天下”与“家国一体”的家国情

① 习近平：《把培育和弘扬社会主义核心价值观作为凝魂聚气强基固本的基础工程》，载人民网：http：//politics. people. com. cn，2018 年 3 月 5 日访问。

怀，核心地位的“八德”即孝悌忠信礼义廉耻，以及修齐治平、崇德重礼等。村规民约可以保留其“敬”“爱”的成分，增以“人格平等”的新内容，把爱国和爱家统一起来，把家庭梦融入民族梦之中，汇聚起实现中华民族伟大复兴中国梦的磅礴力量。传承“在家尽孝”与“为国尽忠”的文化精髓，适用于当下社会，重构以感恩情怀和勇于担当为核心的时代担当；传承“国家认同”与“家庭自律”文化精髓，建构公共空间意识、强化内部自律意识；传承“以民为本”与“天下为公”的文化精髓，重构民生为先和国家为重的现代准则。“敬业”，深深融铸在传统乡村文化中。《礼记·学记》中提及“三年视敬业乐群”，《论语》中孔子有言“敬事而信”“言忠信，行笃敬”，《朱子语类》里讲“‘敬’字功夫，乃是圣门第一义”。正因为无数敬业者贡献智慧和汗水，我们的祖先才能创造出灿烂的农业文明，并不断延续。随着时代发展，不仅要求村民兢兢业业、任劳任怨，更要求村民勇于探索、锐意进取、不断创新。[①]“诚信”，是人类文明的灵魂，是个人品格的灵魂，也是民主制度的根基。诚信是价值观的重要内容，是村民口中的“说话算数”“不昧良心”。培育诚信精神，以道德自律来构建诚信社会，实现“老者安之、朋友信之、少者怀之”(《论语·公治长》)的和谐人际关系，实现“见利不亏其义”(《礼记》)或者“见利思义”，开展诚信创建活动，形成守信光荣、失信可耻的氛围；“友善”：传统伦理价值观中的“乌鸦反哺，羔羊跪乳”“百善孝为先”的慈孝观，以及亲仁善邻的“出入为友，守望相助、疾病相扶”的道德准则等，都可以引入村规民约，实现村民彼此尊重与关爱。村规民约对中华传统文化优秀价值观的概括、吸纳和借鉴，可以找到中华民族在精神价值追求上的最大公约数。

价值观的主体是人，是人民群众。倡导社会主义核心价值观，对村民提出了新的更高的要求，为村民指明了价值取向和行为规范的风向标。要“以社会主义核心价值观为引领，坚持教育引导、实践养成、制度保障三管齐下，采取符合农村特点的有效方式，深化中国特色社会主义和中国梦宣传教育，大力弘扬民族精神和时代精神”。[②] 村规民约要体现“正面引导，表彰先进，说服教育”的原则，通过氛围的营造和潜移默化的熏染，将蕴含社会主义核心价值观的制度文本还原为村民的现实生活，促进基本人格、基本道德、基本情感的养成，促进公共精神的形成，让村民成为社会主义核心价值观的忠实践行者。

二、以文化人：德治文化融入村民生活

美丽乡村建设要尊重历史、留住乡愁，充分体现对历史人文、自然环境以及村民精神情感生活的尊重。文化的本质是以文化人，是培养、塑造健全人格。文化具

---

① 何雄：《传承中华优秀传统文化　发扬光大敬业精神》，载《学习时报》2017 年 7 月 5 日。

② 中共中央、国务院：《关于实施乡村振兴战略的意见》，2018 年 1 月 2 日。

有其他社会要素无法取代的凝聚、整合、同化、规范群体行为和情感的功能，文化也是维系村民精神纽带的核心。自古以来，华夏先民在神州大地繁衍生息，地缘相近、人缘相亲、习俗相似、文化相融。一些传统德治文化要义，也可以在核心价值观指引下进行现代性改造和转换，发挥其独特的治理功能。乡村文化礼堂、乡贤文化、家风祖训、家族宗祠场所等作为核心价值观传播和建设的重要载体，承载和体现着农民勤劳、善良、踏实、坚强、勇敢的传统美德，是村民在多元的现代社会中，寻求精神家园、凝聚文化共识、加强价值认同的重要阵地。

第一，挖掘优秀的传统地域文化。文化具有地域性，村规民约要结合本地自然风姿和人文血脉，从历史深处和传统根部寻找德治文化资源，用特有的地域德治文化来感染村民、促进认同，维护乡村历史传统与记忆的连续性，弘扬讲仁爱、重民本、守诚信、崇正义、尚和合、求大同的民族传统美德。如广东省顺德区勒流街道江义村素有爱护环境的优良传统，早在道光年间村民便开始严遵治水祖训，位于村内的桥北街眙台亭边上，还屹立着流传至今的一块石碑，石碑上雕刻着“敢违禁众议，罚银一大元”警语，警醒村民不要往河里扔垃圾。多年来江义治水严遵“祖训”，数千村民守法遵守村规民约，共同打造出村居整洁、文明和谐的中国最美村镇。

第二，培育特色鲜明的节庆文化。传统的宗族祭奠先祖、民间祭祀、节庆仪式、婚丧嫁娶典礼、邻里互动等有形或无形的仪式和符号，积淀了村民代代延续的情感和安身立命的根据。这些都是村规民约建设中不能抛弃和割裂的部分，是无须“现代化”和“市场化”的部分。每个民族都有传承的节日，节日是民族文化的瑰宝，是民族凝聚力的维系。重视民族传统节日的文化教育功能，丰富中国传统重大节假日如春节、元宵节、清明、端午、七夕、中秋、重阳等传统节日文化内涵。① 如在广东，素有“冬至过大年”的说法，在一些人口聚集的村落里，每逢重要节日都要“太公分猪肉”，宗族后人齐聚一堂，身着古装，手持燃香，在司仪号令下向祖宗三叩首，举行隆重拜祭老祖宗仪式；每年 2 月 4 日，贵州省黔东南苗族侗族自治州剑河县久仰巫溜苗寨举行传统斗牛活动，斗牛是当地苗族、侗族同胞世代传承的习俗，周边村寨众多村民以此共度新春佳节；② 江苏省太仓市城厢镇在农村社区有效开展“睦邻节”，让社区邻里守望相助精神发扬光大③

---

① 中共中央办公厅、国务院办公厅：《关于实施中华优秀传统文化传承发展工程的意见》，2017 年 1 月 25 日。

② 《贵州乡村斗耕牛现场　村民围观传承习俗》，载凤凰网资讯网：http://news.ifeng.com，2017 年 2 月 5 日访问。

③ 陈诺、李松、叶含勇：《多元助力：从“楼的社区”到“人的社区”》，载半月谈网：http://www.banyuetan.org，2018 年 7 月 9 日访问。

第三，倡导体现核心价值观的主流文化。针对乡村公共文化内生基础不足和内聚力不强的问题，要以乡村公共文化空间的交往和公共文化生活的培育为基础，倡导昂扬向上的体现社会主义核心价值观的主流文化，构建导向明确、特色鲜明、形式多样的农村文化体系，增进村落文化的记忆强度和社会关联度。通过村规民约形成制度，调动自治组织、家庭、学校、社会、政府等各方，借助村民自治宣传栏、村广播站、地方电视台等贴近农民的媒介，形成弘扬核心价值观的生活情景和社会氛围。鼓励社会力量积极投身农村文化建设，整合涉农项目资金，建设农村公共文化服务设施。建设公共文化活动室或活动广场，如农家书屋、广播室、村民礼堂、村庄大戏台等，集政策宣讲、科普普法、文体活动为一体，加强村民之间的文化认同，建构具有凝聚力、向心力、归属感、精神寄托的精神文化共同体。

第四，开展优秀传统文化教育。民族优秀的传统文化是涵养社会主义核心价值观的重要源泉，中华文化有独特的价值思维，潜移默化影响着村民的思维方式和行为方式，而有着近千年历史的村规民约则是中华民族传统文化的一个重要载体，要“在保护传承的基础上，创造性转化、创新性发展，不断赋予时代内涵、丰富表现形式”。[①] 开展村镇道德讲堂、传统文化经典诵读、百姓故事会和《文明公约》宣传践行活动，加强个人品德、家庭美德、社会公德、职业道德建设。广东中山“家教公益讲座”覆盖全部农村社区；重庆市永川区松溉镇是历史文化名镇，保存下来的明清时期祠堂有 13 座，松溉镇推出“弘扬祠堂文化、培育核心价值”的传统文化传播项目，组织德高望重长者在祠堂中讲述孟母三迁、岳母刺字等古人家训和本村的家风故事。发掘传统乡约的价值意蕴在当前农村社会建设、文化建设、环境保护等方面可以承载的新内容，通过乡约文化的自然延展和历史借鉴，建构现代乡规民约。

第五，建设农村社区公共文化。通过文化建设，塑造和培养村民公共意识和行为习惯，发挥公共精神的凝聚作用，建设生机勃勃又相互包容的社区共同体。如浙江杭州良渚文化村的《村民公约》规定：乐于参加小镇的公共活动；邻居见面主动问好；呵护孩子的自尊，在公共场合避免责罚；在小镇公共场所，放低谈话音量；在公共场所衣着得体，讲究礼仪；保持公园、游山步道等公共场所的环境整洁，自觉带走废弃物品等。当前，要进一步解决好社区公共文化设施落后、人才缺乏、经费无保障、机制不健全、村民主体作用发挥不足等问题，通过村规民约明确乡村社区文化建设的责任，理顺社区文化建设机制，并充分发挥村民的主体作用，让村民在社区公共文化建设中体验到归属感和幸福感。

---

① 中共中央、国务院：《关于实施乡村振兴战略的意见》，2018 年 1 月 2 日。

三、以规治家：家训族规与村规的协同

“国”和“家”紧密相联，国是家的凝聚，有国才有家；家是国的细胞，家和万事兴，治国从治家开始。家庭的生活依托、社会功能、文明作用不可替代，家庭和睦则社会安定，家庭幸福则社会祥和，家庭文明则社会文明。① 训以修齐，风能润德，家规是治家教子、修身处世的重要载体，家风是一个家庭精神面貌的潜在气质，也是家庭兴衰的隐性因子。漫长的中国封建社会是小农经济占主导的农业社会，建立在以宗族制度为核心的社会基础之上，在家长或族长的组织下，以家庭或小家族为单位开展生产生活，“生于斯，长于斯，死于斯”，世代繁衍生息几乎都在同一个地方，在这个小圈子里，自给自足，安土重迁，逐渐演化成为同一祖宗、同一宗族、同一文化传统的乡村“熟人社会”。在获得自觉认同的宗族性乡村社会里，宗族拥有了一定的宗权、族权，宗法家长权和宗族权等社会权力是村规民约权威的主要来源，自然而然滋生出乡村宗族自我管理内部事务的社会自治权力。② 家法族规与村规民约相互渗透、融合，由这种宗族家长权衍生而来的村规民约，逐步形成处理自治事务的比较完整的规则。

中华民族传统家庭美德，是家庭文明建设的宝贵精神财富。村规民约要围绕家庭、家规、家风，诠释“忠厚传家久，诗书继世长”的传统美德，传递“家风纯正，雨润万物”的价值认同。一是倡导注重家庭。弘扬尊老爱幼、妻贤夫安，母慈子孝、兄友弟恭，耕读传家、勤俭持家，知书达礼、遵纪守法，家和万事兴等中华民族传统家庭美德。二是注重家教。古人说“爱子，教之以义方”，家长应该担负起教育后代的责任，重言传、重身教，身体力行、耳濡目染。中国古代流传下来的孟母三迁、岳母刺字、画荻教子讲的就是家长特别是父母对子女的影响；三是注重家风。岳母刺字所体现出来的“精忠报国”，孟母三迁所表现出的求知向上，朱子家训、诸葛亮诫子格言、颜氏家训等所强调的“去奢”“行俭”“不吝”，都是在倡导一种正能量的家风。

家族制定新式族规家训应以核心价值观为依据，动员村民参与家庭文明建设，推动形成爱国爱家、共建共享的家庭文明新风尚。对领导干部来说，家风不仅关系到一身之进退、一家之荣辱，更关系到党风、政风、国风。③ 领导干部必须划清公

① 习近平：《在会见第一届全国文明家庭代表时的讲话》，载人民网：http：//politics.people.com.cn，2018年5月17日访问。

② 徐勇：《中国古代乡村行政与自治二元权力体系分析》，载《中国史研究》1993年第4期。

③ 《习近平在第十八届中央纪律检查委员会第六次全体会议上的讲话》，2016年1月12日。

与私分界线，力戒封妻荫子的思想糟粕，力戒迁就袒护的溺爱之情，严爱相济、爱而有度，努力在家庭中弘扬新风正气。新修订的《中国共产党廉洁自律准则》，将“廉洁齐家，自觉带头树立良好家风”作为廉政规范，农村基层党员和村干部必须深学并笃行。① 特别要重视加强反腐倡廉的家风教育，把开展道德实践活动与培育廉洁价值理念相结合，营造崇尚廉洁、鄙弃贪腐的良好家风②，为此，要整理发掘本乡本土教导修身、处事、齐家、治国、平天下的家规祖训，加以弘扬光大。如成都武侯区玉林街道玉林北路社区设立“家风银行”，积攒好家训，展示好家风。居民来到“家风银行”不存钱只存家训家规，分享传承几代的家训家规。每季度从存储的家训中评选出最佳 12 条，将内容镌刻于“好家风”亭柱之上，激发居民家庭教育的自觉意识，形成共同的道德规范，实现居民的归属感、获得感和价值感；③ 扬州市大力开展“晒家风”活动，挖掘传统优良家风，总结提炼当代人的新家风，使之与弘扬社会主义核心价值观有机结合。征集“寻访好家风故事”上千篇、家规家训 500 多条，利用“道德讲堂”宣传好的家风故事，将优秀家风故事汇编成书，赠送给当地企业或单位。

四、以德治村：依托村规养成乡风良俗

社会主义核心价值观的践行是难点，其生命力也恰恰在于认知认同基础上的身体力行。马克思说：实际运动前进一步，胜过纲领一打。习近平指出：“一种价值观要真正发挥作用，必须融入社会生活，让人们在实践中感知它、领悟它。”④价值观要得到村民的内心认同并成为行为准则，必须通过村规民约的制度化形式，容纳新成分、新内容、新形式，在传统与现代的互动中实现乡村道德建设的可持续发展。

第一，激浊扬清的制度化。社会转型时期，农村发生了翻天覆地的变化，农民的生活日新月异，但一些与主流社会价值观相悖的思想和行为也开始出现甚至流行。思想上，村民出现信仰缺失、伦理失序、情感淡漠等问题，村民原子化趋势突显、人际关系疏离程度加深、邻里守望机制缺失、社区信任基础脆弱、传统道德伦理失效。行为上，乡村积弊与陋习难以彻底根除，如民间酒席名目繁多、红白喜事

① 《习近平在第十八届中央纪律检查委员会第六次全体会议上的讲话》，2016 年 1 月 12 日。

② 中共中央办公厅：《关于培育和践行社会主义核心价值观的意见》，载新华网：http：//news. xinhuanet. com/politics，2018 年 6 月 8 日访问。

③ 汤雁、邹立杨：《成都现“家风银行”只存“家风”不存钱》，载搜狐网：http：//news. sohu. com/20170308/n482754870. shtml，2017 年 3 月 9 日访问。

④ 习近平：《把培育和弘扬社会主义核心价值观作为凝魂聚气强基固本的基础工程》，载人民网：http：//politics. people. com. cn，2018 年 3 月 5 日访问。

大操大办、盲目攀比；押宝赌博日益严重，参与人群越来越多；结婚出现“天价彩礼”和践踏尊严的婚闹；农村演出市场低俗之风不绝；公德意识淡薄，环境卫生脏乱差等。对此，要坚决“遏制大操大办、厚葬薄养、人情攀比等陈规陋习”①。村规民约的重要任务之一，是将具有时代特色的价值理念渗透进村民日常生活，发挥社会实践的养成作用，推动核心价值观落细、落小、落实，内化为村民的精神追求，外化为村民的自觉行动。其中，习俗是价值观的外现形式，塑造价值观必须重视对习俗的改造，移风易俗，形成与历史文化传统相承接、与时代发展相一致的新民俗。②

案例：

村规民约刹“办酒风”③

过去，攸县黄丰桥镇群众办酒宴之风盛行，除婚丧嫁娶酒宴外，还有搬家酒、满月酒、升学酒等，名目繁多，让人们不堪重负。2016 年初，该镇结合群众意愿，制定《攸县黄丰桥镇文明操办酒席的村规民约》，规定凡婚丧嫁娶、乔迁新居和 70 岁以上的生日，可以文明节俭地操办酒席，但每次不得超过 20 桌，其他情况一律禁止办酒席。凡出现败坏社会风气、乱办酒席、借机敛财情况，坚决予以惩罚。有组营收入分红的，扣除分红用于本组公益事业建设。同时规定，村干部、村民代表、中共党员、人大代表等要带头执行，如有违反将在全镇公开通报批评，该镇将党员和村组干部聘为信息员，一经发现有违规者，将在镇内部刊物《窗口》上曝光，并设立 24 小时监督电话。党员干部如有违反，加重处罚。报镇纪委按程序进行处理，并设立 24 小时监督电话。据统计，黄丰桥镇共 10592 户，以前每个家庭每年平均吃酒 40 场次，每年吃酒要花费近 20000 元，村干部家庭吃酒要花费近 40000 元。据统计，自该镇制定《村规民约》狠刹“酒风”以来，全镇少办酒宴七成以上。按此计算，一年将节约资金近亿元。

农村名目繁多的酒席已经人情名实分离，给村民造成沉重负担，使得维系人情循环的地方性共识解体，人际互动难以维系。面对难以承受之重，村民强烈要求革除陋俗。按现有政策，党员干部办酒席有相关党纪政纪可以处理，而普通群众滥办酒席属于道德层面问题，不涉及违纪违法，不能用行政行为进行规范，如何遏制普通群众滥办酒席，成为乡村治理难题。上述案例给出了答案，就是制定村规民约，

---

① 中共中央、国务院：《关于实施乡村振兴战略的意见》，2018 年 1 月 2 日。

② 中共中央办公厅：《关于培育和践行社会主义核心价值观的意见》，载新华网：http://news.xinhuanet.com/politics，2018 年 6 月 8 日访问。

③ 张斌：《攸县：村规民约刹“办酒风”》，载《湖南日报》2016 年 7 月 29 日。

直指生产生活中的陈规陋习，以集体决议约束村民行为，在做好正面宣传引导的同时，对严重的陋习进行曝光，强化道德评议并进行必要的经济约束。

第二，扬善尚贤的制度化。通过榜样引导和制度激励，弘扬村域良好道德风尚，杜绝不良风气，才能实现农村乃至整个社会的进步与发展。首先，建立道德模范人物的评选制度。榜样的力量是无穷的，注重发挥榜样的引领作用，用先进典型引导村民崇德向善。身边好人是可信可学的道德榜样，是有血有肉的价值观，举办道德模范人物评选活动，评选表彰"好公婆""好儿媳""好家庭"等，开展"十星级文明户"评选活动，健全道德模范、好人评比机制，形成学习榜样、争当模范的浓厚风气。如鄄城1090个自然村全部设立"善行义举四德榜"，上榜的都是村民推选出来的各类道德模范，评选出的优秀村民披红挂花被隆重表彰，用身边典型来带动村民文明素质的提高。其次，建立文明道德行为的激励制度。以看得见的精神和物质奖励，帮扶礼遇道德模范。如扬州市广陵区开展"深化志愿服务、推行文明积分"活动，对志愿者实行文明积分管理，每个文明积分可在积分商城兑换价值一元的商品或服务，物质奖励虽小，但是群众喜闻乐见，极大增强了群众参与志愿活动的积极性。江苏省永联村制定了村规民约——设立"文明家庭奖"，将环境卫生、家庭和睦、邻里关系、综合治理等方面的文明行为纳入考核评比，村集体每年拿出1000万元给予奖励。得到满分的，每人奖励1000元；有不良行为的要扣分，扣1分年底各项奖金补贴总数就向下浮动1%。从2010年开始，又加大考核力度，把村民的所有二次分配、福利待遇捆绑在一起，使永联村民不管走到哪里，都能成为最好管、最自觉、最文明的人。最后，建立新乡贤的选育与参与制度。村规民约要制定选育新乡贤的标准，发挥新乡贤对民风民俗的引导作用。如浙江绍兴评选新乡贤，用乡贤的嘉言懿行垂范乡里、涵育家风，用乡贤文化点燃乡村道德灯塔。选育出的新乡贤，一般具有一定社会阅历和群众工作经验，可以充实到乡村精神文化建设队伍，充实人民调解员力量，组织他们参与乡村文明建设，协助调解村民的矛盾纠纷，比单纯由两委或社区干部做工作，更能达到事半功倍的功效。

第二节　法治：与法律衔接互动实现产业兴旺和生活富裕

在全面推进依法治国进程中，国家法律逐渐为村民所认知和接受，作为民间自治规范的村规民约，也越来越深地受到国家法律影响。对村规民约等地方性制度资源，应该考察中国"三农"的现实状况，不能简单地通过国家法律进行"格式化"。村规民约体现的村庄治权与国家法律体现的国家治权各自具有特定的治理原则及管辖范围，二者之间应该互为补充、互相促进。① 国家法宏观抽象，与乡村生活相对

① 张静：《乡规民约体现的村庄治权》，载《北大法律评论》1999年第1期。

疏离，村规民约微观具体，贴近村民、贴近生活、贴近基层实际。① 根据乡村社会的发展变化，不断拓展村规民约与国家法律良性互动的实现方式，深化良性互动的实现程度。当前，部分村规民约管理条款多，授权规范少，村民难以直接看到自身利益之所在。所以，村规民约与国家法律衔接互动的新兴领域，应是围绕户籍制度、集体资产和土地产权制度、农民集体福利和社会保障制度等改革，明确村民各类身份，确认和保障村民政治、经济、社会权利，充分实现村民的各项权益，实现产业兴旺和生活富裕。

一、法律对村规民约的规制

国家法具有最高法律效力，国家法效力优于村规民约，是调整乡村关系的最终保障。村民自治规范的创设要与法治建设精神相一致，让法治成为村规民约的前提和方向。为了更好地实现村民自治和基层民主，国家应当通过立法，以适当的形式明确村规民约的性质、适用范围、效力、基本制定程序及其备案审查机制等，提高村规民约的权威性和规范性。考虑乡村经济社会的实际情况，可以地方性法规或政府规章形式先行探索试验。当前，对于村规民约与国家法律的一些冲突，特别是涉嫌侵犯村民权利的村规民约，应当由国家法律对村规民约进行整合、引导与制约，使村规民约合法合理合情，充分发挥规范社会秩序的作用。②

(一)村规民约侵害村民法定权益的情形

首先，直接侵害村民作为国家公民的权益。村规民约内容与法律法规和国家政策的规定相违背的较为常见，依据村规民约侵犯村民民主权利、人身权利、财产权利等合法权利的情况常见。首先，潜伏在乡村的传统寨约和宗族陈规侵犯村民权利。传统社会，在封闭的自然村寨，村民连为一体的熟人社会，村寨和当事人名声是长老或寨主优先考虑的事项，按照内部的道德自律、家法族规或宗教风俗处理刑事案件更宜被接受。延续至今，村民涉嫌刑事犯罪，有的地方仍然用“家法族规”进行严惩，不积极报警由司法机关查办。有的村规民约还规定，村民遇有纠纷不准起诉或者上访，可以用“私了”的方法得到解决。这种简简单单依赖村规民约处理重大纠纷而规避法律的做法，造成了被害人身体和心理更大的伤害，也使犯罪嫌疑人逃脱了法律的制裁。另外，乡村一直存在着“以暴制暴”的社会惩恶机制，滥用

① 游训龙、李尚益：《乡规民约与农村立法的整合研究》，载《文史博览(理论)》2007年第6期。

② 《村民委员会组织法》第27条第2款规定：“村民自治章程、村规民约以及村民会议或者村民代表会议的决定不得与宪法、法律、法规和国家的政策相抵触，不得有侵犯村民的人身权利、民主权利和合法财产权利的内容。”

私刑破坏国家对刑事案件的专属管辖权，压制了法律的权威。其次，村民法定的权益在村集体不予实现。一些村规民约中存在的男尊女卑等不合理内容，集中体现在土地承包和流转、征地补偿款分配、集体收益分配，集体福利分配、婚姻家庭、遗产继承、治安秩序等方面，离婚妇女、出嫁女、入赘女婿、外来户等特殊群体的合法权利常作出各种歧视性限制或直接被剥夺。最后，存在其他侵犯村民权益的规定。如执行失之偏颇，随意设定处罚，乱订处罚条款，甚至设定限制人身自由的条款，有的村规民约就是一张罚款清单，罚款细目可以多达几十项。村民委员会用扣押物品的方法来保障村规民约的执行，赶猪牵羊、扒粮拆房甚至扣留人员，严重侵犯了公民的人身权和财产权。

（二）村规民约与法律冲突的根源分析

理论上，法律体现全国范围人民群众的共同意志，具有普遍效力，村规民约在合法前提下，主要体现一定地域范围村民的合意，在该范围具有效力；国家法律由国家立法机关制定或认可，并由国家强制力保证施行，村规民约由村民群众自觉制定或认可、自觉遵守，并由某种社会强制力保证施行；国家法律追求法理秩序，村规民约追求礼法秩序；国家法律以国家可以支配的物质基础作为法律实施的保障，村规民约以村自治体或集体经济组织可以支配的物质基础作为实施的保障；法律规定公民可享受的权利和应承担的义务，村规民约必须把法律规定的部分作为该村村民的权利义务在村域具体化并加以实现，还要增加一些法律没有规定或不必要规定的村集体的权利与义务。所以，法律和村规民约追求价值的差异、法治理想与乡村实情的差异，现代文明与传统习惯的差异，合法观念与合理现实的差异，导致冲突无法回避。

实践中，村规民约与法律体系的明显不同在于它以村庄共同体为边界，体现的是村民自治的公共权力，保障的是小集体的利益，国家法则更偏重于维护社会整体利益。当国家法律追求的整体利益与村规民约所维护的小集体的利益发生冲突时，村规民约会对国家法进行同化、改造甚至抗拒，使小集体的利益最大化。我国行政村具有相对独立性，即使同属一个乡镇，各个村庄可以实现的经济利益和福利也各不相同，甚至有天壤之别，以村庄为边界，对村外的公共利益以及“外部人员”的利益维护不在其关注范围。由此，村规民约特别强调保护本村集体及原住村民的利益，对所谓“外来者”往往确定不同的权利和义务，这种差异化的标准，还能得到大多数原住村民的认同。另外，村规民约在调整村民与村集体之间的关系上，偏重保护集体财产和集体利益，往往容易忽视保护村民个人权利。村集体构成村民基本的生存基础、生存状态和生存方式，村民客观依赖于村集体，对村集体利益有一定倾斜保护有合理性。然而，集体权力源于村民，集体权力应该服务于村民，保护村集体利益不能以侵犯村民权益为代价。

（三）国家法律对村规民约规制的维度

国家法律对村规民约内容的规制，要坚持“依法”“有效”的原则，紧密围绕与农村生产生活相关的难点问题和村民关注的热点问题，以村民的权利和义务为切入点，从自治机制建构、集体经济发展、公共事务、村风民俗、精神文明等方面进行细化，内容应该合情、合理、合法。合法之法指法律，广义上包括宪法、法律、法规、规章和国家政策；理，即道理、公理，公认的是非善恶标准，积习成俗的民间行为规范；情是人伦情理，中华文化中日常交往的人情法则。村规民约要守住“合法”的底线，实现公平正义；强化“合理”的主线，体现理性的责权利；规范“合情”的曲线，获得村民的情感认同并达成广泛共识。

第一，合法。国家法律是人民的意志和利益的体现，有普遍约束力，应在“法律的阴影”下实现村规民约的现实价值，始终坚持不触犯法律底线、不逾越道德准绳、不关门造车、不愚弄群众、不仓促施行，特别是不能以自治为理由侵犯村民合法权利。保护村集体内村民的合法权利，不歧视村集体之外公民的合法权利。协调村民的习惯权利、道德权利、约定权利和法定权利之间的关系，确保村民的习惯权利、道德权利、约定权利和法定权利既能充分实现，又不会损害他人利益、集体利益和国家利益。同样，行政村、集体经济组织等也过分固化既得利益和局部利益，侵害村民的习惯权利、道德权利、约定权利和法定权利。

第二，合理。村民和村干部们有着很强的实用理性，他们善于根据本村实际情况采取最有效的措施，“不但经常令经济学家和社会学家们叹为观止，而且往往超出政治家们最周密的计划和想象”①。村规民约内容应因地制宜，体现“本土化”特色，提高针对性，不仅注重宣讲道德风尚，还要重视规制农村经济建设。各个行政村、自然村的经济条件的强弱、人员素质的高低、风土人情的差异、资源环境的优劣等情况各不相同，不能简单照搬照抄法律和政策，也不能僵硬刻板、一成不变，综合考虑各地不同的自然环境、历史传统、风俗习惯、文化教育等因素，针对当地的生产管理、治安情况、民俗习惯、纠纷特点等因素，契合乡民实际生产生活。

第三，合情。现代法治归根结底应是“人性之治”“人心之治”“良心之治”。“常情、常识、常理”是村民潜意识中最基本的是非标准、最基本的行为规则、最基本的伦理要求。从根本上讲，村规民约运用“常情、常识、常理”中所包含的社会最基本的价值观念、是非标准、行为规则、伦理要求来解决村庄内的矛盾冲突，能真正在顺应时代要求、体现民心民意的轨道上正常运行。要综合考虑村域实际，立足于解决村域实际问题，制定内容具体、措施量化、具有可操作性的条文，并随

① 张玉霞：《温州经济发展中的法律因素——温州自然法与民间信仰的关系》，载《社会科学战线》2012 年第 7 期。

着形势变化适时修订完善，赋予村规民约活力和生命力。

二、村规民约对法律的促进

在村规民约的制定和实施过程中，存在传统与创新、任意与规则、德治与法治冲突等问题，但这并不意味着“法定秩序”与“自然秩序”的矛盾无法调和，需要站在法治的视角，汲取村规民约中的精髓，使得现代法治精神更具乡土底蕴。

（一）立法领域

国家立法中吸收借鉴村规民约内容。法律源于生活，法的制定基于大量的民间长期实践和先行先试，现代村规民约可以为国家立法提供基本素材。在国家法制定过程中，可以借鉴和接纳民间的合理资源，将村规民约中的合理做法、风俗习惯、治村规则等适合乡土生命力的内容予以吸纳，提升国家法的适应性和包容性；① 或以国家法的形式予以认可村规民约的内容与效力，使其成为支撑国家法的重要基础。对法律只有概略性规定的内容，村规民约还可以进一步细化相关规则，把法律转化为村民可以理解和践行的规范。由于农村事务的地域性、广泛性、民族性等特点，国家制定法律法规、政策时，特别是地方立法时，应该注意地方立法与村规民约的协调与衔接，给村规民约留出空间，细节部分交由村规民约进行具体规定，结合本村具体情况制定实施细则。规制千村千面的乡村生活，宏观抽象的国家法律，尚有难度和距离，而微观具体的村规民约更加灵活和贴近村民需求。需要依赖于村规民约等便捷、有效的社会规范介入，填补法治建设的不足。面对“鸡毛蒜皮”的小事，村规民约讲究以和为贵，可以起到息讼罢争的作用。将国家法律“有所不为”与村规民约“有所为”结合，村规民约要在国家法律“有所不为”的地方“有所为”。

（二）执法领域

农村社区是一种群体聚居区，虽然有传统乡村社会的血缘性和地域性底色，但是现代乡村人群的日益混合聚居和市场经济带来的村民流动，村民逐渐形成复合性群体，需要以公心处理相互关系、以公平处理各种矛盾、以公正处理各类问题的，逐步在一定的群体范围之内形成一定的交往规则——村规民约。全面依法治国背景下追求公平正义，不仅可以依赖司法诉讼实现法律正义，还可以采用多元化的替代性措施（ADR）实现正义。② 其中，基层组织发展出自己的规则来处理纠纷，依据村

---

① 朱燕刚、江世聪：《对村规民约体系重构的思考》，载《人民论坛》2016 年 10 月。

② 最高人民法院《关于建立健全诉讼与非诉讼相衔接的矛盾纠纷解决机制的若干意见》（2009）规定：“鼓励各种非诉讼纠纷解决机制的创新，通过适当方式参与各种非诉讼纠纷解决机制的建设，理顺诉讼与非诉讼相衔接过程中出现的各种关系，积极推动各种非诉讼纠纷解决机制的建立和完善。”

规民约进行和解或调解，作为一种基本的治理方式已得到村民认同。① 谢晖教授指出，民间规范是否可以作为民间法加以适用，就看一旦村民出现纠纷时，可否据此规范请求权利或承担义务，即面对纠纷时村民据此具有请求性。② 村规民约蕴含着丰富的地方性知识和本土制度资源，凝练了村民的价值认同和情理认同，提供了执法规则的多元化与可选择性。涉及农村矛盾纠纷解决时即可参考和借鉴村规民约，村组干部和德高望重的长者依据村规民约协助进行说服调解，有助于化解矛盾纠纷。

（三）司法适用领域

在传统社会中，村规民约是裁定民间纠纷的重要依据。在当下社会转型时期，将符合法治原则的村规民约参照适用于具体的审判活动中，既可以弥补法律规定中的漏洞和不足，又可体现法律适用中的乡风民俗底蕴。具体而言，尊重公序良俗是一项基本的司法审判原则，何谓公序良俗，属于"经验法则"，需要法官具体判断。蕴含传统道德伦理思想和积习成俗惯习的村规民约可以作为适用公序良俗原则的依据，破解部分司法裁决的难题。如基层法官在处理离婚案件过程中，涉及彩礼、陪嫁物、改口费等均具有地域特色，要了解其中的相关风土人情，考虑当地风俗习惯和村规民约，并进行相关的事实认定和裁判说理。法官在审理案件的过程中，如果遇到法律规定不明确，通过村规民约的规定对当事人进行释法，诠释法与情的融合，使案件最大程度地实现法律效果和社会效果的统一，形成的裁决结果也容易被村民所接受。当然，在审判中适用村规民约与具体法律规定相冲突时，应该遵循现代法治的基本原则和理念对村规民约进行价值判断，只有具备价值合理性的村规民约才能在具体纠纷中加以适用。总之，法院要慎重运用裁判智慧斟酌权衡，既确保国家法对合理村规民约的必要吸收和采纳，维护乡村稳定，又要用国家法对村规民约进行改造和重塑，使村民形成法律意识和法律观念，努力实现基层治理的法治化。③

（四）守法领域

不以六律，不能正五音；不以规矩，不能成方圆。村规民约即是"规矩"，而

① 杜镇金、郑琰：《中国传统秩序观对现代诉讼制度的价值》，载《学理论》2011 年第 29 期。

② 谢晖：《民间规范与习惯权利》，载《现代法学》2005 年第 2 期。

③ 向攀竹、唐娜：《论国家政策、村规民约与法律秩序的冲突及融合——对天津基层法院 100 份宅基地纠纷判决书的法社会学分析》，载《湖南警察学院学报》2015 年第 3 期。

“讲规矩”就是在培育法治的“契约精神”。村规民约与法律具有内在统一性，村民对村规民约遵循，会外化为对法律的遵守；村民对村规民约的践行，会外化为对法律的践行。村规民约在维护乡村和谐稳定中发挥“第一道网”的作用。村规民约通过对村民在生产生活、家庭邻里、社会治安、公共道德方面的行为和责任作出明确规定，可以填补法律不能涉及的空白，增强村民是非观念，有效调处民间纠纷、有效预防治安案件，对维护生产生活秩序，调处家庭及邻里纠纷，促进村域和谐具有重要作用。当前，村民依法维权越来越多，在土地流转、征地拆迁、道路建设、安置补偿、劳动保障等诸多方面都有维护利益的诉求。源头治理是治本之举，构建基层矛盾纠纷排查调处、社会稳定风险评估、涉法涉诉信访化解、群体性事件预防处置等配套制度，使关口前移，尽可能防止、减少、弱化严重社会问题和社会冲突的产生，妥善处理已经发生的社会矛盾和冲突，最大限度减少不和谐因素、维护社会稳定。许多农村纠纷，依据村规民约从矛盾的非对抗性上寻找解决问题的办法，可以得到及时有效化解，大大降低维稳的经济和社会成本。

三、衔接互动的新兴领域之一：村民类别及其权益

国家法律与村规民约是相对独立的社会规范，但是在乡村有共同的实施对象——村民。村民原来是一个简单的概念，指居住在村，从事农业生产，日出而作，日落而息的农民。随着乡村民主法治化、农业市场化和农村城镇化，农民流动性增强，村民的范畴随之呈现出复杂化、多样化的特征。国家、村集体和村民三者从自身本位出发，对村民资格、村民权益的界定和认知并不完全一致，由此产生一些冲突，集中体现在村规民约中，需要进行甄别和调适。

首先，从国家法律视角来看，凡是具有中华人民共和国国籍的人，都是中国公民。公民是对具有本国国籍的自然人的法律称谓，公民在法律上的权利一律平等，在公民这个层面，当然法律没有也无必要区分村民与市民。但是，城乡存在差别是中国的基本国情，7 亿农民群体在农村是中国的客观事实。农村不仅是农民的居住所在，也是其生产所在，农村的土地不仅是农民发家致富的基础，也是农民最基本的社会保障。从计划经济时代迈入改革开放时代的农民，户籍不仅是一个社会管理的制度，也是区分农业人口与非农业人口的主要甚至是唯一的依据。由此，法律上的本村村民资格可以界定为户籍在本村的中国公民。获得法律上的村民资格，当然可以享有法律赋予的在本村的村民权益，包括在本村参与村民自治的政治权利、无偿取得宅基地使用权和土地承包经营权等经济权利、获得国家提供的农村社会保障（如农村合作医疗、农村养老保险等）等社会权利。另外，值得特别关注的是，法律上的非本村村民也可以享有部分村民权益。如符合条件的非本村村民，可以依法

享受部分自治权利。① 经济权利方面，非本村村民不能获得农村宅基地使用权，也不能获得土地承包等经济权利，但是土地的经营权可以在流转的基础上通过协商支付相应的对价获得；社会权利方面，国家提供的农村社会保障(如农村合作医疗、农村养老保险等)等社会权利只能由本村村民在本村申请和享有。

其次，从村规民约视角来看，由于本村生产生活资源的有限性，村作为一个集体，并没有积极拓展村民范围的主动意愿，内部成员有资格分享，对外部成员具有本能的排他性。第一，法律赋予村民的部分经济权益的实际保障者和提供者不是国家，而是村集体。村民建设自住房需要本村提供宅基地，村民土地承包经营权的实现需要本村提供土地。第二，集体经济发展相对较好的村，在分配集体经济收益时，在分配总量不变的情况下，村民人数也少，村民个人分配越多。第三，村在提供村级福利和村级公共服务等村级社会保障时，村民人数也少，村民个人享受的保障也越多。第四，在征地拆迁分配补偿款、国家和社会援助农村发展过程中，同理，村民人数也少，村民个人分配越多。基于上述原因，全体村民在制定村规民约确定本村村民时，具有小共同体的自利性理性：能排除村民资格的尽量排除。在现实中表现为强制性规定出嫁女迁出户籍，后迁入户籍的要证明迁入户籍的合理理由等。社会生活的历史延续性决定了传统仍然具有现实影响，关于户籍或村民身份的传统逻辑："嫁出去的女儿，泼出去的水"。特别是拥有较多集体收入的村，拥有该村户籍即意味着每年可以从村集体收入中得到可观的分红，所以严格控制本村村民数量符合村集体的利益。

最后，从单个主张村民资格的个人视角来看，只要有一个客观因素与本村有牵连，就会主张本村村民资格。村民会对情理型的村规民约和法理型的法律进行选择性利用，既可以通过法律谋取个人利益最大化，也可以通过村规民约实现个人利益最大化。主张村民资格的个人会在法律和村规民约的规定中，进行精妙的权衡，最终的诉求很单一，就是会主张有现实利益或者比较利益更高的村的村民资格。如在一些村有征地拆迁补偿款分配时，有宅基地和住房而无承包地的人、有户籍而长期不在村的人、耕地转包人或者原来的承包人等都会要求村民资格和主张分配权利。又如，按照我国户籍管理的相关规定，登记结婚的男女双方有自愿保管原户籍的自由，也有到对方户籍所在地入户的权利。② 而在实践中，婚后一方户口迁移，主要

① 《村民委员会组织法》第 13 条规定："村民委员会选举前，应当对下列人员进行登记，列入参加选举的村民名单：(一)户籍在本村并且在本村居住的村民；(二)户籍在本村，不在本村居住，本人表示参加选举的村民；(三)户籍不在本村，在本村居住一年以上，本人申请参加选举，并且经村民会议或者村民代表会议同意参加选举的公民。已在户籍所在村或者居住村登记参加选举的村民，不得再参加其他地方村民委员会的选举。"

② 《婚姻法》第 9 条规定："登记结婚后，根据男女双方约定，女方可以成为男方家庭的成员，男方也可以成为女方家庭的成员。"

考虑原住村与迁入村之间可以获得的集体资源和集体福利的比较差异，往往是穷村迁往富村，导致穷村人口越来越少、富村人口越来越多。

综上，现行法律对村民的界定是以户籍为依据，这一标准被司法实践所接受，也被很多地方立法所采纳。但是，乡村社会人群的构成日益复杂，现有的法律规定和村规民约不能应对村民的自由流动。重新定义村民，要有新的认同理念和成员标准。村民自治具有地域自治的含义，淡化户籍概念，村民应该包括离土不离乡的村民，还包括由于各种原因进入村庄，长期生活、工作、居住在该村的外来人员，即住在本村的农转非人员，退休回村居住人员，以及驻在本村的机关、团体、部队，全民所有制企事业单位的人员等。村规和国法对村民及其权益互动合作规制，具体有如下三种类型：

（一）成员：集体经济组织成员

在《物权法》《村民委员会组织法》《土地管理法》《土地承包法》等法律法规中都只是提到了农村集体经济组织的概念。集体经济组织是由相对固定的成员所组成的延续性的共同体，其拥有的财产是成员生存和发展的基本保障。具有成员资格，就可以享有该组织权益。目前，我国相关法律法规还没有明确规定取得集体经济组织成员的条件，实践中，对成员资格的确定没有统一的认定标准，有的采取“村民标准”，即原住村民就是组织成员；有的采取“户口标准”，即户口在本村就是成员；有的采取“村民会议标准”，即采用村民决议的方式确定，引发诸多矛盾纠纷。村规民约对集体经济组织成员资格的确认，既要注重集体资源分配的公平性，又要兼顾集体经济组织的保障职能和经营职能。探索建立既有成员和潜在新成员不同的资格确认标准，建立区分于户籍登记的成员资格登记制度，以及多层次的成员身份消灭制度。①

第一，关于农村集体经济组织成员资格的取得。资格认定涉及基本民事权利，首先需要民法对取得资格的基本条件作出规定。② 村规民约要进一步具体依据平等公平、生产保障、资格唯一、利益衡量等基本原则，综合考虑户籍、长期固定生产生活关系、出生与收养、结婚与离婚、基本生活保障等方面的因素，重点关注新生人口、外嫁女、“入赘”婿等特殊群体，通过村民自治的方式制定村规民约来认定，

① 戴威：《农村集体经济组织成员资格制度研究》，载《法商研究》2016 年第 6 期。

② 成员资格问题的基本条件事关广大农民的基本民事权利，属于《立法法》第 40 条第 1 项规定的情形，其法律解释权在全国人大常委会，不宜通过司法解释对此重大事项进行规定。参见杨攀：《农村集体经济组织成员资格标准的法律分析与实践》，载《西南政法大学学报》2011 年第 3 期。

便于实践中执行。成员资格的取得一般有两种方式：原始取得与加入取得。① 原始取得的主要形式是出生，即无论是婚生或非婚生、计划生育或非计划生育，只要出生时其父母双方或一方具有成员资格，未纳入城镇社保；加入取得的方式主要包括婚姻、收养以及政策性迁入，将户口迁入，提出申请，经过组织审核，可以获得成员资格。具体而言，婚姻方面，出嫁、丧偶、离婚的妇女，或婚后男入户女方后又离婚的，户口在本村，可继续取得；收养方面，办理合法收养登记手续的非农户口子女，提出书面申请，经成员大会或户代表大会多数通过，可成为组织成员；政策性迁入方面，因国家建设需要，由政府安置移民而迁入的农业人口及其子女可成为组织成员；现役士兵退伍回原籍、士官复员回原籍、异地安置的复员士官入户、大中专院校学生毕业后迁回原籍等，可成为组织成员。

第二，村规民约可以规定必要的接纳新成员的附加条件。如依法不接收城市户口转农村户口；夫妇一方是农村户口，城镇户口一方没有固定的工作，需要出示无业证明、结婚证等有效的证件；大学生把户口迁回原籍，需要提供大学毕业证和相关部门出示的未就业证明；在城市没有固定工作，农村有宅基地，需要派出所审查等；非上述原始取得与加入取得范围而要求加入的外村村民，须经过成员大会表决通过，还可以要求缴纳一定的公共积累，方可成为成员；部分经济特别发达的集体经济组织，为防止既有成员采取婚姻的方式进行权利寻租，规定成员本人及其原配偶再婚的，再婚配偶要求入户本集体经济组织的，须达到一定年限间隔。当然，附加条件不能违法，特别是要强化男女平等，保障妇女儿童权益。有儿有女户、多女户都可以招婿上门，享有成员待遇；独女户也可以规定享受双份成员待遇；未迁户籍的外嫁女离婚、丧偶女回到娘家也应该享受本村集体经济组织待遇等。

第三，关于集体经济组织成员权益的均衡配置。村民作为国家公民，可以公平享有公民的各项权利，农村社保、医保等社会保障权是村集体经济组织成员可享受的国家提供的法定权利。此外，可以在经济层面依法享有村集体各种利益的均衡分配。一般认为，集体经济组织发放给成员的收益或福利，是对使用集体财产所产生的收益给成员的分配，只要是该组织的成员，均应平等地享有该收益。村集体经济利益主要有两类：一类是先天资源的获取，如土地的承包经营；一类是后天劳动的收益。对于来自先天资源的获取，公平的分配就是大家平均分享。对于后天劳动的收益，每个人的劳动付出不一样，公平合理的原则是按照村民的劳动付出分配，也就是按劳分配。有些村民在劳动能力方面具有先天不足，除了先天资源的平均分配和后天按劳分配，还需要人道主义分配原则做补充。② 由此，集体经济组织经济收

---

① 唐长国：《土地征收补偿中集体经济组织成员资格判定标准的思考》，载《法制与经济旬刊》2012 年第 7 期。

② 宋圭武：《劳动者公平理论及其实现途径》，载《商业时代》2012 年第 17 期。

益分配的原则应是平均原则、按劳分配原则、人道原则的有机结合。另外，制定实名登记和公示制度。对集体土地确权、征地拆迁安置补偿、集体经济收益分配等群众关注度高、敏感性强的事项，应该实行实名登记制度，按期公示。①

（二）农民：从事农业生产的新型农业经营主体

乡村振兴要发挥人的能动性，激发农民致富创业的内生动力，培养更多爱农业、懂技术、善经营的新型职业农民。② 新型职业农民是掌握现代农业生产技能、具备一定经营管理能力，将农业作为产业进行经营，并充分利用市场机制和规则来获取利润或报酬，居住在农村或集镇的一种独立职业。新兴职业农民包括通过土地流转集中农村土地，提高农业生产效率的家庭农场主；运营农业生产经营所需资源或资本，为农业企业或业主、农民合作社谋求最大经济效益后从中获得报酬的农业职业经理人；③ 甚至还包括农村的网店电商主等。④ 农业社会化服务和农业机械化的普及，降低了劳动强度，吃住在家又可以兼顾老人小孩，收入不低于外出打工，职业农民会成为新兴的好职业。土地经营权集中到少数人手中，但农民的利益得到保证，村民可以脱离农村进入城镇，而且继续享受土地的收益。据农业部统计，全国经营耕地面积 50 亩以上农户已超 350 万户，涉及耕地面积 3.5 亿多亩。农业产业化龙头企业、农民合作社、家庭农场等新型主体数量已经超过 270 万家。⑤ 以农民专业合作社、专业大户、家庭农场主、农业企业等为代表的新型农业经营主体在农业中创业发展，实现农民从身份到职业的转化，不仅能够推动家庭经营、集体经营、合作经营、企业经营等协同发展，不仅能解决“谁来种地”的现实难题，更能解决“怎样种地”的深层次问题，夯实发展现代农业的人才基础。⑥

国家法律要从顶层设计上，村规民约要从具体措施上，加快培育更多的职业农民，鼓励和吸引更多具有现代三农发展思维、懂农业、有技术、会经营的人加入进

---

① 唐景明、李永平：《农村集体经济组织成员资格认定的实践与思考》，载《农民日报》2012 年 2 月 25 日。

② 2017 年 1 月，农业部出台《“十三五”全国新型职业农民培育发展规划》提出，“到 2020 年，新型职业农民队伍不断壮大，总量超过 2000 万人，务农农民职业化程度明显提高”。

③ 谢瑞武：《如何培育高素质农业职业经理人队伍》，载乡村发现网：http：//www.zgxcfx.com，2014 年 10 月 10 日访问。

④ 为了服务农民，创新农业，淘宝、京东、农一网都有乡村代购员，阿里巴巴还推动战略项目，投资 100 亿元，下沉启动千县万村计划，建立 1000 个县级服务中心和 10 万个村级服务站。

⑤ 董峻：《我国全力破解“谁来种地”难题》，载《中国信息报》2016 年 11 月 21 日。

⑥ 张晓山：《实施乡村振兴战略的几个抓手》，载人民论坛：http：//www.rmlt.com.cn，2017 年 12 月 6 日访问。

来。首先，要建立新型经营主体的选定制度。通过民主评选和村民表决，才能经营家庭农场，确保把土地交给真正有经营能力的务农人。① 其次，要建立新型经营主体的扶持制度。为了鼓励家庭农场发展，可以考虑把家庭农场主纳入城镇职工基本养老、医疗保险。最后，建立新型经营主体的保护救济制度。经营权稳定，才能踏踏实实搞好生产。国家对土地经营权给予更多政策支持或法律保护，一些大户、企业进行农业投资，也会刺激地方建立集体合作经营的企业，从而提升劳动生产率。土地合约遭到毁约，增加了专业农业经营者的风险，村规民约要强化对土地流转合约的保护，防止对农业投资者合法利益的侵害。

（三）居民：居住在农村的公民

近年来，城乡一体化新发展，农村“撤村并居”、农民“集中居住”，出现许多新型农村社区，农民也转变为社区居民，而经济发达的农村地区大量外来人员务工涌入，已经是名为“村”实为“城”的“超级村”。村民俨然已经成为居住在农村地区的居民，包括一直生活在本乡本土的原住民，也包括外来就业或打工的常住人口，还包括许多户籍不在本村的暂住人口。解决好同居一村，但是户籍、职业和身份不同居民的权益保障、公共服务、社会保障，为其提供精准的公共物品和公共服务，需要法律和村规民约的协作。首先，引导农民向居民的实质转变，包含生活方式、生活理念等的转变；其次，开辟公共活动空间，丰富居民生活，增进社区共同体认同；最后，创新社区管理形式，强化服务供给，加大对弱势群体的帮扶力度。

四、衔接互动的新兴领域之二：土地权益及其实现

中国农村改革的核心始终是土地问题。波澜壮阔的改革，发端于土地，收获于土地，也不断在土地上捕捉着深入推进制度变革的新契机。土地和农民紧密相连，当前农村改革的关键仍然是处理好农民与土地的关系。现行《宪法》第8、9、10条规定了农村土地的集体所有制，农村实行以家庭联产承包为基础、统分结合的经营制度。法律通过确认农村土地和自然资源的集体所有，将村民制度性凝聚在共同体或村集体之内，但是没有对农村土地和自然资源的使用提供更加具体的实现形式。家庭联产承包责任制在改革开放初期激活了我国农民的劳动积极性，农业生产率有较大提高，但是小农的经营模式，无法与大规模种植的生产率相提并论。市场经济促进了城乡之间的经济联系，农村也由封闭走向开放，大量农民进城务工，农村人口不断减少，种地力量越来越少，土地闲置、出租、转让等情形越来越多，农民土地利用率低，制约着农村的发展，阻碍农民增收。农业生产经营模式和土地制度需要因时而变，与经济社会发展相适应。农村土地改革的目的，是通过建立健全归属

① 王平：《“农地入市”破冰，念好“分配经”是关键》，载《东方城乡报》2016年12月8日。

清晰、权能完整、流转顺畅、保护严格的土地产权制度，推动农业规模化经营水平。①

《全国农村经济发展“十三五”规划》提出落实集体所有权，稳定农户承包权，放活经营权，完善“三权”分置办法。中央办公厅、国务院办公厅于2016年10月发布《关于完善农村土地所有权承包权经营权分置办法的意见》，我国农村土地改革再度迎来重大制度创新。以“三权分置”为龙头，为进一步破解“三农”领域诸多难题，为农业供给侧结构性改革，搭起了壮阔的历史舞台。“三权”分置丰富了农村土地集体所有制的有效实现形式，土地利用效率和务农劳动生产率得到提升，既让承包农户增加财产收入，也使新型农业经营主体实现规模效益，实现村集体、承包农户、新型经营主体土地权利的共享。三权分置，是继家庭承包经营之后重大的制度创新，可以说这是一个充满政治智慧的制度性安排。目前，全国承包耕地流转面积达4.6亿亩，2.3亿农户中约30%已流转土地，东部省份比例更高，农业生产者构成发生深刻变化。② 当前，不仅要加快农村土地承包法等相关法律修订完善工作，村规民约也应该逐步注入经济运行规则的内容，让农民按照现代化的方式来组织农业生产。通过土地流转、培育新型农业经营主体、发展特色农业等方式，推动农业生产集约化，提高劳动效率和劳动产出效益，确保村民参与土地变动的决策和相关收益的分享。

第一，制定本村土地确权登记颁证的基本规则是前提。农地确权不仅要解决农户宅基地和承包地面积不准、四至不清的问题，还是从法律层面解决土地上各种权益的可交易性质，确认“三权”权利主体，明确权利归属，稳定土地承包关系，确保土地经营权规范有序流转，使土地转化为真正的经济资源的前提。土地确权后，政府要征用土地，必须先和村民商量，依法补偿，农民的土地权益有了保障；村民可以通过土地流转收取租金，贷款更加方便：村民需要资金进行周转，可以用宅基地使用权证书去银行进行抵押。

第二，制定本村土地承包权调整、转让、退出规则是基础。首先，村集体对于土地的权力体现在调整上，而村民对土地的权利体现在均分规则上。农村土地是村民生存之必需，土地承包是村民安身立命的根本，农村家庭承包制具有生活保障性和法定公共福利性，实行人人有份的均田制，村规民约就是要保证村民的这种公共福利的均等性，解决由于人口、职业的变化引起的土地不均问题，适时就承包期满后延包提出具体办法。其次，农户的土地承包权转让，只有村集体内的人才有受让

① 中共中央办公厅、国务院办公厅：《关于完善农村土地所有权承包权经营权分置办法的意见》，2016年10月。

② 董峻：《城镇化率超56%　中国全力破解“谁来种地”难题》，载人民政协网：http://www.rmzxb.com.cn，2018年5月2日访问。

资格，并经村民集体同意。非本村村民投资农业，不能寄望取得土地承包权，而是要考虑土地经营权。最后，探索土地承包权的有偿退出机制。如重庆市巴南区正进行探索，确定意向受让投资方后，充分征求村民意见，由村民与意向投资方协商达成退出补偿协议，村民收到补偿后将土地退还给村集体，三方签订协议，由村集体将其流转给投资方。

第三，制定农村土地经营权的流转规则是关键。依据政策，经营权流转已经在实践中先行先试，而在现行法律中，承包经营权派生出经营权，经营权还不是独立的法定民事权利。有学者根据土地经营权是依据流转合同产生，没有流转合同就没有契约关系，认为经营权是债权；还有学者提出，应该根据流转期限长短来判断，流转期限短的是债权，流转期限长的是物权。① 土地是否流转、哪种经营方式在什么地方最适合，要让农民自己选择，经过实践检验、符合市场规律。村规民约要进一步把土地经营权流转的创新经验制度化，以备国家进一步立法所需。

首先，探索土地经营权入股农业产业化经营的具体规则。城市工商资本进入农村直接买地，农民失地会带来一系列问题。农民土地承包权经营权长期不变是基本国策，股份制是公有制的重要实现形式。将土地的权益以某种规则入股某些农业产业化经营实体，从而获得相关企业的股份以获得分红。把土地、劳动力、工商资本等各种生产要素整合，然后组建农业发展股份公司，引入农业科技、引入互联网，实现农业生产的现代化、公司化、市场化、规模化、专业化，农业现代化进程必然加速。

其次，将土地流转与农村合作经济有机结合，创新农村合作经济实现形式。如安徽省肥西县官亭镇新民社区因集中兴建安置点而新增数千亩耕地，无法按原有田块进行“确证、确权、确地”。在充分协商的基础上，筹建土地股份合作社，很容易就解决了新增耕地的确权问题。安徽省还进一步放宽农村新型股份合作社的出资形式，以“土地”命名的农村新型股份合作社可以登记注册，其法律地位得到确认。该合作社成立后，将耕地分片打包发租给 5 家知名农林企业从事农业开发，村民可从土地租金中获得分红，还可到这些企业上班“拿工资”。又如湖北省京山县推出多种模式土地股份合作社，让更多农民和新型经营主体实现了双赢。京山县钱场镇荆条村的张文波就用自家 7.8 亩土地加入了土地股份合作社，交由当地盛老汉家庭农场经营。张文波不仅能得到这 7.8 亩土地的租金，年底还能从股份合作社里拿到二次分红。从村民变成股民，盘活集体资产，也让村民对村集体经济产生认同，增强了村集体的向心力。

最后，探索土地经营权抵押贷款的具体办法。获得农村土地经营权，可以作抵

① 林远：《两办出台办法完善农地“三权分置”法律修订完善工作将提速》，载中国经济网：http：//www.ce.cn，2018 年 4 月 21 日访问。

押进行贷款，用贷款进行经营。抵押物处置是这项改革成败的关键，要兼顾保障农民的承包经营权和金融机构对抵押物的合法处置权。近来，重庆、吉林、湖北等省市探索设立农村产权抵押融资风险补偿基金，共同承担损失风险，这是一个有益尝试，具体效果还有待实践进一步检验。① 国家法律要划出抵押物处置的风险防范底线，村规民约要摸索制定风险防范的具体措施，避免农民失地后的系统性风险。②

第四，探索土地经营权流转争议解决办法是保障。按人口均分土地保障家庭承包农户的合法权益与发展规模经营之间存在利益冲突，兼顾村民权利保障与集体经济发展是难点。一些地方采取行政干预手段，强行流转承包地，严重损害农民自主权。同时，在土地流转中，出现少数村民为个人私利，漫天要价，给规模经营设置障碍；一些留守妇女与老人宁愿守住小块土地，自己亲自耕种，不愿意将土地流转；有的农户预期转变用途可能会增值，也不愿意流转自己承包的土地。对此，在具体处理过程中，综合考虑法律原则和村规民约对村民权利的约定，针对不同的情形进行处理。已经形成土地规模经营的，以经济赔偿为主；尚未形成土地规模经营，以保障农民合法权利为主。如果未签订合法流转合同，村民要求确认侵权或违约并赔偿损失，应予支持；要求恢复原状返还承包地，一般不予支持。村民要求增加流转金，根据流转金额是否显失公平斟酌处理。③

第三节　自治：协同多元乡村组织章程实现治理有效和生态宜居

善治（good governance）是民主治理的最佳状态和最高诉求，是为了促进公共利益最大化而对公共事务进行合作管理的过程与结果。④ 善治体现为追求公共利益的价值共享和制度正义，而价值共享和制度正义的实现，要进一步提升村民的自组织程度和集体行动能力。人一旦组织起来，其力量会呈几何级数上升。社会组织的多寡和层次是衡量社会文明的尺度，参加社会组织的多寡和层次也是衡量人的文明进程的尺度。当前，乡村社会多元利益格局正在形成，乡村治理的组织格局也日趋多

---

① 林远：《两办出台办法完善农地“三权分置”法律修订完善工作将提速》，载中国经济网：http：//www.ce.cn，2018 年 4 月 21 日访问。

② 中国人民银行会同相关部门联合印发《农村承包土地的经营权抵押贷款试点暂行办法》（2016 年 3 月），在贷款用途、抵押物认定以及风险防控方面明确了底线，要求用于抵押的承包土地没有权属争议、不能超过农民承包土地的剩余年限、贷款应主要用于农业生产经营等贷款人认可的用途等。

③ 陈晨、王胜、樊荣禧：《当前城乡一体化建设中农村土地承包纠纷案件九大难点问题探讨——以南京法院审判实务为视角》，载《法律适用》2011 年第 1 期。

④ 俞可平：《治理与善治》，社会科学文献出版社 2004 年版，第 8 页。

元化。村民通过加入各类组织，以较低的社会成本和经济成本，更高效地解决各种现实问题。推动乡村治理走向多元善治的多元组织形态，主要有三类：第一类是基层党组织、村民自治组织等“正统”组织，宗族组织、村寨组织等渐趋消弭的传统组织，新兴的乡贤组织，农村社区理事会、民主议事会等在实践中孕育而生的“草根”组织等；第二类是农村集体经济组织或各类农村合作经济组织、家庭农场等主动融入市场的农村经济组织；第三类是“红白喜事理事会”“妇女禁赌协会”“老年人协会”等农村社会服务组织。

村规民约要厘清各类组织权力边界和职责范围，搭建组织间互动协作的制度平台。通过体现村民合意的村规民约与体现各类组织成员意愿的组织章程的分工、合作、协同，相互配合，实现多元治理力量整合和资源共享，共同管理公共事务，形成共管分治、共融分治的乡村治理新机制。坚持科学、合理的原则划分自治组织权力与市场组织、社会组织权力界限。一方面，将适合市场和社会提供的公共服务，交给市场和社会组织承担，该由市场做的事还给市场，该由社会做的事还给社会，真正做到统分结合、政社互补、合作有序；另一方面，多元农村治理组织要运用组织章程，通过有目的、有组织的活动，培育村民公共意识，推动基层民主，发展农村经济，提升村民获得感和幸福感，进一步提升社会治理的实效，实现基层善治的目标。

一、以民主为导向完善自治组织章程推动多元主体共治

乡村振兴，治理有效是基础。必须把夯实基层基础作为固本之策，建立健全党委领导、政府负责、社会协同、公众参与、法治保障的现代乡村社会治理体制，坚持自治、法治、德治相结合，确保乡村社会充满活力、和谐有序。① 没有组织化程度的提高，治理有效无从谈起，要大力培育和建设多元化的农村基层组织。村规民约是基层政府与自治组织、农村社会组织、村民之间有机耦合与协同共治的制度载体，村规民约的形成过程是协同的关键环节。在村规民约建设过程中，政府科学指导、村委会有效组织、村民积极参与是发挥多元主体作用、实现协同共治的重要体现。②

（一）法定村民自治组织的制度建设

《村民委员会组织法》规定农村设立村民会议、村民代表会议、村民委员会，下设人民调解委员会、治安保卫委员会、公共卫生委员会等，这类村民自治组织是

① 中共中央、国务院：《关于实施乡村振兴战略的意见》，2018 年 1 月 2 日。

② 赖先进：《发挥村规民约在社会治理中的耦合协同效应和作用》，载《科学社会主义》2017 年第 2 期。

一种法定的自治组织，在办理有关公共事务和公益事业、调解纠纷、稳定社会治安、向人民政府反映群众意见、提出建议和进行监督中发挥着重要的作用。法定的自治组织具有组织性、自愿性、非营利性特征。2017 年 3 月全国人大通过的《民法总则》，从实际出发，赋予基层群众自治组织(村民委员会)特殊的法人地位，是符合现实需要的。① 法人是法律拟制的“人”，是社会组织在法律上的人格化，依法产生和消亡。法人具有更强大的力量，完成单个人无法完成的任务。法人也是集合的民事主体，是自然人或其他主体的集合体。但村民委员会不是营利法人(以取得利润并分配给股东等出资人为目的)，也不是非营利法人(为公益目的或者其他非营利目成立，不向出资人、设立人或者会员分配所取得利润)，而是特别法人(基层群众性自治组织法人)，这是一种制度创新，界定了村民委员会的法律地位。对于其具体职能，需要根据各村的组织现状，通过村规民约，进一步详细规定，法定自治组织职能转变不是职能弱化，而是该弱化的要弱化，该强化的要强化，该转化的要转化。要通过村规民约划清各法定主体的职能和责任边界，全面正确履行法定自治职能，实现由管控向服务的转变。②

区分于传统村规民约，现代村规民约在于民主与法治因素的注入，不仅村规民约是在民主程序基础上制定出来的，更在于其内容本身细致规定基层民主选举、民主管理、民主决策、民主监督等制度。“四个民主”为村民按照其意愿和内在需求参与村庄日常事务提供制度性平台，有助于激发村民参与热情，畅通村民参与渠道，使村民有组织地进行民意沟通与利益协调。③ 当前，村民的民主选举权利都能充分实现，从村“两委”班子到村民代表，包括村民小组的“三长”(即党小组长、村民组长、中心户长)，全部民主选举产生，村民对选举的公开性、公平性比较认可。而民主决策、民主管理与民主监督方面，各地仍存在粗放、随意的问题，难以收到应有成效，需要创新治理机制和治理技术入手，扩大村民民主参与的程度。为避免基层管理活动被少数干部操控，促进民主决策、民主管理，应当对村务公开项目实行“硬约束”，“四议两公开”成为村里议事办事的铁章程。④

不受约束的权力必然走向腐败，孟德斯鸠在其名著《论法的精神》中指出：“一

---

① 《民法总则》第 96 条规定：“本节规定的机关法人、农村集体经济组织法人、城镇农村的合作经济组织法人、基层群众性自治组织法人，为特别法人。”第 101 条第 1 款规定：“居民委员会、村民委员会具有基层群众性自治组织法人资格，可以从事为履行职能所需要的民事活动。”

② 申锦莲：《山东省“十二五”时期社会管理创新研究》，载《行政与法》2013 年第 7 期。

③ 袁海平：《村规民约创新及价值分析》，载《长白学刊》2010 年第 1 期。

④ “四议”就是村里重大事项决策，先由党支部提议，再交村“两委”商议，然后交党员大会审议，最后由村民(代表)会议决议；“两公开”即决议形成后，公示并征求群众意见，实施后公示结果。

切有权力的人都容易滥用权力，这是万古不易的一条经验。"自治组织控制大量资源，极易扩张和权力寻租。村干部可支配的资源多了，如残疾人补贴、危房改造、低保补贴等都成为"唐僧肉"。有些地方宗族恶势力采取贿赂或暴力威胁等手段，操纵村"两委"换届选举。个别地方"村霸"成为少数村干部的代名词，给农村干部队伍的形象和公信力造成巨大损害。① 监督跟不上，小官"蚁贪"必然盛行，必须进一步加强制度建设。自治监督是什么样的监督？谁来监督？如何有效监督？这都需要通过村规民约在各地先行先试。② 要以公开透明和社会监督为举措强化程序控权，充分发挥村务监督委员会的主体作用，对村务公开的具体内容、可读性或识别性、时间予以明确规定：一是完善村干部勤廉双述、村民询问质询和民主评议等制度，强化对村干部监督，扎紧约束村干部权力的制度笼子。二是对村民委员会工作进行绩效评估。通过村规民约建立客观绩效评估指标体系，以是否回应村民的诉求、是否提高管理效能、是否方便村民办事作标准，对回应能力、履职情况、服务水平、勤政廉政等情况进行评价。三是完善对村民委员会工作失误进行责任问责制度。以群众满意度为导向，重视利益相关村民参与的协商问责、强化党员标准和组织使命的纪律问责和基层政府的专业问责等。

（二）村民自治组织与其它基层组织建设

现代化进程有意无意之间摧毁了传统家族、宗族、长老等原生性组织权威，税费改革后基层乡镇政府等外生性组织权威减弱，而集体经济的匮乏、村干部无约束的自利化以及"半官半民"的特性，使得村民自治组织的作用发挥有限。所以，必须调整乡村治理结构，创新乡村治理组织，通过村规民约与各类组织章程，构建"分工合理、权责明确、多元共治"的高效治理体系。分工合理、权责明确，是指各类组织有合理的职能分工、有明确的权限和责任划分；多元共治，是指各主体要相互补充、相互合作、相互制衡，协同公共事务治理，形成多元主体通力合作的复合治理。

第一，村民自治组织与基层党组织。实现中华民族的伟大复兴，关键在党，基层是党的执政之基、力量之源。党的领导是村民自治的政治保障，乡村基层党组织的领导体现在思想上、方向上，不是直接插手具体的村民自治事务，如负责村党政联席会议的召集和主持；村级财务审核、集体资产监管；对自治组织和集体经济组织的人选推荐、工作绩效考评等事项。自治组织则致力于自治事务，组织公共服务和社会管理。只有农村基层党组织坚强有力，农村党员发挥应有作用，党的根基才

① 彭波：《打掉"村霸"和他们的"保护伞"》，载《人民日报》2017 年 2 月 8 日。

② 中国村务监督委员会发源地的浙江省武义县后陈村，通过制定《后陈村村务管理制度》和《后陈村村务监督制度》，与原有的村规民约一起，将村务监督制度化。

能牢固，党才能有战斗力。当前，要把全面从严治党落实到农村每个支部、每名党员，村干部党员尤其要走在前列、当好表率。完善制度，加大对群众身边不正之风和腐败问题的制约和惩处力度，肃清“苍蝇扑面”现象，维护党章党规严肃性、权威性。当然，要把对村干部的高标准要求与尊重村干部合法合理的正当利益结合起来。

第二，村民自治组织与基层乡镇组织。村民委员会事实上接受两方面的工作：一是村民依法选举并委托村干部承担自治管理工作，二是基层乡镇政权委托村民委员会承担一些具体工作事项。① 税改后，村干部开展工作需要的资源和自己的报酬都依赖于乡镇政权，当基层政府的要求与村民利益发生冲突时，村干部倾向于更多满足乡镇政权的要求。通过制定村规民约，合理划分各类自治组织权力和乡镇基层政府管理权力运行规则和制约规则，以责任制约权力，实现公权力的规范和监督。建立政府调控机制同自治协调机制互联、政府行政功能同社会自治功能互补、政府管理力量同社会自治调节力量互动的治理机制。制定并用好乡镇基层政府委托自治组织工作事项的权力清单，村民委员会按照权力清单列明的事项开展工作，严格监督自治组织依照清单尽职履责。

第三，村民自治组织与社区组织。社区是指聚居在一定区域范围内的人们所组成的社会生活共同体，他们具有共同的生活环境和一定的共同利益。在农村社区建设过程中，处理合并后各村组织间的关系并管理服务好社区居民，是新型农村社区治理面临的新问题。建构新型农村社区组织体系，一是推行“一委一居一站”，即社区建立基层党组织、居民自治组织和公共服务站的组织模式，以社区党组织为核心领导社区建设，以居民自治组织为基础负责社区事务，以公共服务站为平台为村民提供公共服务，纳入社区的各村的经济事务则由各村自治组织负责，其他各类社会组织为补充、社区居民广泛参与；② 二是社区村民自愿组织社区理事会或社区议事会，主动、实质地参与社区建设，通过自治与互助，提高公共服务质量、保障居民合法权益、提高社区治理水平，满足域内村民各方面的要求；三是撤销村民小组构建社区理事会，将原来的村委会变为社区居委会、村民小组变为社区理事会。社区理事会由村民代表、村干部、驻村企业代表、外来人员代表构成，对社区内的重大事务进行协商，并监督村委会的工作。③ 不管采用何种途径，都是为了提高社区

① 《村民委员会组织法》第5条规定：“乡、民族乡、镇的人民政府对村民委员会的工作给予指导、支持和帮助，但不得干预依法属于村民自治范围内的事项。村民委员会协助乡、民族乡、镇的人民政府开展工作。”

② 郑风田、王旭：《乡村治理：挑战及破解之道》，载《人民论坛》2015年2月(上)。

③ 黄家亮：《基层社会治理转型与新型乡村共同体的构建——我国农村社区建设的实践与反思(2003—2014)》，载《社会建设》2014年第1期。

的自我管理能力，从而建立社区自我发展的良性机制，努力实现社区资源共享、精神文明共创、社区事务公管、社区治安共保。发挥现代村规民约的促进作用，构建以村民为主体的社区治理参与机制，也会带来村规民约自身的发展和完善。①

第四，村民自治组织与村民自创的自治组织。现代村庄治理，不能单靠个别“能人”，也不能单靠法定自治组织(村委会)，而要靠村民自治，靠社会力量。如南京市六合区金牛湖街道赵坝村，经过全村农户代表差额选举产生34位村民代表组成赵坝村“农民议会”，是南京市第一个在自然村成立的服务型自治组织，也是直接对村民负责的民间组织。村民们聚居在一起，对选出来的“议员”很熟悉，是“农民议会”天然的监督者。“议员”都是热心公益、关心集体、有一定文化和威信的村民，工作不拿一分钱，每月开一次会，议一议村里的大事小情。“议会”设有理财小组，负责监督和管理财务收支状况，实行账、钱分开，每半年公布一次收支情况，做到阳光透明。“议会”制定了《赵坝农民议会议事规则》《赵坝农民公约》《赵坝村庄内部管理制度》等3项制度，先后作出16项决定。赵坝村“农民议会”拓展了我国自然村村民自治的途径，为我国完善基层民主治理提供了可以借鉴的经验。“农民议会”实质是议事机构，建议更名为“农民议事会”为宜，并依法登记，获得法人资格，进一步发挥作用。又如江苏省张家港市永联村建立的村民议事委员会，永联村现有村民10400人，在250个村民代表中选举35人组成村民议事委员会，专门对村里是非问题进行议事。当事村民、村委委托人、议事成员三方代表采取圆桌会议形式议事，确保议事公平公正。当事村民表达诉求、提出问题，与村委委托人进行讨论、辩论，议事会成员听取当事村民发言、查阅相关佐证资料、积极参与讨论、建言献策，以寻求最佳解决方案。永联村议事会激发村民参与村庄公共治理的兴趣，实现了有效的参与式管理，维护了村民合法权益，维护了村庄和谐，促进了村庄发展。

二、以市场为导向完善经济组织章程增强村民的获得感

我国经济进入新常态，各地按照创新、协调、绿色、开放、共享的发展理念，以市场导向、合作经济、共同富裕为基本原则，发挥比较优势，因地制宜发展经济。面对市场化的浪潮，我国农民组织化程度低，存在着小规模和大市场的矛盾，规模出效益，农民增收的根本途径只能靠专业化、规模化，才能实现效益最大化。因此，要进一步加强农民的组织化建设，提高农业产业化水平。现代村规民约是利益整合中形成的一种公共契约，不能只注重宣讲道德风尚，还应该重视引导农村经济建设。不仅要注重取得规则的共识，更要关注权利的实现。只有权利受到切实的保障和充分实现，规则的共识才能更加稳固。在市场经济条件下，村民经济权利的

① 王宏选：《现代村规民约的组织创新与治理重心》，载《甘肃社会科学》2016年第2期。

实现，必须发展集体经济和以农村专业合作组织为主要形式的合作经济，并兼容其他经济形式，才能调动村民积极性，增加村民获得感。

（一）村委会的集体经济管理职能

村一级既存在村民委员会，也存在村级集体经济组织，村民委员会是农村群众自治组织，村集体经济组织则是具有经济活动自主权的经济组织。① 在立法中，现行法律对村级集体经济组织与村民委员会的职能规定上存在交叉。一方面，规定村集体经济组织的经济活动自主权，村民委员会应该“尊重”并“支持”。如《农业法》规定：“农村集体经济组织的主要职能是做好集体资产的管理工作，使集体资产得到合理利用和有效保护，并确保集体资产的保值增值。”②对此，《村民委员会组织法》第8条也予以肯定，“村民委员会应当尊重并支持集体经济组织依法独立进行经济活动的自主权”。上述规定明确了村委会和农村集体经济组织的分立关系。另一方面，又规定村民委员会可以履行集体经济管理职能。如《村民委员会组织法》第8条还规定，“村民委员会依照法律规定，管理本村属于村农民集体所有的土地和其他财产，引导村民合理利用自然资源，保护和改善生态环境”，造成了村委会职能与农村集体经济组织职能重叠。

实践中，大多数地方成立了村集体经济组织，但是其职能虚置，村委会替代村集体经济组织的现象十分普遍。村委会在集体土地等资产管理方面，实际上履行着部分集体经济组织职能，事实上可完全取代村集体经济组织，如对集体土地进行发包。③ 村委会行使集体经济管理职能，存在着忽视市场经济规律、无视集体财产流失、决策不科学等问题。少数村干部利用公共权力贪污、侵占、挪用、挥霍集体资产，谋取非法利益，使得集体经济陷入“内部人控制”风险等。另外，村委会以土地等集体财产为基础，履行农村集体经济组织职能，既具有营利法人特征，又不能完全以营利为目的，需要为集体经济组织成员或农户提供生产生活服务，致使本应该属于政府及自治组织提供的公共服务成本由集体经济组织承担，导致收不抵支，形成大量债务，影响集体经济积累，弱化集体经济发展。

村委会与一般的自治组织不同。村委会是依照法律，由基层政府提出和批准，经过一定的程序设立的，村民会议讨论同意只是程序中的一个环节，事实上不起决

---

① 徐增阳等：《合并抑或分离：村委会和村集体经济组织的关系》，载《当代世界与社会主义》2010年第3期。

② 农村集体经济组织的集体资产包括：法律规定为集体所有的土地和森林、山岭、草原、荒地、滩涂等；集体经济组织的财产；集体所有的建筑物、水库、农田水利设施和教育、科学、文化、卫生、体育等设施；集体所有的其他财产。

③ 《民法通则》第74条规定：“集体所有的土地依照法律属于村农民集体所有，由村农业生产合作社等农业集体经济组织或者村民委员会经营、管理。”

定作用。① 村委会办理本村公共事务，还协助乡镇政府开展工作，公平正义是它的价值诉求，民主是它的运作逻辑。② 村集体经济组织是特殊法人型经济组织，效率是它的价值诉求，利益最大化是它的运作逻辑。村公共权力组织村委会的开放性与村集体经济组织的封闭性无法兼容，村民资格也不再等同于村集体经济组织成员资格。因此，村集体经济组织与村委会宜分不宜合，村自治职能与集体经济管理职能相分离，村委会履行农村公共服务功能，经费由公共财政和集体经济收益支付。成立专门的集体经济组织，全权负责集体资产经营管理职能，按照法人治理模式进行管理和监督。

(二)村集体经济组织的特殊法人化

农村集体经济是强村之基、也是强国之选。共同的经济活动、共同的公共财产、共同的利益维系，是村民参与村庄治理的动力。村规民约要先行先试，探索村级集体经济多种实现形式。无论是在西北边陲(新疆尉犁县兴平乡达西村)，还是在东部沿海(山东省烟台市南山村)；无论是在黑水白山之间(黑龙江省甘南县兴十四村)，还是在彩云之南(云南省昆明市福保村)；也无论是在改革开放的前沿(广东省中山市南朗镇崖口村)，还是在中原腹地(新乡县刘庄村等等)，都有发展农村集体经济的典型代表。它们不再是过去那种一大二公的集体经济，而是在充分尊重村民意愿基础上，适应市场经济要求，通过多种形式，促进村级集体经济发展壮大。③

长期以来，农村集体经济组织法人地位缺失，造成农村集体资产权属不清、权责不明、流转不畅等诸多问题。在总结我国长期社会治理经验的基础上，《民法总则》将法人分为营利法人、非营利法人和特别法人，其中第四节(第96~101条)“特别法人”篇规定，农村集体经济组织法人、城镇农村的合作经济组织法人、基层群众性自治组织为特别法人。其第101条规定，村民委员会具有基层群众性自治组织法人资格，可以从事为履行职能所需要的民事活动。未设立村集体经济组织的，村委会可以依法代行村集体经济组织的职能。据此，无论实践中是村委会与村集体经济组织分设，村委会专注于公共服务和公共事务管理，村集体经济组织负责集体经济事务，还是根据情况暂不分设，村民委员会代行村集体经济组织的职能并

① 《村民委员会组织法》第3条规定：“村民委员会根据村民居住状况、人口多少，按照便于群众自治，有利于经济发展和社会管理的原则设立。村民委员会的设立、撤销、范围调整，由乡、民族乡、镇人民政府提出，经村民会议讨论同意，报县级人民政府批准。”

② 付宗平：《关于理顺涉农社区集体经济组织与自治组织关系的探讨》，载《农村经济》2015年第4期。

③ 彭海红：《中国农村集体经济的现状及发展前景》，载《红旗文稿》2010年第23期。

可以从事为履行职能所需要的民事活动，都从法律上解决了农村经济融入市场的主体资格问题。这部法律将自治权力的行使、农村经济融入市场以及农村社会组织的活动适当分离，分类管理，契合我国农村改革的整体目标。

《民法总则》赋予农村集体经济组织以特殊法人资格，农村集体经济组织具有“特殊的”法人地位。具备民事活动的主体身份，在工商部门登记取得经营资格，独立开展经营业务，意味着可以在银行开账号，可以从金融部门获得贷款，可以在税务部门申购税票。但是，农村集体经济组织的财产(尤其是村集体土地)所有权既非共同共有，亦非按份共有，而是一种“总有”。① 集体经济组织通常具有不可中止性、“总有”财产不可处分性，与法人可生可灭、法人财产独立可处分的特点存在不一致。一旦涉及破产等问题，其特殊性即会显现，无法依照法人制度处理相应民事关系。这需要进一步依法制定《集体经济组织章程》，实行民主管理，独立决定经营管理事项，行使集体资产管理、使用、收益、处分权，并妥善处理好破产等问题。②

(三)农村集体资产股份权能改革

农村集体产权制度改革是要构建归属清晰、权能完整、流转顺畅、保护严格的产权制度，保护农民合法权益。③ 明晰集体资产权属，规范集体资产管理，促进资产保值增值，更重要的是要让农民在改革中有获得感。当下实践中摸索出的主要改革路径，就是推进集体经营性资产股份合作改革，将经营性资产折股量化，保障村民集体资产股份权利等，赋予村民对集体资产更多权能。④ 推动资源变资产、资金变股金、农民变股东，探索农村集体经济新的实现形式和运行机制。⑤ 作为全国农村集体资产股份权能改革试点之一，湖北省京山县在2015年12月，启动城畈村集体资产股份权能改革试点，在村民代表和第三方机构共同审核下，共清理出商铺、厂房等1.5亿多元集体经营性资产，摸清集体资产家底，锁定成员身份，以股权形式分配给每一位村民，保障村民对集体资产股份的占有权、收益权、有偿退出等权利，理顺了集体资产的收益分配关系，让村民共享发展成果。又如曾经是长江边上

① “总有”是一种共同体所有制度，其主要特点是：所有物的管理及处分权能属于共同体，而使用、收益权能则属于村民；村民的权利来自其共同体身份；村民对所有物无份额关系。“总有”概念起源于古日耳曼人分配土地的传统习惯，别的民族也应有过其存在的形式。参见张跃进：《论农村土地使用权资本化》，载《安徽师范大学学报(人文社科版)》2003年第6期。

② 付宗平：《关于理顺涉农社区集体经济组织与自治组织关系的探讨》，载《农村经济》2015年第4期。

③ 中共中央、国务院：《关于稳步推进农村集体产权制度改革的意见》，2016年12月。

④ 戴贵洲：《农村集体资产股份合作制改革的实践与探索》，载《政策》2017年第1期。

⑤ 中共中央、国务院：《关于实施乡村振兴战略的意见》，2018年1月2日。

的贫困小渔村、武汉市还建小区汉阳区的江欣苑小区，2004 年拆迁补偿 1723 万元，村里将发放村民生活费、购买村民医保、社保后的剩余款，全部用于发展集体经济，组建了武汉龙洲置业有限公司，让失地农民变成股东，给老百姓一个长远保障。如今的龙洲公司已有 7 家子公司，承接周边安保、物业等业务。目前，江欣苑社区居民生活费及福利分红增加到人均近 4 万元，每位居民都能按月领到生活费；入股居民子女读高中、大学的学费由社区全额买单。①

(四)多种形式的合作经济组织

集体经济能否继续发挥乡村团结作用，关键在于其组织形式向内能协调好内部的协作，向外能打破村落边界联合外部市场，使乡村具有主动性和讨价还价的能力。外在的市场压力与内在利益驱使，促进农村专业合作组织的产生及发展。农村专业经济合作组织是秉持“利益共享、风险共担”原则，由村民自愿组成的面向市场的互助性经济组织，也是一种集体经济的有效实现形式和农村经济发展的有效路径。为了增强市场竞争力，分散的农户有合作意愿，经过理性选择，通过发展村级合作经济，以集体的力量参与市场竞争，必然最终实现共同富裕。据农业部统计，截至 2016 年 10 月底，全国依法登记的农民合作社已达 174.9 万家，入社农户占全国农户总数的 43.5%。② 合作社产业涵盖粮棉油、肉蛋奶、果蔬茶等产品生产，并扩展到农机、植保、民间工艺、旅游休闲农业等多领域。在专业合作基础上，一些地方还探索出股份制、股份合作、信用合作、合作社再联合等多种形式合作经济组织。农民经济合作社已成为农民脱贫致富的稳定渠道，推进农业供给侧结构性改革的重要力量。

村民在自愿基础上成立从事农产品生产、加工和销售的专业合作经济组织，对优化农村产业结构，推动农业产业化进程，推动农村经济发展，增加农民收入，发挥着越来越大的作用。以农村专业合作社等为代表的农村经济组织，提高了农业生产面向市场的组织化程度，有效解决了市场经济条件农业发展的诸多问题。全村整体合作、户村之间合作、户户之间合作，自给自足承包户必将减少，由单家独户等市场变成齐心协力创市场，而实现规模效益的农业专业合作社、家庭农场、农业产业化经营组织和农业企业发育成长，将大幅度提高农业竞争力。经济发展模式型塑着乡村的社会结构，培养村民与陌生人之间的理性、宽容、合作的精神，并进一步在经济发展基础上保障和改善民生，在社会进步的基础上保障与发展民主。

---

① 程远州：《集体经济拔穷根，非遗文化聚人心》，载《人民日报》2016 年 11 月 10 日。

② 李慧：《农业部：全国四成多农户加入各类合作社》，载《光明日报》2016 年 11 月 18 日。

三、以公平为导向完善社会组织章程共建共享幸福家园

习近平指出："把社会管理寓于为群众服务之中，在服务中实施管理、在管理中体现服务，不断提高社会管理和群众工作的针对性和有效性。"①现阶段我国农村医疗、养老、社保等保障水平与城市居民保障水平尚有差距。推进基本公共服务和社会保障的城乡一体化，让农民享受改革发展的红利，除了进一步发挥政府主导作用，强化政府提供农村公共服务的责任，还要增强村自治组织的提供公共服务的能力，挖掘农村内部资源，整合村庄内部力量，特别重要的是鼓励和支持各类社会组织参与村级公共事务管理和公共服务。村规民约应该对各类社会组织提供服务进行规范、整合和协调，引导市场、民间力量、志愿组织和团体参与，提高乡村公共服务和管理的效率与质量。如山东各级民政部门近年来把红白理事会建设作为推进乡村文明行动的切入点和抓手，在广大农村全面建立红白理事会，有效发挥红白理事会作用，把婚丧办理流程和服务规范纳入村规民约，成为广大村民的自觉遵循。目前，山东省成立了8.6万个红白理事会，理事会成员20万余人。村民每件丧事的花费由原来1万元至2万元，下降到现在的3000元至5000元，群众负担得到减轻。②

首先，村规民约要明确农村社会组织提供公共服务的领域，根据区域内群众诉求，对那些"政府失灵"与"市场失灵"的领域，设计服务项目，充分照顾多元主体需求，引导社会组织公平参与竞争，提供专业化、个性化、人性化服务。根据社会组织提供服务的数量和质量，按照一定的标准进行考核评估后支付服务费用，考核绩效优秀的给予一定的声誉和物质奖励，使那些有能力承担服务任务的社会组织有更多的社会担当机会。其次，通过村规民约建立购买公共服务的长效机制，建立分类供给、经费保障、统筹建设、民主管理机制。基层政府、自治组织通过委托合同或采取招标等形式与社会组织建立合作伙伴关系，拓宽购买服务的广度和深度。建立公共财政资助、奖励、补贴制度，通过购买服务、以奖代补、直接资助等方式，支持专业化社会服务组织到农村开展服务。加强农村公共设施建设，创新农村公共服务机制，改进农村公共服务方式，优化公共资源配置。最后，村规民约要兜住社会公平正义的底线，满足人民群众的基本公共服务需求，实现以人为本、社会和谐。当前，大量农村青壮年外出务工，农村"留守儿童""空巢老人""留守妇女"等问题突出，村规民约要将"学有所教、劳有所得、病有所医、老有所养、住有所居"作为核心内容。服务性质要由补救性向与预防与发展性转变，拓展服务的广

① 习近平：《以更加奋发有为的精神加强和改进党的建设》，载人民网：http：//politics.people.com.cn，2011年3月24日访问。

② 潘俊强：《山东成立8万多个红白理事会》，载《人民日报》2017年6月21日。

度，将服务对象从户籍村民扩大到辖区实有人口，要以满足村民多元需求，努力提升人民群众安全感和幸福指数。

案例：

运用村规民约解决"留守儿童"问题①

"6·9"事件发生后，毕节市通过劝导家长返乡，扶持返乡家长创业就业，爱心帮扶心理辅导，制定村规民约，关爱留守儿童。毕节市朱昌镇14个村制定村规民约，明确家长对未成年子女的抚养及监护责任，并增加约束性条款，除了全村通报批评外，还有对其暂停一些优惠政策等。毕节市织金县珠藏镇一些村的村规民约规定，留守儿童家长或监护人不监护子女，不得参与创建"星级文明户"评选，村委会将留守儿童送到其父母驻地，费用一律由其父母承担。大方县瓢井镇一些村的村规民约规定，对孩子不尽监管责任的家庭，作"不诚信"家庭处理，对完全不履行监管责任，由村委会向人民法院提起诉讼，追究相关法律责任。贵州省民政厅公布了《进一步规范完善村规民约的实施意见》，要求制定村规民约对村民的抚养义务、赡养义务、家庭责任、监护人责任等进行细化，不再让留守儿童问题成为家庭之痛、社会之痛。

截至2016年11月，民政部对全国农村留守儿童数量的最新统计为902万人。② 留守儿童难以进入话语体系，家庭给予怎样的条件，就生活在怎样的条件中；社会给予怎样的环境，就接受怎样的环境。"6·9"事件，以一种极端的方式呈现出来，谁负责主动协调，谁来跟踪确保留守儿童的权益？关键时刻，找不到一个真正的主责部门。因此，法律和村规民约要共同建立对家庭监护强有力的监督干预机制，部门联动的发现报告、紧急处置、评估帮扶机制，核心是建立留守儿童的关爱服务保障体系。国务院《关于加强农村留守儿童关爱保护工作的意见》首次提出解决农村留守儿童问题的顶层设计，要从源头上改变"儿童进不了城，父母回不去乡"的现实，实现到2020年儿童留守现象明显减少的目标。实现这个目标，一方面，应强化家庭监护责任。我国《未成年人保护法》《民法通则》《预防未成年人犯罪

---

① 素材来源于史玉根：《关爱留守儿童，毕节在行动》，载《中国妇女报》2015年10月25日。

② 此前是按照"父母一方外出务工，不满18周岁"的标准来统计农村留守儿童，新标准调整为"父母双方外出务工或一方外出务工、另一方无监护能力，无法与父母正常共同生活的不满16周岁农村户籍未成年人"。参见《民政部回应全国农村留守儿童数量规模变化》，载《人民日报》2016年11月20日。

法》等对父母等监护人依法履行监护职责和抚养义务作出了明确的规定，乡镇政府部门和村委会要加强监护监督和指导，依法劝诫制止父母不履行监护职责的行为，及时追究严重失职父母的法律责任。另一方面，将目前已有，但散落于民政、教育、公安等多个领域的各类保护、帮扶、救助等举措，进一步统筹，形成更丰富的关爱服务体系，引导和激励专业化的社会组织、专业化的人员开展对于农村留守儿童全方位的关爱帮扶。

案例：

建立日间照料中心，提高农村养老服务质量①

2016年9月9日，中央电视台新闻频道《焦点访谈》报道了山西运城盐湖区日间照料中心依托村规民约进行机制创新，解决高龄留守老人照料，建设幸福美好家园的典型事例。

问题：盐湖区60岁以上老人近10万人，70岁以上孤寡或空巢老人近1万人。老人独自生活，遇到头疼脑热没人照料，连一日三餐都成为难题。中国有句老话，叫“父母在，不远游”。可是子女为解决生活难题，又不能不外出打工。在改变生活的需要与传统尽孝的观念之间，形成两难选择。雷家坡村在外打工的村民杨景旦，老母亲冯趁心今年80多岁，腿脚不太利索。杨景旦经常接到村里电话，告之老母亲差点发生危险，他只好放弃工作，从外地匆忙赶来。五曹村邢进财老人，两年前老伴过世，3个儿子在外打工，自己又摔了一跤导致大腿骨折，一个人生活就有了困难。盐湖区一共有270个村子，每个村子都有很多孩子在外打工而无人照顾的老人。

破解：盐湖区进行因地制宜探索，重要举措就是建立“老年人日间照料中心”。老年人日间照料中心，顾名思义，就是照料70岁以上孤寡或空巢老人，利用各村闲置的校舍或者村委办公地，给老年人另安一个大家，来解决孤寡或空巢老人遇到的实际困难。雷家坡村和五曹村就是最早的试点，冯趁心老人就是最早来到雷家坡村老年人日间照料中心的老人；自从有了老年人日间照料中心，邢进财老人也不用吃白水泡馍了，解决了一日三餐做饭的难题。有了日间照料中心诸多热心人对老年人的照顾，子女们也可以安心外出打工了。2010年至今，盐湖区已经成立150多家“老年人日间照料中心”，解决了5000多名空巢或孤寡老人生活难题。

破解难题之一：老有所养，钱从何来？空巢或孤寡老人在“老年人日间照料中心”吃的只是一些家常菜，但是顿顿新鲜热乎，日子过得丰富滋润。中心规定，每

---

① 素材来源于中央电视台13套新闻频道：《焦点访谈：尚德孝　润人心》，载央视网：http：//tv.cctv.com，2016年9月9日访问。

位老人每月交100块钱，肯定不够吃饭成本。盐湖区想出办法，通过“老年人日间照料中心”这样一个组织平台，协同解决资金问题。以雷家坡村为例，按30位老人每位一个月300元费用为标准，一年需要108000元。其中，区财政补助20000元，老人子女人每月交100元合计一年是36000元，剩下52000元的亏空由各村村委会想办法解决。

破解难题之二：老有所乐，乐从何生？各村把农村书屋建在“老年人日间照料中心”，让老人闲暇时可以读书练字；把道德讲堂放在此处，让老年人可以自娱自乐，听讲身边好人好事；把文艺演出活动放在此处，市文艺演出队和义工组织也常来日间照料中心慰问演出，给老人带来了欢乐，老人们的精神生活更加丰富多彩。

破解难题之三：老有所依，依在何方？“老年人日间照料中心”成为很多热心志愿者和爱心人士实施善举的最佳地方。盐湖市民郭艳菊开了一家小理发店，收入并不高，但是她每隔半月就和义工组织一起来到中心，给老人们提供理发帮助，郭艳菊的小善举，解决了老人的大难题。雷家坡村村民孟来有，从小失去双亲，后来外出创业小有所成，每次回村都会捐钱捐物。他感到，老年人日间照料中心的存在，弥补了不能给父母尽孝的缺憾。热心志愿者和爱心人士的善举，让那些子女不在身边的老人感受到了爱和温暖。

破解难题之四：老有所靠，靠在何人？中心工作人员细心照顾、热心志愿者和爱心人士关爱以及老人们在中心相互扶助，这不等于子女可以放任不管。每月每个老人100元费用，必须由子女缴纳；如果子女就近打工，必须亲自交到中心，以此保证老人每月都能见到子女；如果打工太远回不来，要常打电话并由中心记录在案；老人患病，子女必须回来带老人看病等。尽孝不能等待、亲情不能缺席，子女的爱永远是老人最大的靠山。

破解难题之五：老有所归，归往何处？每天早上7点半开始，老人陆续步行来到中心，中心工作人员和村干部为老人忙前忙后，有劳动能力的老人也适当帮衬。白天在这里休闲娱乐和三餐之后，晚上7点半左右，老年人陆续步行返回家里，老人每天能回到自己熟悉的家中，一切是那么亲切，不会像在集中居住的县乡福利院那样产生孤独感和离乡疏离感。身体和精神均有归处，心情当然会十分舒畅。

“日间照料中心”的组织建构和制度设计，创新价值在于以乡村养老供给侧结构性改革为主线，坚持社会效益和经济效益相统一，更精准满足多层次多样化农村养老服务需求。充分发挥出政府的指导监督作用、自治组织筹措的关键作用、社会组织的支撑作用、志愿组织和热心人士的协同作用、村民广泛参与的基础作用，使各个主体的功能都充分发挥出来。

首先，政府发挥指导和监督作用，通过购买服务等方式将部分职能转交给非营利组织，解决农村高龄留守老人的照料问题。政府补贴的钱不是简单地直接发到老人手中，而是培育和“孵化”日间照料中心，并通过日间照料中心的平台吸收和配置更多社会资源，探索建立政府、自治组织、社会、村民等多渠道筹措资金机制；其次，发挥自治组织筹措的关键作用。强化自治组织服务能力，根据本地风俗文化、人口结构、服务半径，因地制宜实现公共服务的公平有效供给，增强村集体的凝聚力和归属感，提高村民幸福感和获得感。其次，社会组织“日间照料中心”履行沟通、组织、提供专业服务的责任，推动农村养老服务的市场化、专业化、人性化；另外，“老年日间照料中心”建立了一个高效平台，让志愿组织和热心人士有了为农村老人服务的具体抓手。最后，村民既是农村公共服务的享有者，也是公共服务的参与者。

各个主体的契约协同，发扬和谐、友爱、合作的公共精神，降低了因“个体化”导致的孤独感、陌生感，实现传统伦理向现代伦理转型。传统乡村的公共服务由家族或宗族提供，中华人民共和国成立后的公共服务基本是由村集体提供。当下，村民对公共服务的需求内容更广、标准更高。从长远看，乡村振兴中实现农村公共服务的公平有效供给，不仅要加强政府的支持和服务力度，推动政府公共服务下乡，还要进一步通过村规民约等制度创新，统筹政府、自治组织、社会和村民的合作供给，实现资源的合理流动和公平配置，促进城乡基本公共服务均等化，建成“管理有序、服务完善、文明祥和”的宜居生活共同体。

附录

附录1：习近平总书记关于村规民约的重要指示

移风易俗，提倡文明的健康的生活方式是脱贫致富的必要条件。我们应当有意识地从政策上规范人们的行为，引导人们把生活建立在文明健康的共产主义道德轨道上来。

——《建设好贫困地区的精神文明》，载《摆脱贫困》，福建人民出版社 2014 年版。

发挥市民公约、乡规民约、行业规章、团体章程等社会规范在社会治理中的积极作用。

——《党的十八届四中全会公报》2014 年 10 月 23 日。

发挥市民公约、乡规民约等基层规范在社会治理中的作用，培育社区居民遵守法律、依法办事的意识和习惯。

——2014 年 11 月 1 日，习近平总书记在考察福建省福州市鼓楼区军门社区时的讲话。

发挥自治章程、村规民约的积极作用。

——中共中央、国务院《关于实施乡村振兴战略的意见》，2018 年 1 月 2 日。

附录 2：民政部、中组部、全国妇联等 7 部门联合出台《关于做好村规民约和居民公约工作的指导意见》

12 月 27 日，民政部召开新闻通气会，发布《民政部　中央组织部　中央政法委　中央文明办　司法部　农业农村部　全国妇联关于做好村规民约和居民公约工作的指导意见》(以下简称《指导意见》)。民政部基层政权和社区建设司、中央组织部组织二局、全国妇联权益部等文件起草部门相关负责同志出席会议，介绍《指导意见》有关情况并答记者问。

以习近平同志为核心的党中央高度重视发挥市民公约、乡规民约等基层自治规范在社会治理中的重要作用。党的十八届四中全会提出，要“发挥市民公约、乡规民约、行业规章、团体章程等社会规范在社会治理中的积极作用”。党的十九大以来，习近平总书记多次就发挥村规民约作用，教育和引导贫困群众改变陈规陋习、树立文明新风等作出重要指示。为贯彻落实习近平总书记指示精神和中央决策部署，民政部、中组部、全国妇联等 7 部门联合出台了《指导意见》，对规范、加强村规民约和居民公约工作作出了全面部署，是首次以中央和国家机关有关部门名义联合出台的关于村规民约和居民公约工作的全国性指导性文件。

《指导意见》深入贯彻落实党的十九大精神和习近平新时代中国特色社会主义思想，主动回应人民群众对打造共建共治共享基层社会治理格局，加强城乡社区治理的新期待，科学总结近年来各地各部门推进村规民约和居民公约工作的经验做法，精准把握实际工作中存在的问题和不足，从总体要求、主要内容、制定程序、监督落实和组织领导等五个方面对村规民约和居民公约工作提出规范要求，并提出“到 2020 年全国所有村、社区普遍制定或修订形成务实管用的村规民约、居民公约，推动健全党组织领导下自治、法治、德治相结合的现代基层社会治理机制”的工作目标，对充分发挥村规民约和居民公约积极作用，推动形成多维度依法治理，不断提升城乡社区治理能力和治理水平具有重要意义。

《指导意见》明确村规民约和居民公约的制定或修订工作应遵循坚持党的领导、坚持合法合规、坚持发扬民主、坚持价值引领、坚持因地制宜等五个原则；提出规范日常行为、维护公共秩序、保障群众权益、调解群众纠纷、引导民风民俗等五个方面重要内容；回应社会关切，提出要针对当前一些地方存在的滥办酒席、天价彩礼、薄养厚葬、攀比炫富、铺张浪费，“等靠要”、懒汉行为，家庭暴力、拒绝赡养老人、侵犯妇女特别是出嫁、离婚、丧偶女性合法权益，涉黑涉恶、“黄赌毒”等突出问题进行抵制和约束。村规民约、居民公约一般还应针对违反的情形，提出相应惩戒措施。

《指导意见》对村规民约和居民工约的制定程序进行了详细规定，明确一般应经过征集民意、拟定草案、提请审核、审议表决、备案公布等五个步骤。《指导意见》强调监督落实，乡镇、街道要加强督促检查，将落实情况作为抓基层组织建设的经常性工作，防止流于形式；村(居)务监督委员会要将执行情况纳入监督内容；健全完善奖惩机制，通过模范创建、批评教育等方式，促进村规民约和居民公约的遵守和落实，具有很强的指导性和可操作性。

《指导意见》将坚持和加强党的全面领导贯穿始终，在制订、组织实施、执行监督村规民约、居民公约全方位、全过程强化县、乡、村(社区)各级党组织的领导和把关作用，确保村规民约、居民公约体现党的意志主张，保证基层群众自治的正确政治方向；充分发扬民主，在制订程序上坚持村(居)民会议的法定形式，将村规民约、居民公约的修订纳入城乡社区协商的框架体系，有效衔接有机推进，使协商成为制修订的重要环节，引导村(居)民广泛参与，达成共识，发扬基层民主，深化群众自治；坚持依法办事，村规民约、居民公约在制订程序上要符合村民委员会组织法、居民委员会组织法有关规定；在内容不得违背宪法和法律精神，不得妨碍和侵犯个人、集体合法权益和国家利益；在执行监督上厘清村规民约与法律、道德的关系，防止以村规民约、居民公约代替法律；突出问题导向，针对当前村规民约、居民公约工作中存在的制订程序不规范、内容违法违规、侵犯群众合法权益、乡镇备案审查执行不到位、实施流于形式等当前社会反映强烈的突出问题提出针对性规范要求。

为加强村规民约和居民公约工作的组织领导，《指导意见》明确了各级各部门的职责任务。县级党委政府要统筹谋划，解决重要问题，组织推动；乡镇(街道)要履行主体责任，加强指导把关，具体推动落实；组织、民政部门要牵头协调，政法、文明办、司法行政、农业农村、妇联等部门要密切配合，合力推动，切实使《指导意见》各项要求落地生根，取得实效。

附录3：《关于做好村规民约和居民公约工作的指导意见》

各省、自治区、直辖市民政厅(局)、组织部、政法委、文明办、司法厅(局)、农业农村(农业、农牧、农村经济)厅(局、委)、妇联，新疆生产建设兵团民政局、组织部、政法委、文明办、司法局、农业局、妇联：

村规民约、居民公约是村(居)民进行自我管理、自我服务、自我教育、自我监督的行为规范，是引导基层群众践行社会主义核心价值观的有效途径，是健全和创新党组织领导下自治、法治、德治相结合的现代基层社会治理机制的重要形式。近年来，一些地方指导村、社区探索制定村规民约、居民公约，对引导基层群众有序参与村、社区事务，加强村、社区治理，弘扬公序良俗，起到了积极作用。同时也要看到，一些地方对村规民约和居民公约工作重视不够、指导不力，一些村规民约、居民公约存在内容空泛、制定不规范、实施流于形式等问题，甚至有的内容违法违规、侵犯群众合法权益。为推动全面从严治党向基层延伸，充分发挥村规民约、居民公约的积极作用，不断提升城乡基层社会治理水平和文明程度，现就做好村规民约和居民公约工作提出以下意见。

一、总体要求

以习近平新时代中国特色社会主义思想为指导，深入贯彻党的十九大精神和党中央有关部署要求，加强对村规民约和居民公约工作的指导规范，到2020年全国所有村、社区普遍制定或修订形成务实管用的村规民约、居民公约，推动健全党组织领导下自治、法治、德治相结合的现代基层社会治理机制。要坚持党的领导，党组织全程主持制定或修订，加强领导和把关，保证正确方向；坚持合法合规，不得违背宪法和法律精神，不得侵犯国家、集体利益和群众合法权益；坚持发扬民主，集中群众意见，最大限度体现全体村(居)民意愿；坚持价值引领，践行社会主义核心价值观，弘扬中华民族传统美德和时代新风；坚持因地制宜，充分考虑当地风俗习惯、历史文化等因素，通俗易懂，简便易行。

二、主要内容

村规民约、居民公约内容一般应包括：(1)规范日常行为。爱党爱国，践行社会主义核心价值观，正确行使权利，认真履行义务，积极参与公共事务，共同建设和谐美好村、社区等。(2)维护公共秩序。维护生产秩序，诚实劳动合法经营，节约资源保护环境；维护生活秩序，注意公共卫生，搞好绿化美化；维护社会治安，遵纪守法，勇于同违法犯罪行为、歪风邪气作斗争等。(3)保障群众权益。坚持男女平等基本国策，依法保障妇女儿童等群体正当合法权益等。(4)调解群众纠纷。坚持自愿平等，遇事多商量、有事好商量，互谅互让，通过人民调解等方式友好解决争端等。(5)引导民风民俗。弘扬向上向善、孝老爱亲、勤俭持家等优良传统，推进移风易俗，抵制封建迷信、陈规陋习，倡导健康文明绿色生活方式等。

村规民约、居民公约要坚持问题导向，尤其要针对滥办酒席、天价彩礼、薄养厚葬、攀比炫富、铺张浪费，“等靠要”、懒汉行为，家庭暴力、拒绝赡养老人、侵犯妇女特别是出嫁、离婚、丧偶女性合法权益，涉黑涉恶、“黄赌毒”等突出问题，提出有针对性的抵制和约束内容。村规民约、居民公约一般还应针对违反的情形，提出相应惩戒措施。

村规民约、居民公约一般由名称、正文、审议主体、日期四部分组成。名称一般为《××村村规民约》、《××社区居民公约》；正文可采取结构式、条款式、三字语、顺口溜、山歌民歌等各种表述形式，应简洁明了、贴近群众生产生活、易于掌握和遵守；审议主体为××村村民会议、××社区居民会议；日期为实施生效的具体时间。

三、制定程序

村规民约、居民公约的制定或修订，一般应经过以下几个步骤：(1)征集民意。村(社区)党组织、村(居)民委员会广泛征求群众意见，提出需要规范的内容和解决的问题。(2)拟定草案。村(社区)党组织、村(居)民委员会就提出的问题和事项，组织群众广泛协商，根据群众意见拟定村规民约或居民公约草案，同时听取驻村或社区党代表、人大代表、政协委员、机关干部、法律顾问、妇联执委等意见建议。(3)提请审核。村(社区)党组织、村(居)民委员会根据有关意见修改完善后，报乡镇党委、政府(街道党工委、办事处)审核把关。(4)审议表决。村(社区)党组织、村(居)民委员会根据乡镇党委、政府(街道党工委、办事处)的审核意见，进一步修改形成审议稿，提交村(居)民会议审议讨论，根据讨论意见修订完善后提交会议表决通过。表决应遵循《村民委员会组织法》《城市居民委员会组织法》相关规定，并应有一定比例妇女参会。未根据审核意见改正的村规民约、居民公约不应提交村(居)民会议审议表决。(5)备案公布。村(社区)党组织、村(居)民委员会应于村(居)民会议表决通过后十日内，将村规民约、居民公约报乡镇党委、政府(街道党工委、办事处)备案，经乡镇党委、政府(街道党工委、办事处)严格把关后予以公布，让群众广泛知晓。

村规民约、居民公约在保持相对稳定的同时，可根据当地经济社会发展、群众需求变化以及社情民意等进行修订，修订程序参照制定程序执行。

四、监督落实

乡镇党委、政府(街道党工委、办事处)要加强村规民约和居民公约工作落实情况的督促检查，作为基层组织建设的经常性工作，纳入村(社区)“两委”班子目标责任考核内容，防止流于形式、成为摆设。村(居)务监督委员会应加强对村规民约、居民公约遵守情况的监督，村(社区)“两委”成员、人民调解员、村(社区)

妇联执委和德高望重、办事公道的群众代表共同参与监督。充分发挥村(居)民议事会、人民调解委员会、道德评议会、红白理事会、禁毒禁赌会等群众组织的作用，强化村规民约、居民公约的遵守和落实。要健全完善奖惩机制，可通过开展模范村(居)民评选、文明家庭创建等活动，促进村规民约、居民公约的遵守和落实。对违反村规民约、居民公约的情形，要加强批评教育，并通过合理的处理方式，使违反者受到教育、改正错误，但不得滥用强制处罚，避免简单以罚代教。对可能构成违法犯罪的事件，应及时提请司法机关认定处理，防止以村规民约、居民公约代替法律制裁。

五、组织领导

各级党委和政府要高度重视，将指导规范村规民约和居民公约工作作为加强基层社会治理的重要内容，加强组织领导和具体推动。县级党委和政府要摆上重要日程，在加强农村、城市基层组织建设中统筹谋划和组织推动，研究解决重要问题，确保工作顺利推进。乡镇党委、政府(街道党工委、办事处)要严格履行主体责任，加强指导、严格把关，具体推动落实，及时发现并研究解决有关问题。

各级党委组织部门、政府民政部门要牵头协调，政法、文明办、司法行政、农业农村、妇联等部门要密切配合，合力推动。要加强督促检查，重点检查村规民约、居民公约制定或修订的主体、程序、内容是否合法，是否符合实际、具有可操作性，发现问题及时纠正。注意总结宣传各地的好经验好做法，树立一批优秀村规民约、居民公约范本，深入做好挖掘、记录、收集、整理工作，充分发挥典型的示范带动作用。

民　政　部　　　　中央组织部
中央政法委　　　　中央文明办
司　法　部　　　　农业农村部
全国妇联

2018年12月4日

附录4：立时代新约　建幸福家园

——评《关于做好村规民约和居民公约工作的指导意见》①

村规民约和居民公约（简称“民约”）对激发城乡社会活力、凝聚群众创造伟力、培育城乡发展动力，推动实现基层治理体系和治理能力现代化，具有重要意义。近日，中央和国家机关七部委联合颁布《关于做好村规民约和居民公约工作的指导意见》（以下简称《意见》），从总体要求、主要内容、制定程序、监督落实和组织领导五个方面提出工作的基本规范和具体要求，这是新时代基层治理和文明建设的一件大事。

《意见》以习近平新时代中国特色社会主义思想为指导，科学阐明工作的总体要求。《意见》从指导思想、具体路径、价值导向、基本底蕴四方面提出工作的总体要求，即指导思想是习近平新时代中国特色社会主义思想；具体路径是党的领导、合法合规、发扬民主；价值导向是社会主义核心价值观；基本底蕴是因地制宜、简便易行。总体要求充分彰显了理论自信、道路自信、制度自信和文化自信，特别是准确把握“党的领导、人民当家作主、依法治国有机统一”方针并贯彻落实到具体工作中，为传承性民约的创造转化和建构性民约的创新发展指明方向。

《意见》创新工作机制，实现党对民约工作的全面领导。贯通《意见》的核心要旨，就是紧紧围绕“健全党组织领导下自治、法治、德治相结合的现代基层社会治理机制”，创造性提出党领导民约工作的具体举措。总体要求方面，党组织要保证正确方向；制定程序和监督落实方面，基层党组织与政府、村（社区）党组织与村（居）民委员会要有效衔接和良性互动；组织领导方面，明确基层党组织和政府严格履行主体责任、各级党委组织部门和政府民政部门应该牵头协调。

《意见》突出自治特色，系统设计多元协同的程序规则。《意见》首句即定性民约是村（居）民自我管理、自我服务、自我教育、自我监督的行为规范。在立约方面，确立征集民意、拟定草案、提请审核、审议表决和备案公布等关键步骤，明确村（居）民的主体地位和基层自治组织的相关职责，依托村（居）民会议拓展协商民

① 2018年12月4日，民政部、中组部、全国妇联等中央和国家机关七部委联合颁布《关于做好村规民约和居民公约工作的指导意见》。本书作者陈永蓉应民政部邀请，对此部委文件进行专家解读，相关内容载于民政部专题网页专家解读栏（http：//mzzt.mca.gov.cn/article/zt_cgmy/），题为《立时代新约　建幸福家园》。文章凝练了陈永蓉主持的湖北省省社会科学基金项目（立项号：2018013）相关研究成果，进一步瞄准理论前沿、聚焦现实问题、强化对策思考。文章对《意见》的深度解读，有助于城乡各地在制定和实施村规民约和居民公约工作中，更好理解《意见》核心要旨和基本规范，促进《意见》各项要求落地生根，取得实效。

主与人民民主的融通渠道；监督落实方面，强调发挥村(居)“两委”成员、新乡贤和群众性组织的协同作用，重在教育养成，促使自觉遵守，不得滥用强制处罚，避免简单以罚代教等。

《意见》坚持问题导向，充盈民约内涵，实现良法善治。《意见》精准聚焦滥办酒席、天价彩礼、薄养厚葬、“等靠要”、懒汉行为等群众的痛点，聚焦侵犯妇女权益、黄赌毒、涉黑涉恶等群众权益保障的难点，聚焦人民群众追求更加美好生活的重点，提出民约内容主要包括规范日常行为、维护公共秩序、保障群众权益、调解群众纠纷、引导民风民俗等，推动民约内化为群众的精神追求，外化为群众的自觉行动，共建共享和谐幸福家园。

附录5：新时代村规民约典型实例①

广东省梅州市蕉岭县长潭镇《白马村村规民约》

村规民约好，逐字逐句要记牢，共同拟定来执行，共同遵守来做到。
爱国爱家好，一心跟党不动摇，齐心协力是正道，你扭我拗不能搞。
勤劳致富好，科学技能要知道，勤俭持家人人夸，懒惰逍遥是歪道。
遵纪守法好，主持正义讲公道，为人做事遵规法，损害他人理不饶。
文明新风好，待人诚恳有礼貌，邻里关爱亲如兄，互相提醒多关照。
四防安全好，综合治理很重要，歪门邪道要摒除，坚决彻底摧毁掉。
家庭和睦好，夫妻相敬偕到老，婆媳妯娌心连心，五好家庭用心造。
尊老爱幼好，赡养父母尽孝道，教子育女树样榜，家庭美德弘扬好。
移风易俗好，勤俭节约传家宝，迷信浪费要破除，红白喜事从俭操。
卫生秩序好，美化环境勤打扫，村容整洁讲文明，陈规陋习要改掉。
公共管理好，制度条款要记牢，坚决打击黄赌毒，荣辱廉耻要知道。
公共素质好，违法违规都不搞，科学和谐谋发展，白马村民风尚高。

村规民约制定过程

由长潭镇白马村召开村民会议讨论，结合本村特色和敬老爱幼等传统习俗，拟定《白马村村规民约》，并报长潭镇镇政府备案。

组织实施工作机制

由白马村下乡组和白马村“两委”借助驻点直接联系服务群众制度，广泛宣传，动员村内优秀党员和热心村民带头守规守约，号召全体村民遵民约、树乡风。

组织实施典型案例

在抓好农村环境综合整治的基础上，紧紧围绕“生态美、生产美、生活美”的目标，大力推进县级美丽乡村示范村建设。坚持“政府引导、农民主体”的原则，充分发挥村民理事会的作用，创新运作模式，激发内生动力，将人居环境整治与美丽乡村建设、精准扶贫精准脱贫相结合，探索市场参与环境整治、发展乡村旅游、群众入股分红、贫困户劳务增收的新思路。

---

① 本部分素材均载民政部民政专题网：http：//mzzt.mca.gov.cn/article/zt_cgmy/，2018年12月27日访问。

村党组织参与情况

白马村党支部主导村规民约的起草，并领导团结村委会、村民理事会号召群众提出意见建议、遵守村规民约，着重宣传好人好事，为白马村发扬长寿文化、营造和谐村风不断努力。

浙江省海宁市斜桥镇《华丰村村规民约》

咱们华丰村，风景真美丽，地肥人缘好，养育你和我，
村规与民约，大家要牢记，户户要遵守，相互多监督，
法律要遵守，勤劳多带头，多学新技术，致富跑前头，
华丰是我家，环境靠大家，垃圾分好类，东西不乱堆，
环境要美化，绿化顶要紧，前槐后种朴，发财又发福，
乡风要文明，遵纪必守法，碰到问声好，说话要和气，
有事多商量，邻里相互帮，尊老又爱幼，家和万事兴，
乱拉乱搭建，坚决要制止，集约节约地，后代万年长，
吃的自来水，河里抽上来，污水不乱排，吃水才清爽，
秸秆不焚烧，烟花不要放，出门少开车，空气才会好，
勤俭来当家，摆酒否铺张，做事别浪费，生活会更好。

村规民约制定过程

一是调查研究，规范内容。根据村庄集聚的实情，结合上级党委政府对“三改一拆”“五水共治”“美丽乡村”等中心工作要求，针对村民普遍关心的事项以及与本村发展和建设密切相关的问题，通过广泛征求意见，确定村规民约框架。二是集中意见，拟定草案。村委会就提出的问题和事项，广泛发动村民讨论并征求意见建议，根据收集到的意见建议，拟定出村规民约草案。三是修改完善，表决通过。对拟定出的村规民约草案提交村民代表、党员、村小组长大会审议，根据审议意见做进一步的修改完善，然后由村委会主持召开村民会议表决通过。

组织实施工作机制

结合村户长通讯录，将村规民约印发到每户，方便宣传学习；成立矛盾调解队、环境卫生评议队、村务评议组织等队伍保障村约有效执行和落实；组织村里退休老教师、老党员编写简约版村规民约，方便记忆流传；通过广播、宣传栏、灯杆、《新华丰》村报等多渠道加强宣传；利用村好人好事银行平台建立积分机制，将村约实施与村民福利挂钩；对违反相关条款的，在调查核实后经村务评议组织评议，报村委会(或村民代表会议)集体讨论、决定。

组织实施典型案例

村内有一小超市在房前屋后堆放杂物，垃圾不及时处理，影响周边农户生活秩序及环境卫生，收到农户举报，村务评议小组现场核实后，转达至村民委员会，村民委员会对超市业主进行了批评教育，要求整改，但是在整改期限后村务评议小组进行复查时，仍未进行整改，特此召开村民代表大会讨论决定，对该超市业主给予扣除半年福利的处分。

村党组织参与情况

村党组织全程参与村规民约的制定，协助收集民情民意；参与村务评议组织及下属的志愿队；协助做好宣传工作。

江苏省昆山市周市镇《市北村村规民约》

一、总则篇

市北村居民，立章树正气。人人爱市北，市北为人人。
规矩大家定，条条都是令。规约人人记，违反要批评。

二、个人品德篇

爱党爱祖国，道德素质高。青年服兵役，守疆保祖国。
学法又用法，权益得保障。琐事让三分，听人不吃亏。
善用互联网，分清是与非。信教须慎重，邪教害自己。
开车不抢先，酒驾很危险。文体娱乐好，生活更美好。

三、家庭美德篇

敬老增福寿，子女懂感恩。夫妻平等处，互敬共勉励。
兄弟姐妹亲，家和万事兴。优生优育好，男女都是宝。
邻里重情谊，互助如兄弟。办事不攀比，实惠又节俭。
窗门水电气，安全要牢记。

四、职业道德篇

诚信心中记，利人更利己。正业谋发展，勤劳同富裕。
耕地禁荒废，科学增收益。义工积极去，公益多参与。

五、社会公德篇

明礼要常记，待人如待己。公物要爱惜，损坏要赔偿。
垃圾不乱丢，环境更美丽。宠物严管理，伤人早处置。
扬善又除恶，勇者是榜样。打击黄赌毒，造福下一代。

六、民主自治篇

村事民来议，心齐泰山移。意见逐级提，不闹有规矩。
建房先审批，违章要拆除。民事村来帮，惠民办实事。

纠纷有调解，省事又免费。你我同追逐，共圆市北梦。

村规民约制定过程

一是宣传发动。村民是制定村规民约的主体，必须让村民知道、理解并积极参与。二是组建领导小组。村“两委”成立村规民约制定领导小组，并确定专人负责组织和协调，为起草村规民约的工作提供便利。三是草拟初稿。领导小组根据工作时间表，收集需要解决的实际问题、村民普遍关心的事项以及与市北发展和建设密切相关的问题，进行调查研究，广泛征求意见，确定制定规约的内容。四是讨论修改。草稿完成后，领导小组先把它提交给村“两委”，经过村民代表会议讨论，根据村民意见确定内容。五是审核把关。修改定稿后，把村规民约草案提交镇司法部门，由他们就是否与法律规定相冲突问题提出意见。六是表决通过。由村委会主持召开村民会议，将村规民约逐条解释后，交付村民表决。对于表决不能通过的选项再次征求村民意见，修改后再行表决。七是公布实施。村委会将村规民约张贴于村各处宣传栏，并印发至本村各户和住本村的外来人员。

组织实施工作机制

为确保村规民约有效运行，村采取了五项工作。一是宣传。通过村网站、微信公众号、公开栏、大屏幕等多种方式进行宣传落实，并以日历形式印制村规民约发放到村民手中。二是教育。结合村规民约开展日常活动，进一步对村民进行教育、引导，邀请司法所工作人员现场解析村规民约，对村民疑问当场进行答复。三是落实。对村民中发生的矛盾纠纷以村规民约进行教育引导，进一步提升村民的道德文明素养，为村级发展作出自己的贡献。四是反馈。对村规民约的施行进行调查，及时对村民进行走访，对村规民约中不理解的，及时进行解释说明，听取村民意见。五是评价。根据村民事务矛盾纠纷受理事项类别、数量以及受理事项落实情况、社情民意调查中群众的满意度，对市北村的村规民约进行研究调整。

组织实施典型案例

在践行村规民约过程中，市北村每年评选“十个一”，来进一步促进村规民约的践行。2016 年度市北村“十个一”先进典型之一个好民警——王庆丰。在市北村，王庆丰可谓是一个“杂家”，也是一个“通才”，在担任市北村社区民警时，协调现场、拆迁现场、公益活动现场……处处活跃着王庆丰的身影。只要手头没有紧急的案子，王庆丰都会在上下班高峰期到村民主要出入口进行巡视，并开展法制和防范方面的宣传。王庆丰曾无数次参与调解工作，做好村民的贴心人，尽快消除纠纷双方的隔阂，尽心尽力地发挥一名社区民警服务于民的作用。

村党组织参与情况

村党委成立“村规民约”制定领导小组，切实把“村规民约”制定列入重要议事日程，确保村规民约制定好。同时，村党委加强对村规民约指导和督促检查，注重总结典型事例，广泛宣传积极遵循村规民约中涌现出来的典型事迹，把践行村规民约不断引向深入。

吉林省白山市抚松镇《中心街村村规民约》

要礼貌待人讲诚信，不粗言暴语、侵害他人利益。
要去除陋习讲文明，不随地吐痰、乱倒乱丢垃圾。
要爱护环境讲卫生，不乱堆乱放、散养家禽牲畜。
要爱惜公物讲公德，不损坏公物、乱贴乱涂乱写。
要遵章守规讲安全，不赌博偷盗、滥砍滥伐开荒。
要破除迷信讲科学，不请神弄鬼、参与邪教活动。
要团结友爱讲互助，不打架闹事、发生邻里纠纷。
要尊老爱幼讲美德，不虐待老人、歧视弱势群体。
要勤俭朴素讲节约，不大吃大喝、奢侈铺张浪费。
要见义勇为讲正气，不见险不救、放纵坏人坏事。

村规民约制定过程

在深入调查研究、广泛征求意见的基础上，村“两委”共同研究起草形成村规民约征求意见稿，并提交户代表广泛征求意见；村“两委”归纳、梳理群众意见后形成草案，报乡党委、政府审核；草案经乡党委、政府审核后，提交村民代表会议讨论，按照法定程序表决通过；村规民约从村民代表会议表决通过之日起生效。村民委员会及时将村规民约张榜公布，并印制成册，分发到户，同时报乡政府备案。

组织实施工作机制

一方面，注重提高村规民约的针对性、实效性，内容有鼓励也有禁止，有奖励也有惩罚，充分体现制度刚性；另一方面，注重合法性，村规民约不能与相关法律法规相抵触，而应成为法律法规的一种有效补充，成为社会治理体系的重要组成部分。

组织实施典型案例

通过组织广大村民在日常生产生活中学村规、守村规，大家遵纪守法意识更强了，道德素质普遍提高了，邻里之间更加和睦了，乱堆乱放、私搭乱建现象没有了，逐步树立起了良好的民风民俗，展现出了欣欣向荣的新农村面貌。

村党组织参与情况

村党支部通过修订完善村规民约，切实解决群众关心关注的热点难点问题，办好顺民意、解民忧、惠民生的实事，有力地维护了群众的根本利益；同时也使村规民约真正成为基层党组织凝聚群众力量的有力武器，成为基层党组织带领群众提高自治水平的可靠保障。

福建省福清市东张镇《道桥村村规民约》

一、家庭和谐，孝顺父母长辈。

二、夫妻相爱，培养子女会读书有礼貌有事业心。

三、厝边头尾相照应，有代计好商量，齐对手。(邻居相照顾，有事好商量，齐帮忙。)

四、传承乡村文化，发扬好的家风民俗。

五、人靠肯做讲信用趁钱(赚钱)，勤俭节约，热心公益。

六、环境卫生齐来做，厝前厝后捡拾平直。(环境卫生大家一起做，房前屋后收拾干净。)

七、起厝(盖房)先审批，着(要)挂牌，四至明确没跟别人闹意见。

八、安全第一，使电使煤气着小心，禁止上山乱砍树乱烧火。

九、经常锻炼，身体康健，反对赌博吸毒偷盗等不法行为。

十、村的财物齐有份，发现有人破坏及时报告村委或报警。

十一、爱祖国爱家乡，建设平安美丽有“熳”(有魅力的)新道桥。

村规民约制定过程

经全体村民大会充分酝酿与商讨，根据道桥乡村生活习俗与约定而制定(福清方言)，并表示将身体力行参与和支持道桥村修订完善村民公约，做遵规守约的带头人。

组织实施工作机制

进一步加强组织领导，建立健全领导责任制，保障村民公约推广工作的顺利进行。村民公约在村两委、乡贤及全体村民共同参与的机制下，实现了不断创新和完善的过程。

组织实施典型案例

在村民公约实施以后，村里的很多工作都比以前更好做了，例如某年村里修建排洪渠，工程所涉区块包括村民陈某的自留地，由于他家的自留地本来就不多，陈某不乐意土地被征用，村里就安排干部多次到陈某家里，一方面是做其思想工作，另一方面是给他进一步宣讲新村规民约的相关规定，最终陈某同意了。

村党组织参与情况

村党支部把修订、完善村民公约与当前正在开展的党的群众路线教育实践活动结合起来，与软弱涣散基层党组织整顿工作结合起来，把所征求到的群众意见、制定的整改措施，融入到村民公约中，确保村民公约更加突出问题导向，更加体现道桥的地域特点。

宁夏回族自治区中卫市沙坡头区柔远镇《范庙村村规民约》

村规民约好，逐字逐句要记牢，共同拟定来执行，共同遵守来做到。
爱国爱家好，一心跟党不动摇，齐心协力是正道，你扭我拗不能搞。
勤劳致富好，科学技能要知道，勤俭持家人人夸，懒惰逍遥是歪道。
遵纪守法好，主持正义讲公道，为人做事遵规法，损害他人理不饶。
文明新风好，待人诚恳有礼貌，邻里关爱亲如兄，互相提醒多关照。
四防安全好，综合治理很重要，歪门邪道要摒除，坚决彻底摧毁掉。
计划生育好，生儿育女不能超，晚婚晚育讲优生，重视后代质量保。
家庭和睦好，夫妻相敬偕到老，婆媳妯娌心连心，五好家庭用心造。
尊老爱幼好，赡养父母尽孝道，教子育女树样榜，家庭美德弘扬好。
移风易俗好，勤俭节约传家宝，迷信浪费要破除，红白喜事从俭操。
卫生秩序好，美化环境勤打扫，村容整洁讲文明，陈规陋习要改掉。
公共管理好，制度条款要记牢，坚决打击黄赌毒，荣辱廉耻要知道。
公共素质好，违法违规都不搞，科学和谐谋发展，范庙村民风尚高。

村规民约制定过程

村委会成员根据有关法律、法规、国家政策，结合本村实际，拟定草案，在第十届村委会换届选举期间，公开征求村民意见，整理完善定稿，经镇司法所审查合格后，交由村民会议讨论通过，并签字确定。

组织实施工作机制

村规民约在村部公示栏、商店、小学门口等进行公示；利用村民代表向农户宣传移风易俗新风尚，党和国家农业新政策；利用村民代表会议决议涉及村民集体利益事宜。

组织实施典型案例

村规民约是村民群众根据有关法律、法规、国家政策，结合本村实际制定的涉及村风民俗、社会公共道德、公共秩序、治安管理等方面的综合性规定。村规民约的实施，提升了村民自我管理、自我教育、自我约束能力，将本村自治水平推向新高度。加强经验总结和宣传工作，特别通过公众微信号、QQ 群等新型媒介向年轻群体的宣传，提高知晓率，获得认同感，形成文明节俭新风，遏制铺张浪费行为。

村党组织参与情况

村党组织召开党支部会议，研究指导修订村规民约。村党支部及本村所有党员严格以村规民约要求自己，争做致富创业带头人，争做移风易俗工作模范，争做村集体经济发展奉献者。

参 考 文 献

1. 著作类

[1]中共中央、国务院：《关于实施乡村振兴战略的意见》，北京：人民出版社 2018 年版。
[2]中共中央党史和文献研究院、国务院扶贫办：《习近平扶贫论述摘编》，北京：中央文献出版社 2018 年版。
[3]谢晖、陈金钊：《民间法》(1—18 卷)，厦门：厦门大学出版社；济南：山东人民出版社 2002—2018 年版。
[4]中共中央文献研究室：《习近平关于社会主义政治建设论述摘编》，北京：中央文献出版社 2017 年版。
[5]王春光等：《迈向社会治理的基层实践》，北京：经济管理出版社 2017 年版。
[6]宁德市地方志编纂委员会：《宁德家训　乡规民约》，福州：海峡书局出版社 2017 年版。
[7]唐奕：《基层治理之路》，北京：中央编译出版社 2016 年版。
[8]福建省地方志编委会等：《福建乡规民约》，福州：海峡文艺出版社 2016 年版。
[9]杨开道：《中国乡约制度》，北京：商务印书馆 2015 年版。
[10]中共中央文献研究室：《习近平谈治国理政》，北京：外文出版社 2014 年版。
[11]费孝通：《乡土中国　生育制度　乡土重建》，北京：商务印书馆 2014 年版。
[12]牛铭实：《中国历代乡规民约》，北京：中国社会出版社 2014 年版。
[13]孙韡：《黔东南苗族村寨村规民约研究》，西安：西南交通大学出版社 2014 年版。
[14]俞可平：《论国家治理现代化》，北京：社会科学文献出版社 2014 年版。
[15]唐鸣：《草根民主的法律规制》，北京：中国社会科学出版社 2013 年版。
[16]罗豪才、毕洪海：《软法与治理评论》，北京：法律出版社 2013 年版。
[17]莫金山：《金秀瑶族村规民约》，北京：民族出版社 2012 年版。
[18]苏力：《送法下乡——中国基层司法制度研究》，北京：北京大学出版社 2011 年版。

[19]黄平：《公共性的重建》，北京：社会科学文献出版社 2011 年版。
[20]徐勇：《现代国家乡土社会与制度建构》，北京：中国物资出版社 2009 年版。
[21]董建辉：《明清乡约：理论演进与实践发展》，厦门：厦门大学出版社 2008 年版。
[22]高其才：《中国习惯法论》，北京：中国法制出版社 2008 年版。
[23]于语和：《民间法》，上海：复旦大学出版社 2008 年版。
[24]汤唯：《法社会学在中国——西方文化与本土资源》，北京：科学出版社 2007 年版。
[25]贺雪峰：《乡村的前途》，济南：山东人民出版社 2007 年版。
[26]方慧：《少数民族地区习俗与法律的调试》，北京：中国社会科学出版社 2006 年版。
[27]田成有：《乡土社会中的民间法》，北京：法律出版社 2005 年版。
[28]苏力：《法治及其本土资源》，北京：中国政法大学出版社 2004 年版。
[29]秦晖：《传统十论：本土社会的制度、文化及其变革》，上海：复旦大学出版社 2003 年版。
[30]于建嵘：《岳村政治——转型中国乡村政治结构的变迁》，北京：商务印书馆 2001 年版。
[31]黄宗智：《清代的法律、社会与文化：民法的表达与实践》，上海：上海书店出版社 2001 年版。
[32]曹锦清：《黄河边的中国——一个学者对乡村社会的观察与思考》，上海：上海文艺出版社 2000 年版。
[33]王铭铭：《乡土社会的秩序、公正与权威》，北京：中国政法大学出版社 1997 年版。
[34]梁治平：《清代习惯法：社会与国家》，北京：中国政法大学出版社 1996 年版。
[35]梁漱溟：《乡村建设理论》，上海：上海书店 1992 年版。

2. 论文类

[1]刘志松：《乡规民约与乡村振兴》，载《光明日报》2018 年 5 月 2 日。
[2]蒋永穆：《基于社会主要矛盾变化的乡村振兴战略：内涵及路径》，载《社会科学辑刊》2018 年第 2 期。
[3]陈寒非、高其才：《乡规民约在乡村治理中的积极作用》，载《清华法学》2018 年第 1 期。
[4]韩长赋：《大力实施乡村振兴战略》，载《人民日报》2017 年 12 月 11 日。
[5]周铁涛：《村规民约的历史嬗变与现代转型》，载《求实》2017 年第 5 期。

[6]赖先进：《发挥村规民约在社会治理中的耦合协同效应和作用》，载《科学社会主义》2017 年第 4 期。
[7]陈淼霖：《法治建设背景下习惯法适用研究》，载《山东农业大学学报》2017 年第 3 期。
[8]王浩：《村规民约“约”出好风气》，载《人民日报》2017 年 6 月 27 日。
[9]耿建扩：《移风易俗治陋习　村规民约树新风》，载《光明日报》2017 年 3 月 20 日。
[10]戴威：《农村集体经济组织成员资格制度研究》，载《法商研究》2016 年第 6 期。
[11]张良：《乡村公共规则的解体与重建》，载《浙江社会科学》2016 年第 6 期。
[12]靳豆豆：《协商民主与村规民约的制定、修改》，载《河南教育学院学报》2016 年第 4 期。
[13]卫跃宁、廉睿：《中国民间法的当代价值及其应用路径》，载《烟台大学学报》2016 年第 3 期。
[14]朱燕刚、江世聪：《对村规民约体系重构的思考》，载《人民论坛》2016 年第 30 期。
[15]王宏选：《现代村规民约的组织创新与治理重心》，载《甘肃社会科学》2016 年第 2 期。
[16]骆东平：《从村规民约的嬗变看乡村社会治理的困境及路径选择》，载《湖北民族学院学报》2016 年第 2 期。
[17]高其才：《通过村规民约的乡村治理——从地方法规规章角度的观察》，载《政法论丛》2016 年第 2 期。
[18]王国勤、汪雪芬：《村规民约的权威塑造》，载《江苏大学学报》2016 年第 2 期。
[19]王振标：《论村规民约的法治化治理》，载《行政与法》2016 年第 2 期。
[20]廉睿、高鹏怀：《来自民间的社会控制机制——中国“民间法”的过去、现在和未来》，载《理论月刊》2016 年第 2 期。
[21]耿卓：《家户视角下的妇女土地权利保护》，载《法学》2016 年第 1 期。
[22]向攀竹、唐娜：《论国家政策、村规民约与法律秩序的冲突及融合》，载《湖南警察学院学报》2015 年第 3 期。
[23]李松玉：《乡村治理中的制度权威建设》，载《中国行政管理》2015 年第 3 期。
[24]姜明安：《软法在推进国家治理现代化中的作用》，载《求是学刊》2014 年第 5 期。
[25]陈荣卓、唐鸣：《农村基层治理能力与农村民主管理》，载《华中师范大学学报》2014 年第 2 期。

[26]周家明、刘祖云：《传统村规民约何以可能——兼论村规民约治理的条件》，载《民俗研究》2013 年第 5 期。
[27]张建：《民间法在司法过程中实际功能的类型化研究》，载《甘肃政法学院学报》2013 年第 5 期。
[28]范忠信：《民主法治视野下的村规民约建设研究》，载《浙江警察学院学报》2013 年第 3 期。
[29]陈振亮：《村规民约与新农村伦理道德建设》，载《科学社会主义》2013 年第 1 期。
[30]管洪彦：《村规民约认定农民集体成员资格的成因、局限与司法审查》，载《政法论丛》2012 年第 5 期。
[31]孙桦：《试析村规民约设置惩罚条款的合法性》，载《贵州民族大学学报》2012 年第 5 期。
[32]吴冬梅：《村规民约的合理性及其与国家法律的协调》，载《湖南农业大学学报》2012 年第 2 期。
[33]陈亚通：《走向善治的变迁——奉化市滕头村十七个村规民约为视角》，载《浙江省委党校学报》2012 年第 2 期。
[34]陈文琼：《村民自治语境中国家法与民间法的制度性契合》，载《理论月刊》2012 年第 1 期。
[35]孟刚、阮啸：《村规民约的司法审查研究》，载《国家行政学院学报》2011 年第 3 期。
[36]徐宗立：《论村规民约规定与实施处罚的法理正当性》，载《法治研究》2010 年第 11 期。
[37]侯猛：《村规民约的司法适用》，载《法律适用》2010 年第 6 期。
[38]刘志刚：《民事审判中的村规民约与基本权利》，载《中国人民大学学报》2010 年第 5 期。
[39]贾秀莲：《村规民约对国家法的规避及其解决途径》，载《山东社会科学》2010 年第 4 期。
[40]姜裕富：《村规民约的效力：道德压制抑或法律威慑》，载《青岛农业大学学报》2010 年第 1 期。
[41]黄辉：《论美国的乡村自治法律制度——以〈纽约乡村法〉为例》，载《中国人民大学复印报刊资料・宪法学、行政法学》2009 年第 5 期。
[42]罗昶：《村规民约的实施与固有习惯法——以广西壮族自治区金秀县六巷乡为考察对象》，载《现代法学》2008 年第 6 期。
[43]张明新：《从村规民约到村民自治章程——村规民约的嬗变》，载《江苏社会科学》2006 年第 4 期。

[44]董建辉：《"乡约"不等于"村规民约"》，载《厦门大学学报(哲学社会科学版)》2006年第2期。
[45]于语和：《民间法视野中的村规民约》，载《甘肃政法学院学报》2005年第9期。
[46]张中秋：《乡约的诸属性及其文化原理认识》，载《南京大学学报》2004年第5期。
[47]徐勇：《礼治、理治、力治》，载《浙江学刊》2002年第2期。
[48]郑永流：《法的有效性与有效的法》，载《法制与社会发展》2002年第2期。
[49]于建嵘：《失范的契约——对一示范性村民自治章程的解读》，载《中国农村观察》2001年第1期。
[50]苏力：《中国当代法律中的习惯——从司法个案透视》，载《中国社会科学》2000年第3期。

3. 译著及外文类

[1][美]约瑟夫·奈：《软实力：权利，从硬实力到软实力》，马娟娟译，北京：中信出版社2013年版。
[2][美]埃莉诺·奥斯特罗姆：《公共事物的治理之道》，余逊达、陈旭东译，上海：上海译文出版2012年版。
[3][美]理查德·斯科特：《制度与组织——思想观念与物质利益》，姚伟、王黎芳译，北京：中国人民大学出版社2010年版。
[4][美]塞缪尔·亨廷顿：《变化社会中的政治秩序》，王冠华、刘为译，上海：人民出版社2008年版。
[5][美]唐纳德·布莱克：《法律的运作行为》，唐越、苏力译，北京：中国政法大学出版社2004年版。
[6][美]博登海默：《法理学：法律哲学与法律方法》，邓正来译，北京：中国政法大学出版社1999年版。
[7][美]昂格尔：《现代社会中的法律》，吴玉章等译，北京：中国政法大学出版社1994年版。
[8][日]汤浅道男等：《法人类学基础》，徐晓光等译，香港：华夏文化艺术出版社2001年版。
[9][日]千叶正士：《法律多元——从日本法律文化迈向一般理论》，强世功等译，北京：中国政法大学出版社1997年版。
[10][英]罗素：《中国问题》，秦悦译，上海：学林出版社1996年版。
[11]Stewart. R. B. The Reformation of American Administrative Law. Aspen News, 2011.

[12] Hoffman, Andrew W. From Heresy to Dogma: An Institutional History of Corporate Environmentalism. San Francisco: New Lexington Press, 1997.

[13] Commission on Global Governance, Our Global Neighborhood: The Report of the Commission on Global Governance, Oxford University Press, 1995.